洪州寻梦

李渡历史文化概观

倪德生 钟 林 倪德茂 吴朝弟 编著

西南师范大学出版社

国家一级出版社 全国百佳图书出版单位

编委会

作者简介

倪德生　重庆涪陵李渡人,涪陵区政协教文委办公室主任,中国民间文艺家协会会员、重庆市作协会员。从事文学创作及地方历史文化、民俗文化研究,有多部著作出版。

钟　林　重庆涪陵李渡人,从事基层文化、体育、广播电视工作,国家级社会体育指导员。曾获"重庆市十佳基层宣传文化工作者"称号,对当地人文历史、文物古迹有研究。

倪德茂　重庆涪陵李渡人,四川大学历史文化学院中国史专业2015级博士研究生,长江师范学院教师,主要研究方向为中国近代史、中国文化史、地方史。

吴朝弟　重庆涪陵李渡人,涪陵区政协原副秘书长、教文委主任,主要从事地方历史文化、古代建筑、宗教信仰等研究,有多部著作出版问世。

序言

倪德生

　　或许人人都有如此情结：当基本的生存条件满足之后，便喜欢思考"我从哪里来，我到什么地方去"。于是，对于生于斯、长于斯的这片土地，总是充满了追本溯源的好奇感和新鲜感。

　　在涪陵人根深蒂固的地理概念里，"李渡"一词系指重庆市涪陵区西部、万里长江北岸，东与江北街道及百胜镇接壤，南抵长江江心，北与重庆市长寿区相连的广大区域，即涪陵人所谓的"大李渡"。之所以形成如此观念，一个极其重要的原因是自20世纪50年代到90年代，这里一直是属于涪陵县李渡区的地域范围，山水相连、人缘相亲、方言相通、习俗相近。

　　李渡历史源远流长，早在新石器时代，这里就有人类繁衍生息，今天，在长江沿岸及许多平坝地带，还能够找到早期人类生存活动的遗迹；李渡是一方山清水秀的净土，前临滚滚长江，后靠绵绵群山，地形地貌以低山丘陵为主，境内浅丘密布，河谷纵横，雨量丰沛，森林植被良好，动植物种类繁多；李渡是一方百花竞放的沃土，独特的自然环境和人文环境，沉淀着深厚的文化底蕴，孕育出独具特色的历史文化，使这片土地文运勃兴、名人辈出、乡音醇厚；李渡是一方物阜民丰的乐土，最迟在东汉时期，李渡境内已形成不少人口聚居的村落，到明代，境内场镇兴起，其中李渡镇已是烟户万家的水陆码头和涪陵西部、长江北岸的商品集散中心；李渡是一方欣欣向荣的热土，改革开放新时期，这里发生了亘古未有的变化，今天的李渡，百业并举、百废俱兴，已建成"服务设施完善、城市功能配套、富有山水园林特色"的新兴工业城市和"城市与工业互动、新区建设与共享共富协调发展"的涪陵新区,勤劳勇敢的李渡儿女脚踏实地、奋发图强,用百倍的热情和冲天的干劲,努力建设幸福美好的新生活!

悠久的历史、灿烂的文化,是一个地方的亮丽名片,是构成这个地方光彩形象的重要基础,是推动当地经济发展、社会进步的强大动力。发掘李渡的历史文化,在悠远的历史长河中打捞那一朵朵闪烁着人文精神和时代烙印的绚丽浪花,一直是当地政府的希望、人民群众的呼声。今天,《洪州寻梦——李渡历史文化概观》付梓,希望和呼声终于成了现实。本书全方位多角度展示了李渡的地理形胜、山川风物、历史概况、历代名人、宗教信仰、民俗习惯等,对于人们认识李渡,了解李渡,提升李渡的知名度和美誉度,助推李渡旅游业和经济社会的长足发展,具有积极作用。

本书的作者是李渡人,从这个角度讲,《洪州寻梦——李渡历史文化概观》既是对这一方土地数千年历史记忆的探寻,又是作者自己对"我从哪里来"这一命题的探索和追问。

"盛世修史,明时修志。"在中国共产党领导下,以习近平同志为核心的党中央,率领全国人民开启了中华民族伟大复兴的新征程,神州大地日清月朗,国运恒昌。我坚信:《洪州寻梦——李渡历史文化概观》的出版,必将让更多的人认识李渡、热爱李渡,必将引发越来越多的人对自身命运和这片土地的深沉思考,必将迎来李渡更加幸福美好的明天!

是为序。

目录

导　论　　　　　　　　　　　　1

第一章　地理历史概况

第一节　地理概貌　　　3
第二节　历史概况　　　5

第二章　历史名人

第一节　军政名人　　　29
第二节　经济名人　　　46
第三节　文教名人　　　50

第三章　水码头文化

第一节　滩口与广船码头　　67
第二节　船工行话拾趣　　69
第三节　船工号子　　74
第四节　水上信仰与禁忌　　79
第五节　帮会文化　　81

第四章　民间信仰

第一节　李渡人的崇拜对象　　87

第二节　李渡人敬奉的神祇　　93

第五章　民风民俗

第一节　生产生活习俗　　107

第二节　婚丧嫁娶习俗　　114

第三节　岁时节令习俗　　122

第六章　民间文艺

第一节　民间歌谣　　133

第二节　民间故事　　144

第三节　谚语　歇后语　　145

第四节　民间艺术　　149

第七章　古建筑

第一节　场镇与码头　　165

第二节　古道与桥梁　　170

第三节　牌坊与碑刻　　175

第四节　民居与寺庙　　180

第八章　风景名胜

第一节　自然风光　　201

第二节　人文胜迹　　206

大事记 213

附录 历代诗文咏李渡 245

后 记 263

导　论

　　李渡，古名"洪州""洪渡""五龙镇"，系指重庆市涪陵区西部、万里长江北岸，东与江北街道及百胜镇接壤，南抵长江江心，北与重庆市长寿区相连的广大地区。包括今李渡街道、马鞍街道、义和镇的地域范围，面积250平方千米，境内居住有汉族、土家族、苗族等20多个民族，总人口约17万人。

一

　　李渡境内有黄草山林场、果园、茶山、金科农业开发园、水库湿地，毗邻的长寿境内还有楠木院等自然景点，具有一定的旅游开发价值。境内最大的河流是长江，其支流小溪、茨竹沟、大曲浩河、斜阳溪等蕴含近1万千瓦的水能资源。水磨滩、红星等大小水库的总库塘水面积达3.6平方千米，蓄水量达2830.7万立方米，塘库养鱼水面资源丰富。李渡的土壤类型较为多样，有冲积土类、紫色土类、山地黄壤土类、水稻土类等类别，适宜水稻、玉米等粮食和多种经济作物的种植。

　　李渡的矿产资源，主要是煤和建筑材料。李渡的煤矿主要分布在黄草山脉，储量172万吨，其次是在苟家场背斜一线。李渡境内丘陵分布，长江沿岸的石滩、碛坝甚多，故建筑用的矿石比较常见。李渡的石灰石矿主要分布在黄草山麓的垭口村，砂石在境内各地皆有，而河沙主要分布在长江沿岸的滩涂。

　　李渡林地主要分布在西北部深丘低山地带。因气候适宜，丘陵纵横，李渡的森林资源亦有一定规模。境内的森林树种以马尾松为主，其次为柏木、杉木和青冈等；林间野草有蕨萁、芭茅，灌木有黄荆、马桑、红籽、糖角、栀子、映山红等；竹类方面，有慈竹、斑竹、水竹、金竹，也有硬头黄和冬竹等品种，近年引进笋用竹，在长江沿岸大量种植；树种方面，有桃、李、杏、柚、樱桃、枇杷、柏木、青冈、油桐、皂角、杨柳、黄葛树、柑橘、龙眼、花红、大枣、拐枣、核桃、黄皮果、白蜡、桷子、红椿、桑树、麻柳、苦楝、梧桐、檬子、合欢、银杏、桂花、黄桷兰等；近年，又引进了杨梅、油茶等品种。

境内的动物资源十分丰富，既有品种齐全的家禽家畜，也有山间田野的野生动物。

（万里长江流经李渡大地）

二

李渡历史悠久，在新石器时代就有人类生息繁衍。巴人经清江流域迁入川东地区后，建立了武功辉煌的巴国，曾立国都于枳。李渡一带，也是巴人的主要活动区域。

从秦汉到南朝萧梁的几百年间，李渡属枳县。北周时，省枳县入巴县，并立涪陵镇，李渡属巴县涪陵镇。隋开皇三年(583年)迁汉平县于涪陵镇，此时李渡属汉平县。开皇十三年(593年)改汉平县为涪陵县，李渡属涪陵县。从唐武德二年(619年)始至元至元二十年(1283年)，李渡属涪州所辖涪陵县。明代涪州设13里，李渡境含其中的李渡、石龙、韩市3里。清代涪州划为3里18甲(并入武隆县后为5里31甲)，李渡境属白石里(简称"白里")。1908年，涪州分为9区9乡，李渡境属西北区，辖大义、李渡2镇。1910年，涪州设城内1个区、农村5个区，李渡境属农村第一区的李渡、大义2镇，辖李渡镇的李渡、致远、金银、石庙、石龙5场，辖大义镇的大柏树、义和、大山、高家4场。民国二年(1913年)，涪州改为涪陵县，至1949年李渡一直属涪陵县。

1949年以后，涪陵区划亦经多次变动，李渡的区划也经历10次大的变化，并逐渐演变为今天的区境。

三

李渡文脉绵长，很早以前巴人就在涪陵周边活动，巴文化早已渗透李渡地区。从两汉到三国时期，李渡的农业和手工业得到了发展。南北朝时渐有道、佛二教庙宇兴建。唐代李白、杜甫、元稹等诗人都在李渡留下足迹和文墨。

南宋时，著名学者晏渊在晏子山（今马鞍街道双溪社区境内）设馆授学，开创李渡境内兴学的先河。明代，湖北、江西移民来李渡境内定居兴业，人口逐渐增加，日臻于繁华。清中期以后，随着国门洞开，李渡更多地走入外乡人甚至外国人的视野，留下了许多历史记忆。

李渡在漫长的历史发展过程中，积淀了深厚的文化。由于濒临长江，水路交通便利，李渡与外界交往频繁，商业及商品经济萌芽较早，因而商业文化的特征十分明显；而部分乡镇紧靠大山，农耕气息浓郁，具有农耕文化的特点。因此，就文化而言，李渡文化兼具农耕文化和商业文化的特点，或者说是农耕文化与商业文化交融的结果。

（李渡老街近照）

四

今天,李渡范围内已建成涪陵新区,涪陵新区位于重庆中东部,地处重庆主城连接两翼的战略支点。新区境内渝涪高速、沿江高速与重庆外环高速交汇贯通,沪蓉高铁、渝怀铁路、涪南铁路掠境而过,特别是沪蓉高铁和长江黄金水道,使涪陵新区成了长江经济带的重要产业集聚区。

涪陵新区距涪陵老城区8千米,面积80平方千米,现有常住人口15万余人。新区城市规划面积65平方千米,以涞滩河为天然分界线,河西为产业集聚区,规划面积20平方千米;河东为城市集聚区,规划面积45平方千米。产业集聚区是经国家发改委备案、市人民政府批准成立的市级工业园区,是国家新型工业化产业示范基地,是长江经济带国家级转型升级示范开发区,是千亿级工业园区,重庆"十强工业园区"综合保税港区。

涪陵新区的发展大约经历了以下过程:2003年,市人民政府批准涪陵区成立"重庆市李渡工业园区"(渝府〔2003〕62号);2007年,涪陵区委、区人民政府发放《关于建立李渡工业园区管委会的通知》(涪区委〔2007〕13号),决定建立李渡工业园区管委会,又名"重庆市涪陵区李渡新区管委会",主要负责新区(含工业园区)的招商引资和规划建设管理;2011年,涪陵区委、区人民政府出台《关于全面加快李渡新区建设发展的意见》(涪陵委发〔2011〕14号),将规划建设范围内的李渡街道19个村(社区)及义和镇1个社区划归李渡新区管委会代管,履行一级政府职能职责,主要负责新区的招商引资、城市规划建设管理和社会民生事务管理;2012年,涪陵区委、区人民政府将李渡新区党工委、管委会更名为"涪陵区新城区党工委""管委会"(涪陵委办〔2012〕191号)。经过近10年的开发建设,涪陵新城区产业培育初具规模,城市形态基本显现,已成为涪陵工业化、城市现代化的重要载体。为了更好、更快地推进涪陵工业化、城镇化进程,涪陵区委、区人民政府决定,新城区管委会主要负责招商引资、经济发展、规划建设,拟在涪陵新城区区域内新设立一个街道,主要负责城市管理、民生事务、征地拆迁、安全稳定等社会事务。2016年6月,经市人民政府批准成立马鞍街道(渝府〔2016〕30号)。新城区管委会与马鞍街道实行独立的三定方案,新城区管委会内设7个部门,马鞍街道内设13个部门,在过渡期实行合署办公,财政由新城区管委会全额划拨。

涪陵新城区坚持"产城融合、绿色宜居"的发展理念,遵循"以产促城、产城联动"的建设思路,大力实施城市基础设施建设,稳步推进房地产开发和商业中心建设,着力发展"装备制造(汽车)、医药食品、电子信息、材料"四大支柱产业,力争打造一座空间上产城一体、功能上互补融通、现代化气息浓厚的重庆中部新兴城市。近年,新区建设已取得巨大成果:一是综合实力实现新突破。地区生产总值达到349亿元,规模以上企业工业产值达到928.3亿元,固定资产投资(不含页岩气)达到211.6亿元。二是工业发展取得新成绩。工业园区已建成17平方千米,成功获批长江经济带国家级转型升级示范开发区。竣工投产项目12个,新开工建设项目16个,推进在建项目24个。新增规模以上工业企业6家,达到66家,产值100亿级企业1家,50亿—100亿企业7家,形成了四大产业集群。三是城区面貌展现新形象。着力打造重点区域,有序推进重点工程,加快完善基础设施,城区建成区面积达到20平方千米,常住人口15万人,并成功举办了市第五届运动会,城市形象更加靓丽。四是创新驱动增添新动力。启动重庆市级高新技术产业开发区创建工作,积极打造涪陵区科技创新中心,引导企业大力实施技术创新、产品创新,打造高标准研发平台。"新车间"众创空间被重庆市科委评为2016年度市级优秀众创空间,获国家科技部授牌"国家级众创空间"。五是招商引资取得新进展。多渠道、多方位开展招商引资工作,华为云计算数据中心等项目成功落地,全年新引进各类项目28个,到位资金83.65亿元。六是民生事业获得新改善。扎实做好安置房分配、困难群众临时救助、医保和社保参保、安全生产、社会稳定、矛盾化解、社会治理等工作。城乡常住居民人均可支配年收入分别达到31510元、12335元,分别增长9%、11.8%。按照现代、生态、宜居的规划标准,大力实施城市道路、水、电、气、通信等基础设施建设,建设保障房、奥体中心、中央城市公园等公共服务设施,加强招商引资,走"工业化支撑城市化,城市化促进工业化,实现城市与工业互动、新区建设与共享共富协调发展"的发展道路。

　　未来10年,涪陵新城区李渡片区人口将达36万人,城区面积50平方千米,市级工业园区占地20平方千米,以装备制造、医药食品、电子信息、新型材料、纺织服装、临港物流为主导产业,打造工业基地,促进产业集聚。按照"工业化促进城市化,城市化带动工业化,推动城乡统筹发展"的思路发展下去,李渡片新城区将成为服务设施完善、城市功能配套、富有山水园林特色的新兴工业城市,成为长江中上游一流的生态花园城市、重庆市一流的特色工业园区。

第一章　地理历史概况

李渡前临滔滔万里长江,后靠巍巍黄草山脉,地形地貌以低山丘陵为主,兼有山地河谷特征。境内浅丘密布、河谷纵横、雨量丰沛,森林植被良好,动植物种类繁多。数千年来,勤劳勇敢的李渡人民在这片美丽富饶的土地上劳动、生息、繁衍,展现着时代的风采,创造了灿烂的文明。

第一节　地理概貌

李渡位于东经107°05″—107°20″、北纬29°42″—29°51″,在涪陵区西部、长江北岸,东与江北街道、百胜镇接壤,南抵长江江心线与龙桥街道、蔺市镇隔水相望,西北、正北与重庆市长寿区相接,包括今重庆市涪陵区的李渡街道、马鞍街道、义和镇。

一、气候

李渡境属于中亚热带温湿季风气候。因受海洋季风和高压环流的影响,气候温和,雨量充沛,但分配不均。温差大,光照少、云雾多,霜雪少,无霜期长。四季分明,春季暖和而常有"倒春寒";初夏多阴雨,盛夏则湿热而多伏旱;秋凉而多绵雨;冬冷而无严寒。春末秋初,偶有冰雹、大风天气。

二、土壤

李渡境内的土壤分为4个土类、2个亚类、13个土属,即冲积土类、紫色土类、山地黄壤土类、水稻土类。

冲积土类主要分布于沿长江北岸小溪的一二级阶地上,该土种土层深厚,肥力均匀,适宜花生、桂圆等作物栽培;紫色土类主要分布于镇安、义和、李渡、马鞍、石泉等地及黄草山麓,适宜粮食作物种植和经济作物栽培;山地黄壤土类土质黏重,土性偏酸,有机质缺乏,耕作较困难,主要分布于石龙、致韩、金银、大柏等地;水稻土类成土时间长,风化较为彻底,土壤肥力强,尤其适宜水稻种植,在李渡境内均有分布。

三、地形地势及山水

李渡地处川东平行峡谷褶皱地带的苟家场斜坡与黄草山背斜之间,地势呈东、西、北向南、西南由高渐低,中部平缓之势,海拔最高处为李渡街道石龙的太平寨山(942米),最低处在老李渡镇(160米)。境内地形以丘陵低山为主,可分为沿江浅丘和深山低丘两个单元。前者海拔在400米以下,包括李渡、义和、大山、镇安、马鞍;后者海拔在400米以上,包括大柏树、石龙、韩龙。在丘陵顶部和丘陵山地间有不少平坝分布,是区内最适宜农业耕作的区域。其中,面积在千亩以上的平坝有马羊坪、陈家坪、朱砂坪、昭坪、邓家坪、寨坪、石二坝、鸭子坝、玉牙坝、郑家坝、谢石坝、艾家坝、石马坝、福生坝。李渡境内的山地海拔普遍不高,主要有黄草山(773米)、尖山(又名"合掌山",725米)、观音山(又名"五花山",689米)等。

长江流经李度境内,在涪陵与长寿交界的黄草峡城门洞入境后,自西向东南流,在朱砂坪南转后向东北流,流经镇安、大山、义和、李渡,在横梁子出境,流长31千米。河床宽度800余米,最大流速4.82米/秒,最小流速0.11米/秒,最大流量4.66万立方米/秒,最小流量3560立方米/秒。黄草峡是川江上著名的峡口和险滩。长江在李渡境内接纳了马绊溪、乌羊溪、茨竹沟、大曲浩河、小溪、鸿舞溪、后溪、洗脚溪、毛角溪、陡让溪等支流。

马绊溪发源于李渡义和镇大柏树的红春村,流经红春、黄草等村,在镇安深沱注入长江,全长8.9千米,流域面积15.8平方千米,总落差200米,平均流量0.15立方米/秒,该流河床不宽,冬、春易干涸,夏季溪水上涨时涉渡困难。

茨竹沟又名"大河口",发源于义和镇大柏树的螃蟹井,流经义和镇华东村及大山片鸭子、朱沙等村,于大河口汇入长江,全长7.1千米,流域面积12.5平方千米,总落差270米,平均流量0.107立方米/秒,该流冬、春季有河段干涸,夏、秋长江水涨可淹没至鸭子村的牛皮凼。

大曲浩河发源于马鞍街道的盘龙社区,流经双溪等社区,在大曲浩汇入长江,全长11.4千米,流域面积22.5平方千米,总落差310米,平均流量0.196立方米/秒,该流冬、春水枯断流,夏、秋水涨,河口设有过沟船。

小溪又名"双溪""小溪口",其一支流发源于李渡街道石龙片龙塘村境内,向西南流经致韩,在马鞍街道金银社区边界南折下马鞍社区,又经马鞍花桥至小溪的溪流汇合,再南下至马鞍街道大石庙社区大岩洞入石马社区,过涞家滩、上桥、下桥、洞塘,至小溪口入长江;另一支流发源于李渡街道石院村,流经义和镇福寿桥、皮四沟、柏树桥,在马鞍花桥与石龙的龙塘村流来的支流汇合,流入长江。小溪流长19.8千米,流域面积122.9平方千米,多年平均流量1.07立方米/秒,总落差284米。途中接纳了塔水桥河、平滩河等二级支流。

陡让溪又名"斗仰溪""双河口""斗鸶溪""斜阳溪"等,发源于北岩山北麓的百胜镇丛林中心村,流经李渡街道石龙的龙塘、两龙二村,石泉的岚马村,从转角凼流入马鞍街道红星社区,至双河口社区入长江。全长19.5千米,流域面积42平方千米,总落差450米,平均流量0.366立方米/秒。

第二节　历史概况

李渡历史悠久,新石器时代就有人类活动。秦汉以后,建制因时而变,新中国成立以后,李渡有了大的发展,如今已成为涪陵新区主阵地。

一、李渡名称的由来

关于李渡名称的由来,历史上有五种说法:古名洪渡说、古名洪州说、五龙说、李白在此渡江得名说和李应宣济渡命名说等。

相传,古时长江水面不宽,在李渡梁沱下面的剑鱼石处,建有过江的石板桥。水枯时,南来北往的行人都可以从桥上过河。而洪水季节,石桥被淹没,行人只能乘船渡江,故名"洪渡"。又传,李渡古名"洪州城",在今天李渡四居委街头的梁子上,从前设过衙门。门前有石狮子一对,人称此地为"狮子坝"。狮子坝不远处的店子湾,旧时是衙门的牢房。

明代以前，李渡叫"五龙"，明代后始有"李渡"之名。到清代，"五龙"一名日渐式微。清末以来，"李渡"一名家喻户晓，"五龙"从普通百姓的视野中消逝。

1.明中期以前李渡地名为"五龙"的依据

李渡前临长江，背后处于瓦窑寨、鸡公坨、悬幡堡、太乙门、三台山等五条山脉的盘桓缠绕中。这五条山脉由远及近，最终向老李渡镇旧址所在地汇聚，形成"五龙朝凤，龙归大海"之势。明万历进士李渡人张与可在《李渡镇关庙碑记》中载：关庙"基址凝祥，既当五龙正脉"，"水环山峙"；明嘉靖进士涪州人黎元在《重修水府祠碑记》中载："郡五龙镇，层峦列秀，笔削奇峰"；明代天启进士向鼎在《新建十方堂碑记》中载：五龙镇"石削江廻，烟峦万态，当与海岳争胜"。以上士人明白无误地指出了李渡在形胜上具有"当与海岳争胜"之威势和"东方形胜擅一方之雄者"的地位，更有意无意中透露出李渡原名为"五龙"。

从历史文献上看，"五龙"一词出现较早，而"李渡"较晚。截至目前，人们发现的直接记述李渡的可信度高的文献，最早也就是前已述及的几种。虽然作品的写作年代无法考证，但根据作者的生平大体可以确定其时段为嘉靖、万历、天启年间。与此同时，上述文献中描写景观的地名皆用"五龙"而非李渡，这符合文人"求雅好古"的写作雅趣，作品中往往用古名指代今名，这也就告诉我们：五龙的地名更早、更古，而李渡作为地名是晚近才出现的。

从民间信仰上看，李渡具有浓郁的水崇拜传统，而"龙"正是水崇拜之至上偶像。李渡沿江阶地与溪河河谷因其相对优越的交通、耕作条件成为人们最早的聚居地，这一地形特点在给人们带来种种便利的同时，也注定会引起水旱灾害频发，使人们饱受水旱灾害之苦。作为人类生存繁衍状况信息库的地名，就会以密码的形式存留于地名录之中。在李渡境内除"五龙"这一最知名的地名之外，还有众多与水相关的地名。仅以场镇言，就有石龙、韩龙、石泉等，民间的大量以"塘""凼""洞"命名的地名更是比比皆是。

2.为何"李渡"会取代"五龙"

"李渡"取代"五龙"之名，原因有三：一是以曹学佺为代表的学者、诗人及其作品的巨大影响力；二是传统形胜说在民国风光不再；三是"李渡"一名得到官方认可。

在明代就有作品将李渡的来历归诸李白。最早提出者是万历年间的何宇度。他在《益部谈资》中说："李白尝避难过涪州，故今镇名曰李渡。"何氏此说提出后不久，晚明官员、诗人曹学佺（1574—1646）在其诗文中多次赞美李渡：在《万县西太白祠堂记》中提出"涪陵有渡曰李渡，以太白曾渡此"；在《太白读书处——在西岩》中云"酒酣棋局几时残，涪陵渡去名犹在"；在《李白渡》中云"涪陵李渡最繁华，不用词人枉自夸。荔枝一骑驱秦岭，古木千章入汉家"。曹氏不仅是明代著名诗人，而且为官清廉，国破后以身殉国的反清之举更是为时人所景仰。他曾任职四川，熟知四川州、县的历史沿革、地理形势、景点景观。他的作品对时人影响较大。

到清中期，诗人陶澍也沿用此说。他在所著的《蜀輶日记》中云，"相传李白渡此"，并引用曹学佺的诗"涪陵李渡最繁华，不用词人枉自夸"。光绪二十八年（1902年）担任四川副主考的俞陛云在《蜀輶诗记》中套用陶氏的说法："李渡，夙传李白乘舟渡此。"

民国时期，随着帝制的推翻，大量新思潮涌现，传统文化受到巨大冲击。作为传统文化中神秘性较强的形胜文化更是命运不佳，逐渐被新兴的地理科学所取代，其信众市场大为萎缩。所以，蕴含形胜思想的"五龙"逐渐被具有现实意义的"李渡"所取代。

此外，自明代以来，"李渡"一名为官方所认可。清康熙时，《涪州志》中采纳何氏、曹氏之说："李渡，治西三十里，昔唐李青莲过此入夜郎，因名。"乾隆、同治时，《涪州志》亦因踵其旧。道光时，《重庆府志》也沿用其说："青莲流夜郎，渡此，故名。"在今可见的几部《涪州志》中无一例外地明确其地名为"李渡"，这一专有名称让"李渡"走进千家万户。

3.李白与李渡的关系

虽然"李渡"其名较之"五龙"晚，但并非说李渡与李白无关。这里就涉及几个问题：一是李白是否曾到达夜郎？二是若曾到过，前往的线路是从三峡溯江而上还是从武陵西溯沅江而进？若从三峡而上，到涪陵时是从乌江而上，还是从李渡过江？

自宋代以来，以上问题争议颇多、众说纷纭。不过，现多数意见倾向于李白由三峡到达夜郎而非中途折回。至于到达涪陵后是否于乌江上溯到达,这个问题不难回答:李白没有走此线路,而是从李渡过江到达贵州桐梓。因沿乌江不仅航路险恶,行进极为不便,而且沿江各县均未留下与李白相关的诗文。相反,从李渡过江,则有前述的地理志书、方志、游记等大量文献可为确证。

二、历史沿革

早在新石器时代,李渡境内就有人类生息繁衍。镇安河嘴、马鞍街道龙子凼等均曾发现新石器时代晚期遗址,出土的石锄、石斧、石网坠、夹砂陶片等文物表明,当时人们尚过着渔猎兼农耕的生活。

巴人经清江流域迁入川东后,建立了武功辉煌的巴国,曾立国都于枳。此时,已开始出现了农业和畜牧业。到汉代,境内沿江及后山已广为开发,并有砖瓦工业及土陶制品的生产。1949年后屡次于李渡排楼湾、古坟堡、冉家湾、大坟坝等地发掘出汉墓群,出土了大量文物,如汉砖、土灰陶、陶棺、红陶、陶俑等就是明证。三国时,蜀汉在今镇安境内的黄草山设有军屯赤甲戍。南北朝渐有道、佛二教庙宇的兴建。李渡从秦汉一直到南朝的萧梁朝,均属枳县。北周时,省枳县入巴县,并立涪陵镇,李渡属巴县涪陵镇。隋开皇三年(583年)迁汉平县于涪陵镇,李渡此时属汉平县。开皇十三年(593年)改汉平县为涪陵县,李渡属涪陵县。从唐武德二年(619年)始,李渡属涪州所辖涪陵县。

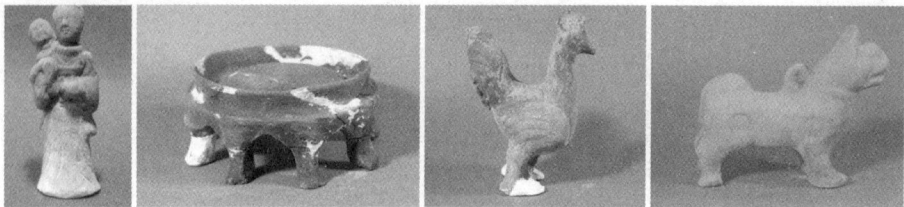

(李渡境内出土的文物)

（在李渡出土的汉代第一大陶棺）

宋代,李渡属涪州治所辖涪陵县。南宋咸淳二年(1266年),为抗元需要,涪州州治迁往李渡,即现在马鞍街道玉屏社区的三台山,并筑寨城,成为宋末抗元斗争的重要据点。著名学者晁渊在晁子山(今马鞍街道双溪)设馆授学,开创李渡境内兴学的先河。南宋开庆元年(1259年),蒙古大汗蒙哥率蒙军大举入川,年底攻占涪州,次年正月纽璘在蔺市与杨渡口间造浮桥截断长江,以阻止南宋援军增援合州钓鱼城。五月,宋军吕文德率军攻破蔺市浮桥。因连年烽火不息,故使包括李渡在内的涪州人口锐减、农田荒芜。

（三台寨石狮）

1279年,涪州治所由三台寨迁回老涪陵城。

明初,湖北、江西移民来李渡境内定居兴业,人口逐渐恢复,日渐臻于繁华。时涪州编户13里,李渡境有李渡、石龙、谢石三里。旧李渡镇排楼一带街市兴起,场镇初具规模。境内已建长乐桥(合镶桥)、太平桥、聚星桥、龙公桥等多座大型石拱桥。时还建有中峰寺、东狱庙、玉皇观、祖师观、水府宫、观音寺、积德奄、释方堂、慧庆寺等庙宇。陈可则削平磨盘滩、张与可整治龟龙关、李应宣于李渡设舟济渡等义举,极大地便利了李渡与州东的交通往来。万历三十七年(1609年),何以让于舌璧山创建琴堂书院,立教兴学。明中期,李渡非常繁华,可谓"水环山峙,物辏民稠"(明张与可《关庙碑记》)。

(李渡高岩口俯瞰大江)

清代,涪州划为3里18甲(武隆县并入后为5里31甲),李渡境属白石里(简称"白里"),长滩里(简称"长里")。明末清初,川东陷入近30年的征战,百姓流离,家园废置,百业荒废。李渡亦未能幸免于难。至乾隆中期社会经济得到恢复,李渡又走上繁兴之路。

清末新政,全国掀起兴办资本主义工业的热潮,拉开了李渡近代工业的序幕。光绪末年,李渡境内已有煤矿、粮油及榨菜加工业。光绪三十四年(1908年)涪州分为9区9乡,李渡境属西北区,辖大义、李渡二镇。宣统二年(1910年)设城1个区,农村5个区,李渡境属农村第一区的李渡、大义二镇,分别辖李渡镇的李渡、致远、金银、石庙、石龙5场及大义镇的大柏树、义和、大山、高家4场。

民国时期区划调整频繁,民国二年(1913年),涪州改为涪陵县。从此至1949年,李渡皆属涪陵县。其间,区划大的调整有4次:民国初沿用宣统二年(1910年)的9镇9乡区划,李渡境区划不变;民国十九年(1930年)全县分为21

区,李渡境属第七区、第八区;民国二十年(1931年),国民革命军二十一军划涪陵县为10区,李渡境属第三区,辖致远、李渡、大义等3个镇及韩龙、石泉、下石龙、义和、大山、金银等65个乡;民国二十四年(1935年)全县划为5个区,李渡境属第三区,辖李渡、致远、大柏等3镇及石龙、韩龙、大山、镇安、义和、文馨、石泉等7个乡;民国二十九年(1940年)对全县保甲做出调整,乡镇区划未变,李渡境属第三区的驻地由石龙场调整至石回乡,仍辖3镇7乡187保,第四区包括金银、石龙、大山、致韩、镇安、大柏6个乡及李渡镇,计有145保,1505甲,17019户。

新中国建立后,涪陵区划亦经多次变动,李渡的区划也有所变化:1950年初,全县分为9区89乡镇,李渡境属第三区,下辖镇安、大山、义和、文馨、金银、致韩、石泉7个乡及李渡镇;1950年后,全县分为17区92乡镇,李渡境属第三区和第十二区,第三区有金银、致韩、石龙等3个乡及李渡镇,第十二区有镇安、大柏、大山、义和、文馨等5乡;1951年,第三区增设马鞍乡;1953年,乡镇区划再度调整,全县变为20区128个乡镇,李渡境属第三区、第十二区、第十八区,第三区下辖石泉、马鞍2个乡及李渡镇,第十二区下辖大柏、大山、镇安、义和、大义、盘龙等6个乡,第十八区下辖致韩、石龙、文馨、韩龙、金银等5乡;同年9月,因将涪陵第十三区、十四区的部分乡镇划归长寿县(今重庆市长寿区)管辖,将第十四、十五、十六区的部分乡镇划归垫江县管辖,全县乡镇又经调整为15区,李渡区划变化涉及的不仅是将原第十八区改为第十三区,而且在第十二区、十三区增设了部分乡镇,第十二区增设临江、高坪、石岭、朱砂、石院、鸭子、长乐等7个乡,第十三区增设倪丰、华东、长石、凉风、双庙等5个乡;1955年,区划再度调整,归并乡镇,缩小乡镇数量,区的命名取消原编号区,改为按区所在地命名,李渡境为李渡区,下辖石马、双庙、韩龙、致韩、石泉、石龙及李渡镇;1956年,区划又有变动,李渡区调整为1镇10乡,即马鞍、石泉、致韩、石龙、金银、大柏、镇安、大山、义和、石马乡和李渡镇;1956年后,李渡境就演变为本书所界定的李渡境。

1982年,李渡区划调整,具体如下表:

李渡区所辖公社(镇)及大队其村组(居委会)表

公社(镇)	驻地	大队或居委会名称
李渡	人民路	大巷子居委会一居委(6)新华路居委会二居委(5)人民路居委会三居委(4)和平路居委会四居委(4)
马鞍	双庙场	均安(8)桐梓(8)土桥(6)双庙(7)和平(7)红庙(7)幸福(6)大堡(5)农科路(1)
石马	合镶桥	石马(12)小溪(10)东堡(5)平垣(7)太乙(4)双龙(6)桂林(5)双桂(5)妙音(8)梨园(7)
石泉	石泉场	桂花(7)黑石(6)龙桥(13)岚马(7)石坝(7)双胜(5)上屋(5)梨园(7)
石龙	石龙场	断桥(9)石龙(9)香湾(11)堰桥(7)山仑(9)凉风(9)龙塘(7)汪家(5)双龙(4)
致韩	致韩场	致远(5)倪峰(10)桥头(9)新阳(4)松林(9)凤凰(7)韩龙(7)长冲(6)堂堡(9)云星(8)百花(9)华东(7)皂角(8)
金银	金银场	保和(7)染坊(9)人和(9)石院(8)谢石(9)元觉(6)水磨(7)灵宝(8)垭口(7)尖山(12)兴寨(9)
大柏	大柏场	山秀(7)联丰(4)庄子(6)寨坪(5)龙泉(6)山脚(8)上石(8)红春(4)文馨(4)石堡(9)石庙(8)
义和	义和场	雨台(7)大鹅(10)松柏(11)东岳(6)双溪(4)万寿(9)长田(5)长乐(7)马羊(12)五福(8)
大山	大山场	高峰(8)朱砂(7)琴台(5)增福(5)回龙(7)王灵(7)石二(7)盘龙(10)大石(7)石塔(7)大竹(7)鸭子(7)华严(8)
镇安	镇安场	白果(10)鱼窗(11)新塘(9)官塘(10)石岭(8)树林(7)大岩(6)高坪(10)临江(9)深沱(3)

注:括号内数字代表所辖居民小组数量。

1983年9月9日设县级涪陵市,故李渡亦属涪陵市,李渡境所辖乡镇仍为马鞍、石泉、致韩、石龙、金银、大柏、镇安、大山、义和、石马。1985年将致韩乡分置为致韩、韩龙两个乡,撤销石马乡,将之并入李渡镇。李渡境属李渡区,下辖马鞍、石泉、石龙、致韩、韩龙、金银、大柏、义和、大山、镇安10个乡及李渡镇。

1992年7月撤销李渡境大柏(并入镇安)、大山(并入义和)、石泉(并入致韩)、马鞍(并入李渡)、金银(并入李渡)5个乡。至此,李渡境辖李渡、镇安、义和、致韩4镇及石龙乡。

1995年11月5日国务院批准设地级涪陵市,下辖枳城、李渡两个县级区,李渡境属李渡县级区。李渡境含李渡、致韩、义和、镇安4个镇,石龙1个乡。此次调整后,多数乡镇辖区扩大,运行、管理难度增大。为此1995年1月在乡镇下新设办事(管理)处,李渡境设四个办事处,即隶属于李渡镇设马鞍、金银两办事处,隶属于致韩镇设韩龙办事处,隶属于镇安镇设大柏树办事处。

1997年12月,撤销原地级涪陵市和枳城、李渡两县级区,设重庆市涪陵区,区下设乡镇。1998年,李渡境辖李渡私营经济示范区(李渡镇)、镇安镇、义和镇、致韩镇和石龙乡。

2003年3月,李渡境成立重庆市李渡工业园区,将李渡私营经济示范区(李渡镇)和义和镇部分辖区划归其管辖;李渡工业园区于2007年8月更名为涪陵李渡新区,2012年11月更名为涪陵新城区。2008年5月,涪陵区乡镇建制调整,将原李渡私营经济示范区(李渡镇)、致韩镇、石龙乡以及义和镇的大鹅、双溪、盘龙三个村合并组建为李渡街道办事处,撤销镇安镇,将其并入义和镇。自此,李渡境包括李渡街道办事处和义和镇。2016年7月,从李渡街道分出高岩口、双河口、红星、两桂、倪峰、新阳、均安、金银、仁和、大鹅、双溪、盘龙、大石庙、和平、太乙门、马鞍、石马、玉屏和义和镇的鹤风,组建成立马鞍街道办事处。

三、人口与姓氏

李渡人在历史的沧桑巨变中生存繁衍,在经历了宋元的战火与明清的移民后,人口逐渐增加,民族构成日渐多元,强宗大姓也逐渐形成。时至今日,随着新区建设的加快,人口约达17万。

1. 人口与民族

早在新石器时代,李渡这块土地上已有人类生息,人口随历史的演变而逐渐繁衍。宋元交替,因控扼长江的重要地位,成为南宋后十余年川东的主要征战之地,至元代,州境人口大量减少。明清时期,有大量江西、湖南籍人迁入区境定居。随着移民入蜀兴业,地处长江沿岸的李渡到明代已人烟遍布、商贾云集。

民国时期,李渡人口明显增多。李渡所辖的10乡,在1941年共计19706户112723人,1946年共计19657户114869人,人口数量逐步增加。随着国家从战争状态转入和平建设,李渡所辖户数在中华人民共和国成立后的十年内基本稳定在25700至26300户,人口数量的最高值达到121539人,是1949年的1.11倍。因为三年困难时期和"文革"的影响,在1959年后的十年内李渡辖区人口有所下降。

"文革"后,李渡所辖的家庭人口得到极大恢复,1979年则达到31031户148549人,随着国家人口政策的调整,全国性的计划生育政策很大程度上抑制了涪陵李渡的家庭和人口的增长。

改革开放以来,李渡人口有所增加。根据2010年全国第六次人口普查数据,李渡街道办事处辖区人口截至2010年6月30日总计88124名,其中男性42689人,女性45435人,以汉族为主,兼有土家族、苗族等少数民族。截至2011年末,辖区总人口为11.53万人,其中男性5.96万人,占51.7%;女性5.57万人,占48.3%。总人口中,14岁以下16952人,占14.7%;15—64岁82211人,占71.3%;65岁以上16090人,占14.0%。总人口中以汉族为主,达11.52万人,占99.9%;有苗族、土家族两个少数民族,共97人,占总人口的0.1%,其中苗族52人,占少数民族人口的53.6%;土家族45人,占46.4%。2011年人口出生率为7.0‰。死亡率为7.8‰,人口自然增长率-0.8‰。

2.姓氏与宗祠

李渡自元明至清,日渐成为江西、湖南和湖北等地移民汇聚之地。清代涪陵人口流动,清代前期,又有广西、贵州籍移民迁入。乾隆年间有数十家苗族同胞移入。因此,李渡在各历史时期的移民来源较广,并非纯粹源自前述各省。有关地方史志资料显示,李渡的最大姓氏张氏是元末由江西入蜀的,初住江津县,明初移居涪州五龙镇,而五龙镇就是今李渡。李渡李氏是明洪武四年(1371年)由湖北麻城、孝感迁蜀的,而孙氏是从湖南邵阳宦游入蜀来涪的。此外,李渡部分人口稀少姓氏主要在1949年来自全国各地。

（太乙门往李渡老街梯道）

李渡人口的姓氏自近现代以来日趋复杂,以李渡镇为例,1985年共277姓4806户21715人。截至2013年,根据调查统计,李渡居前10位的姓氏为张、刘、王、李、陈、周、黄、吴、徐、何。

宗族一般都建有祖庙宗祠,李渡境内,过去著名的祠堂有致韩的高家祠堂、李渡的徐家祠堂、双桂的刘家祠堂、镇安的石家祠堂及文家祠堂等。祠堂供奉列祖列宗像,世世代代定期献奉祭祀;凡家族均安设神龛家神,供近祖近宗牌位。每年春季和秋季都将举行相当规模的宗族祭祀活动,当地群众分别称之为"春祭"和"秋祭"。"春祭"仪式通常于农历正月十五进行,"秋祭"仪式一般在农历七月十五进行。届时,同姓共宗者携供品香纸,前往祖庙宗祠烧香献供,祈求列祖列宗保佑子孙后代兴旺发达。

李渡主要姓氏均有自己的祠堂。清明会、冬至会等都是同姓族人赴会合族祭祖,聚餐时或"磕头完后就吃豆花饭",或有"上笼"蒸熟的"四大碗"——扣肉、糯米饭、粉蒸排骨及夹沙肉等。李渡金银居委原保合9社有区家祠堂,为一正两横的穿斗式建筑,但因房屋在1949年后分配给他人居住故近数十年已未见宗族活动;王氏祠堂在李渡明家湾,近年清明节均搞家族聚会,编修家谱,与事者多同姓老人。区家祠堂修建于1949年,经费为同姓有钱族人捐助,现在区家院子有13户90余口,清明会家族活动多由有钱族人捐资并组织号召,祠堂内供有菩萨和区家老者预先购置的棺木。另外,李渡镇安大户人家的祠堂亦不少,在鱼窗有石家祠堂,在黄家湾有黄家祠堂,在文家嘴也有文家祠堂,足见相关姓氏的家族活动较为频繁。实地走访调查鱼窗的石家祠堂时,在年届八旬的石和勤引导下,著者发现李渡镇安石家祠堂本有正屋三间,现在已十分残破,但房梁仅存的精美木质雕版构件或能显出当年的气势。该祠堂附近多石姓族人,祠堂两边曾栽有桂花树,其房屋曾改作学校。祠堂里边主要供奉神主牌位,据称当年石家祠堂清明会时也在此对不守族规的族人进行惩戒。

四、历史事件

1.巴清冶炼丹砂

《史记·货殖列传》载:"巴寡妇清,其先得丹穴,而擅其利数世,家亦不訾。

清,寡妇也,能守其业,用财自卫,不见侵犯。秦皇帝以为贞妇而客之,为筑女怀清台。"《括地志》载:"怀清台在涪州永安县东北七十里。"

根据以上资料,经现代人多方考证,女怀清台就在今天李渡境内的义和镇石塔村中峰寺山顶上,巴清冶炼丹砂的地方就在义和镇朱砂村一带。巴清的祖祖辈辈都在这里居住,并利用这一带丰富的矿产资源冶炼丹砂,由此成为富甲一方的大家族。

(重庆名人馆内巴清塑像)

巴清的丈夫早早去世,她便独自承担起经营这份巨大家族产业的重任。由于她人缘广泛、经营有方,产业在她手里进一步扩大,很快,她便富甲天下。巴清利用这些财产组建了一支"童仆三千人"的强大家族武装,保护家族产业及自己的人身安全。同时,她还积极捐助大量金钱支持秦始皇修筑万里长城、抵御外敌入侵;为秦始皇修建骊山陵墓无偿提供大量的水银。由此,她成为全国知名人物,得到了秦始皇的召见,被秦始皇视为贵宾,命为"贞妇"。当她去世后,秦始皇下令在其家乡修筑女怀清台,纪念和表彰她的丰功伟绩。

2.诸葛亮屯兵

汉献帝建安十九年(公元214年),刘备令诸葛亮带领张飞、赵云等大将,率兵由荆州沿长江西上攻取益州。其间,诸葛亮曾经驻军涪陵,屯田耕种、组建军队、训练甲士,为蜀汉政权的建立做出了重要贡献。

　　据史料记载,诸葛亮的军队一部分屯驻于涪陵城北铁柜山(今涪陵北山坪),其余则屯驻于今李渡、镇安一带。《华阳国志》载:"延熙二年,马忠定越西,置赤甲军,常取涪陵之民。丞相诸葛亮亦发劲卒三千人为连弩士。"

　　在李渡及镇安一带屯驻的军队积极招兵买马,扩充兵源,并选练3000名精锐士兵为连弩士。所谓"连弩",又名"诸葛弩",是诸葛亮发明的一种可以连续发射的弩箭,是当时非常先进的作战武器。因为军队训练地在涪陵、长寿交界处的黄草山、赤甲山一带,所以,时人称呼这支军队为"赤甲军"或"赤甲戍"。至今,李渡平垣村和镇安临江村均有"军田坝",皆因诸葛亮当年训练赤甲军而得名。

3.涪州阿育王塔的建造

　　2500多年前,佛祖释迦牟尼圆寂火化之后,弟子们得到舍利84000多颗。神圣而又神秘的佛祖舍利,成为至高无上的佛家圣物,人们拿出最珍贵的器物盛放这些稀世珍宝,并作为佛门传世圣物虔诚地供奉。在盛放和供奉佛祖舍利的众多器物中,最著名的当属阿育王塔。

　　阿育王塔是古印度孔雀王朝第三代国王阿育王为供奉佛祖舍利,命人修建的宝塔。相传,阿育王在争夺王位和统一古印度的战争中,进行了残酷的血腥屠杀。后来,幡然悔悟的阿育王皈依佛教。为了救赎自己屠杀生灵的罪孽,阿育王在全国建造了84000座宝塔,将84000枚佛祖舍利分别供奉于宝塔之中。那些盛放和供奉佛祖舍利的宝塔,被后世人称之为"阿育王塔"。据众多典籍记载,在涪陵李渡境内也有一座阿育王塔。

　　最先记载涪州阿育王塔的,是唐代道宣律师所撰《律相感通传》,文中通过自己与天人问答的方式,对涪州阿育王塔做了如下记述:"又问:涪州相思寺侧多有古迹,篆铭勒之,不识其缘?答曰:迦叶佛时,有山神姓罗名子明,蜀人也。旧是持戒比丘,生憎破戒者,发诸恶愿,令我死后作大恶鬼,啖破戒人。因愿受身,作此山神,多有眷属。所主土地,东西五千余里,南北二千余里,年啖万人以上。此神本曾为迦叶佛兄,后为弟子。彼佛怜愍,故来教化,种种神变,然始调伏,与受五戒,随识宿命,因不啖人。恐后心变,故佛留迹。育王于上起塔在山顶,神便藏于石中。塔是白玉所作,其神见在。"清代僧人灵椉的《地藏菩萨本愿经科注》中,也有大致相同的记载:"道宣律师问天人陆玄畅,云涪州相思寺古迹,曰,此迦叶佛时,山神罗子明,是佛弟子,生憎破戒者,发愿作恶鬼,噉破戒人。因愿受身,作此山神。所主土地七千余里,年噉万人以上。迦叶教化调伏,受五戒,因不噉人。恐后心变,故佛留迹。"由此可知,涪州阿育王塔在涪州相思寺的山顶上,由佛祖弟子迦叶尊者所建。迦叶尊者建好佛塔之后,还在附近山崖上留下佛迹。

至于相思寺和阿育王塔的具体位置,道宣律师的另一著作《续高僧传》中记述:"其寺在涪州上流大江水北,崖侧有铭,方五尺许,字如掌大,都不可识。下有佛迹,相去九尺,长三尺许。"北宋时期的《元丰九域志》卷八《涪州》亦载:"相思寺,《图经》云:石上有佛迹,状如履所迹践。宋元嘉中,僧法畅见之涕,思念大圣,于时道俗崇信,请立寺,号灵迹寺。"南宋王象之在《舆地纪胜·涪州·景物》中载:"佛足在法苑寺之东去州六十五里,石上有二巨迹,寺中有碑谓迦叶佛迹。"根据"其寺在涪州上流大江水北""去州六十五里"等记述,我们可以判断,阿育王塔就在今天的李渡地域范围内。

涪州阿育王塔毁于什么时候?为什么到现在看不见一点儿踪影?史籍中找不到明确记载。但是,据《宋史·五行志》载:"天圣元年三月庚辰,涪陵县相思寺夜有光出阿育王塔之旧址。发之得金铜像三百二十七。"可见,在宋仁宗天圣元年(1023年),阿育王塔已经被毁,人们只是从其旧址地下发掘出众多金铜像。

近来,有学者提出涪州阿育王塔在义和镇中峰寺山顶上,并由此展开了对阿育王塔、相思寺以及迦叶尊者所留佛迹的寻觅和考证。我们期待着进一步的结果。

4.黄草峡獠人叛乱

"唐上元二年(675年),黄草峡獠贼结聚,江陵节度请隶于江陵,置兵镇守。"(《涪陵县续修涪州志》)

5.李白渡江

李白(701—762),字太白,号青莲居士,祖籍陇西成纪(今甘肃天水),唐代最杰出的诗人,我国文学史上伟大的浪漫主义诗人,有"诗仙"之称。

李白4岁时,随父亲迁至剑南道绵州(今四川绵阳)。在蜀地生活至25岁,只身出蜀,"仗剑去国,辞亲远游"。天宝十四年(755年),安史之乱爆发。次年,李白参加了永王李璘幕府。因永王与肃宗争位,永王兵败,李白受到牵连,流放夜郎(今贵州境内)。途中遇赦,李白滞留于江南一带,直至上元三年(762年),61岁时在贫病交加中去世。

纵观李白一生的生活经历,路过李渡的时间至少有两次。一次是开元十二年(724年),李白正当意气风发、少年气盛之时,仗剑去国,沿长江东下,出川远游,曾经路过涪州。并在涪州城西三十里处(今李渡镇)乘小舟渡江,这就是"李渡"名称的来历。对此,文献多有记载。明代曹学佺《万县西太白祠堂记》说:"涪陵有渡曰李渡,以太白曾渡此,即妇女稚子能知之矣。"清同治时,《续修涪州志》载:"李渡,治西三十里,相传李白曾过此,因名。"又载:"李白曾往来于涪,喜涪陵山水之胜,流连不忍去,李渡因之名。"清代诗人毛凤韵在描写李渡景观时,有"太乙门高岩百尺,长庚渡阔浪千重"的诗句。清同治年间进士、内阁中书,李渡人傅柄埠在《李渡》诗的序文中也写道:"(李渡在)涪陵西,赤甲山之东,大江之北,余家在焉。唐李白曾渡江于此。"

李白另一次经过李渡是流放夜郎期间,于乾元二年(759年)从安徽宿松经长江西上,达到涪州,并写下了《窜夜郎于乌江留别宗十六璟》一诗。诗中记述了自己由长江西上至涪州,自涪州又西上入夜郎的经历,还提到了明月峡等李渡附近的一些地名。可见,他在流放夜郎途中曾从李渡经过。对此,1931年商务印书馆出版的《中国古今地名大辞典》中有关"李渡镇"的条文写道:"在四川省涪陵县(今涪陵区)三十里大江之北,相传李白流夜郎渡此,故名。"

6.杨子琳作乱

"(唐)大历四年(769年),泸州刺史杨子琳作乱,沿江东下涪州,守提使王守仙伏兵黄草峡,为子琳所擒。"(《涪陵县续修涪州志》)

7.三台寨抗元

公元十三世纪中叶,从蒙古大草原斡难河边迅速崛起的蒙古铁骑,在横扫欧亚大陆的同时,也加紧了对南宋王朝的侵凌和掠夺。为了抵御蒙古入侵,在危急存亡之秋,南宋军民展开了艰苦卓绝的斗争。

由于蒙古伐宋的主要路线是从陕西进入四川,然后沿长江顺流而下,直抵南宋朝廷首都临安(今浙江杭州)。因此,扼守长江咽喉和重庆门户的涪州,便成为宋蒙双方的主要争夺点。

自宋理宗嘉熙三年(1239年)秋,蒙古大将塔海、秃雪率兵80万杀入四川,并迅速推进到川东地区,袭扰涪州,攻破开州,抵达万州北岸始,直到南宋朝廷灭亡的40年间,宋蒙双方在涪州大地展开了多次厮杀,其中,最著名的就是李渡境内三台寨的抗元斗争。

(三台寨东城门)

(三台寨西城门)

三台寨,又名东堡寨,位于涪陵城溯江而上40里的长江北岸,今属马鞍街道玉屏社区。今天可见的三台寨,内城周长1000余米,占地面积近5.3万平方米。城堡就地取材,依山而建,东、西、北三面皆筑有坚固的寨墙,濒临大江的南面则以千仞绝壁为天然屏障。寨墙平均厚度4米,高4至6米,多用青砂条石砌成。三台寨有东、西两道寨门,各有一条小路通往江边。东寨门坐西向东,依崖据险;西寨门夹沟而建,比东寨门略小。东、西寨门两侧,各有炮台数座,两边呈"八"字排列,直视大江。

三台寨创筑于宋度宗咸淳二年(1266年),由涪州刺史阳立奉命根据当时抗元斗争形势需要而修建的。寨堡建成之后,涪州州治随之搬迁到了这里。直到1279年南宋朝廷灭亡,三台寨始终是涪州的政治中心和军事斗争中心。面对如狼似虎、素称"骑射无敌"的蒙元铁骑,涪州军民以三台寨为根据地,守险抗敌,艰苦卓绝的斗争长达十数年之久。其中,最著名的是宋军将领吕文德以三台寨为大本营,发动并指挥的涪州蔺市之战。

宋理宗宝祐六年(1258年)秋,蒙古大汗蒙哥亲率4万大军分三路侵蜀。蒙哥将南宋四川制置司所在地合川钓鱼城作为重点打击目标,亲自带兵围攻。同时,命令都元帅纽璘驱兵至涪州蔺市,实施围点打援,阻击南宋朝廷救援重庆及合川的兵力。次年春,纽璘率1.5万水、陆、骑兵抵达蔺市,在长江上架设浮桥,严密封锁江面。

南宋朝廷任命吕文德为四川制置副使兼重庆知府,率舟师解蔺市之围。次年初夏,吕文德以三台寨为大本营,集结各路宋军屯驻蔺市下游。双方对峙达七十余日。伴随盛夏来临,蒙古军营内疟疾和瘟疫盛行,以北方人为主的"蒙军士马不耐其水土,多病死"。加之长江汛期到来、水位暴涨,一夜之间将纽璘架设的浮桥冲得七零八落。吕文德见总攻时机成熟,果断命令全线出击。宋军将士精神焕发,斗志高昂,无不以一当十、所向披靡。宋将曹世雄、刘整率部率先冲进敌军营垒,并放火烧毁了蒙军架设的浮桥。蒙军阵脚大乱,不战自溃。纽璘带数千残兵逃回重庆。自此,蒙军封锁长江的军事计划彻底破灭。

涪州蔺市抗蒙之战,是南宋朝廷在长江上游发动的最大规模的水战和救援战,它与合川钓鱼城之战并称南宋朝廷在四川的两大经典战役,此战粉碎了蒙哥汗加速定川的战略图谋,使元军全面攻下四川的时间延缓了20多年。

三台寨犹如一颗嵌在川东大地的钉子,牢牢地钉住了蒙古骑兵肆意东进的铁蹄。蒙古人将三台寨视为眼中钉、肉中刺,"北兵攻围无虚日",必欲拔之而后快。宋理宗开庆元年(1259年),蒙哥派大将纽磷进攻忠州、涪州,断绝下游宋军的增援;宋恭帝德祐元年(1275年),元军西川副统军刘思敬率兵攻占涪州,三台寨一度落入元军之手;随即,四川制置副使兼重庆知府张珏遣军收复;宋端宗景炎元年(1276年)年底,涪州观察史阳立降元,三台寨再次落入元军之手;同年12月,张珏进入重庆,派部将张万、程聪领兵攻打三台寨,收复涪州;景炎二年(1277年)年底,元军先后攻占涪、万、泸等州,集中兵力进攻重庆;次年正月,重庆城破,张珏乘小舟从水路东下,打算以涪州三台寨为根据地东山再起,不幸于涪州境内被俘,在被押往元大都途中自杀殉国。

在三台寨抗元斗争后期,涌现出了一个又一个可歌可泣的悲壮故事和感天动地的英雄。这期间,三台寨守将先后有程聪、王明、王仙等人,他们无一例外全都壮烈殉国。

老将程聪原是四川制置副使兼重庆知府张珏手下的都统,在重庆时"力主守城之议"。景炎元年(1276年),张珏第二次收复三台寨之后,即派他来守涪州。景炎二年(1277年)七月,元军东川副都元帅张德润攻破三台寨,程聪不幸被俘。张德润用轿子将他抬到府上,劝导他说:"你的儿子程鹏飞归顺大元之后,已经是我这里的参政。现在,只要你也归顺,你们父子俩就可以天天在一起团聚了。"程聪却不以为然地回答:"我是在战场上被你们捉住的;他是屈膝投降的人。我哪有这样的儿子!"谈笑风生中,老将军英勇殉国。

尤其值得称道的是三台寨最后一位守将王仙壮烈殉国的壮举。据《宋史·忠义传》记载:"王仙,蜀都统也。守涪州,北兵攻围无虚日,势孤援绝。宋亡之二年,城始破,仙自刎,断其亢不殊,以两手自摘其首坠死。"在内无粮草、外无援兵、三台寨即将被攻破的最后时刻,王仙没有妥协和屈服,最后以惊天地、泣鬼神的壮举自刎殉国,实在是一位不屈不挠的忠义之士、可歌可泣的英雄!他那百折不挠的英雄气概,那宁愿站着死、不愿跪着生的浩然正气,直到今天依然激励着我们、感动着我们。

8.何环斗创办琴堂书院

明万历三十七年（1609年），曾担任四川彭山县教谕、湖北武昌县知县、河北大名府通判的涪州大山场人何环斗，辞职回乡，于李渡大山乡境内的歪壁山上创办"琴堂书院"。四方学子纷纷慕名前往求学。琴堂书院为李渡境内有史记载的第一家书院，现在古迹犹存，题刻清晰可辨。

（琴台石刻）

9.明末李渡兵燹

"崇祯十六年（1643年）癸未，夏五月，江北摇黄十三家贼遵天王袁韬四队王友进、必反王刘维明等攻劫鹤游坪（现垫江县境），坪民争渡南岸避乱。八月庚寅，官军败绩于罗池、竹山等。摇黄诸贼咸集。遵天王曰：'川东北寨硐仅存一二，不若重庆渡江，南至叙、马可就食。'由是，梁、垫、长、涪大小寨硐被破，积尸盈路，臭闻千里。"

"崇祯十七年（1644年）甲申，春，正月，贼烧李渡镇。分守道刘龄长遣兵勇百余渡江哨探，遇贼，杀伤过半。"（《涪陵县续修涪州志》）

10.白莲教劫掠李渡

"嘉庆二年（1797年）十一月二十五日，白莲教匪王三槐由黄草山入州境劫掠。烧毁琛溪、李渡，蹂躏尤甚。"（《涪陵县续修涪州志》）

11.李渡镇火灾

"咸丰九年(1859年)夏四月九日,李渡镇火灾,死者六七百人,邑中翰傅炳墀著有《火灾行》云。"(《涪陵县续修涪州志》)

12.长江洪水淹没李渡

"同治九年(1870年)庚午,夏,扬子江(长江)大水……李渡、珍溪镇俱于水至处刻其石曰:'庚午大水涨至此'。"(《涪陵县续修涪州志》)

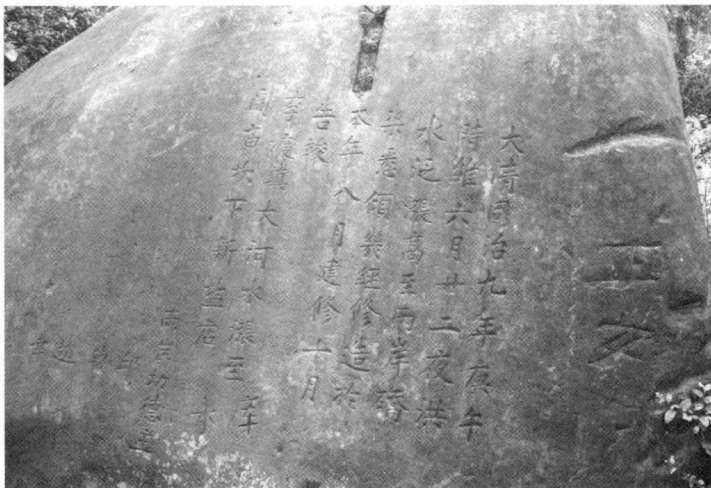

(清代记事石刻)

13.设立抗战后方医院

抗战爆发后,国民革命军一二一后方医院由贵阳迁来李渡。医院总部设在兰桂园,同时在松柏园设立分院,共有床位1500个,工作人员200多人。其中,职员50多人,除少数为四川人外,其余全部是跟随医院一起过来的贵州人。医院院长为杨治白。

由于前方战事紧张,一二一后方医院总是满负荷运转,其伤病员常年保持在1000人以上,而且这些伤病员大多患有疟疾、痢疾、营养不良等症,加之医疗设备简陋,常用药品缺乏,医疗器械奇缺,甚至连高压消毒器也没有,医护人员医疗水平低下,所以伤病员的死亡率极高。那些死了的伤病员,都被统一运往今天涪陵一职中(原涪三中)附近的官山坡埋葬。20世纪五六十年代,涪三中师生开荒种地时,还曾挖出雕刻有国民党党徽的石碑和累累白骨。

在李渡,与一二一后方医院同时并存的,还有国民革命军第八休养院。该院于民国二十九年(1940年)由河南信阳迁来,院长李铁山,汕头人,少将军衔。医务人员有施绍光等20人左右。医务室设在李渡老街关庙内,医疗设备比较简陋,只有内科和一般外科。

第八休养院的服务对象,是经一二一后方医院治疗后基本好转的伤病员。伤病员共分6个中队,每个中队6个分队,每个分队6个班,每个班12人(实际上每个中队不足200人)。分驻在李渡附近的红庙、祖师观、金家院子、王爷庙、妙音庵、游家祠堂、徐家院子等处。

1945年,抗战胜利后,一二一后方医院和第八休养院先后从李渡撤走。第八休养院的番号撤销,伤病员转入长寿第九残废教养院;一二一后方医院,则不知去向。

第二章 历史名人

历史文化名人是一个地方的文脉，他们或通过自己的笔触留下锦绣华章，或凭其伟绩而流光史册，或致力于文化建设而嘉惠桑梓。李渡人杰地灵、名人辈出，甚至出现了"五布政村"之说。名人是李渡的宝贵财富，他们为李渡而增辉寰宇，李渡为他们而名重千秋。

第一节　军政名人

一、刘岌

刘岌（1421—1505），字凌云，李渡人，明景泰五年（1454年）进士，弘治二年（1489年）致仕。初拜吏部验封司主事，历员外郎、太常寺卿，转吏部文选郎中，擢礼部左侍郎，进礼部尚书兼掌太常寺事加太子少保衔。刘岌的史迹于《明史》无传，不过仍可通过《明实录》《国朝献征录》《奇闻类纪摘抄》及明人刘春的《送太子少保致仕还乡序》、倪岳的《送大宗伯刘君归省还蜀序》《赠大宗伯刘公致仕荣归序》、丘浚的《送太子少保礼部尚书涪陵刘公序》等文献做出大致描述。

据张德信的《明代职官年表》中载：刘岌从成化十五年（1479年）升迁至太常寺卿，至弘治二年（1489年）致仕，一直担任该职。其间，成化十八年（1482年）升礼部尚书（刘岌本职仍掌太常寺，礼部尚书应属正二品职级，因在成化年间太常寺卿例兼领礼部尚书，以示恩宠及对该部门及职事的看重），成化二十年（1484年）加少保衔，成化二十一年（1485年）

（刘岌墓前牌坊）

致仕,成化二十三年(1487年)起复管事(恢复原职)。可能刘岌多次提出退休而让"龙颜"不悦,因此被降职或罢职,虽一时御批"致仕",但不久又收回"成命",不同意"致仕",而使致仕"未成"。

刘岌退休时,"赐宝镪三十缗为道里费,给官舟以行""有司月给米二石,服役者岁给四人""优待之礼,近时罕与伦者",故"缙绅歆慕,以为此诚千载一时之遇"。时人丘浚言刘岌致仕:"虽有退政之名,而仍享终身之禄。"

刘岌"为人和厚易直,宽裕有容,不与物忤,而人亦乐亲之""清勤慎时""平生谦谨,亟称人之善,闻论人过失,辄止之。或面侮之而无校"。荣归故里后,"居家恂恂,乡人称之"。其仪表"仪观瓌杰,音叱洪畅""寅清勤恪,服劳有年"。

刘氏的德行为时人所推崇,老来其幼子失而复得的故事,也为人津津乐道,人们将其称为"德报"。这在《明武宗实录》、明人沈德符的《万历野获录》、明人施显卿的《奇闻类纪摘抄》、明人焦竑的《国朝献征录》中皆有详略不一的记载。大意说刘岌在京师为官时,其妻子不能生育,其妾有生子者,其妻嫉妒而令仆人弃之于城下。后来,弃儿被人发现并收养。仆人知晓此情,但回家后未如实以告。后刘岌致仕还乡,当时他人已将刘岌之子养至八岁,通过在京师的同乡得知其"遗子"消息。当时真是喜从天降,刘岌"喜极而泣",乃复迎归。时人认为这是刘岌"厚德之报"。

刘岌颇有文才,有《和新建致远亭》文存。

二、夏国孝

夏国孝(1493—1552),号冠山,明代四川涪州人,家居今义和镇鹤凤滩(现马鞍街道鹤凤社区)。祖父夏邦本,庠生,祖母陈氏;父亲夏正,母亲易氏。其父夏正,幼丧父,因对母亲陈氏十分孝顺,被旌表为孝子。

夏国孝在父亲的严加管教和老师的课督下,刻苦攻读,其诗文在乡里颇有名气。嘉靖元年(1522年),夏国孝考中举人,嘉靖二年(1523年),考中进士。

同年,夏国孝任湖北罗田县知县。罗田县衙年久失修,他便将县署、居所整修一新,随后,将破烂的养济院搬迁到更为合适的地方,收养鳏寡孤独之人。嘉靖四年(1525年),夏国孝重建塔山书院,给当地莘莘学子创造了良好的学习场所。罗田县名士张明道在家乡设馆授徒,在官府民间颇具声望。夏国孝到任后,即到学馆拜访他,与之探讨学问和治理罗田的方略,他还应张明道之邀,经常到学馆讲学,深受学生欢迎。后,又拜访名士张玉泉,作《访张玉泉》诗一首。

嘉靖四年(1525年),夏国孝任湖北黄冈县知县,三年后调到朝廷任职,后升为江南(南京)户部员外郎。

嘉靖十一年(1532年),夏国孝以江南(南京)户部员外郎身份权税淮浦。

(夏国孝故居匾额)

时值淮浦发大水,官署被河水淹没,几乎一片废墟。他捐出了自己的全部俸银。官民在夏国孝的感召下出资出力,城郭很快建好。对此善举,王阳明先生为公署中正堂题了匾额;都察院刘节为其作文记其功德,并刻在石碑上,以示纪念。

履职期间,夏国孝持论公正,廉介不染,因得罪权贵,辞官归里。离开时,行李萧然若寒士。

回乡后,夏国孝足不履城市,尽心赡养父母,常以诗文自娱,遵叔祖夏邦模教诲纂有《涪州志叙》和明版《涪州志》及诸文集。其祖父夏邦本、父亲夏正均被朝廷赠赐为奉政大夫,祖母陈氏、母亲易氏被赠赐为宜人。

三、夏子云

夏子云,号少素,明代四川涪州义和人,生卒年不详。从小喜文弄武,坦荡不羁,诗文自成一家,少时即负重名。

嘉靖十九年(1540年),考中举人,但他对做官毫无兴趣,叹曰:"大丈夫耻不闻道,乃艳一第耶?"中举后,也没有做官的愿望,而是脚穿草鞋,寄情于五岳山川。

很久之后,在涪州知州的推荐下,到礼部应选,被选中。嘉靖末年,夏子云任安徽舒城县知县。期间,他不巴结权贵,断案公平,办事公允,为当地人称赞。有一个权贵欲假公营私,夏子云没有答应。后来,那个权贵到了舒城县,更是气势凌人,但夏子云仍不为所动,那个贵人愤懑而去。当年,夏子云被考核为不称职,不久,丁忧。

服除,夏子云被起用为宁州通判。不久,改任湖南岳州通判,专门负责九溪(九永边粮道)事务。九溪事务,历任官员皆管理不善。上任后,他大力加强对武官和兵士的管理、训练,对违反纪律者必重惩重罚,深受当地百姓称赞。岳州府知府多次推荐他,后被朝廷授为五品官员。万历二年(1574年),夏子云被朝廷任命为湖南衡州同知,但他不恋仕途,于万历三年(1575年)辞职引退回家。

在家乡鹤凤滩,夏子云有诸多善举,为乡人崇敬。他死后,乡里人为其铸造雕像,置放于王灵祠,以供祭祀。夏子云能文善诗,著有《少素文集》。《四川通志》有传。

四、陈可则

明涪州镇安(高家镇)文家花园人,约活动于明隆庆至万历年间,曾任宛平县知县,为官刚直果敢,政绩卓著。擅诗文,工书法,尤其长于鉴赏金石文字。其书笔法苍劲,浑厚有力。

五、周如荼

周如荼(1617—1693),字自饴,号夷山,宋代理学家周敦颐后裔。其先辈于明朝初叶落籍涪州。明末乱世,周氏家族先后辗转居住于涪陵及贵州桐梓、遵义等地。周如荼晚年定居涪州贤人乡(今镇安、大山一带)。

如荼少年好学,"因于五经子史,刑名水利,以及孙吴之文,无不揣摩"。早在天启年间,即"以智勇立功,威名赫然遍天下"。

甲申(1644年)正朔,四川土贼姚黄十三家寇涪。六月,张献忠长驱入川。周如荼应兵部尚书、四川总督王应熊之请,任其幕僚。一路征集兵马数千人,收复了江津、桐梓、璧山、永川等十余县。1647年王应熊去世后,周如荼入忠国公王祥幕府。面对钱粮紧缺、百姓逃亡等诸多困难,周如荼"入山谷,寻父老,晓以大义,且谕以不屠一牛,不掠一物之意。所到,民皆安堵"。当年八月进军遵义,十月恢复重庆,次年恢复成都一带。周如荼因此而被南明永历朝授予湖南路正总兵,"祖父三世俱特晋荣禄大夫"。

1657年,周如荼赴云南觐见永历帝,并先后递交两本奏章,分析当时形势,提出朝廷应采取的战略措施。同时,请求缴印辞官,回乡养老。1658年3月,朝廷批准其以兵部员外郎致仕。"四月辞阙,五月如遵。自此而未尝一足入市,半面干人,僧冠道服,笑傲于山岩野麓中。"

1663年,周如荼自遵义携家归涪。先后居住于黑堂山庄(具体位置不详)、白诣(今白涛)等地,晚年定居于贤人乡。1693年2月去世,葬于磨沱山庄(今镇安场附近)。

周如荼年轻时,正当明清鼎革的纷乱之际。为拯鼎祚之既覆,救百姓于倒悬,他仗剑从戎、出生入死,冲锋陷阵十多年,立下了不朽功勋。其德行亦堪为世人典范。"其好善也如饴,其恶恶也如毒,不为色利诱,不为刀锯屈,不伤义士之生,不陷英雄之业,不戮阵降之卒,不受暮夜之金,不忻忻于富贵,不戚戚于贫贱。亲戚朋友中,有推诚前来者,则终身庇护之,虽千金不惜。至若托妻寄子之事,则委曲完全,且不片言市义也。"一生所行,大都以保全生命为主。从军十多年,攻围数十阵,从未乱杀一人。在王祥幕府期间,因王祥嗜杀,周如荼总是尽其所能极力制止,拯救了无数无辜之人的生命。

同时,周如荼也十分注重对后辈子孙的教育。他经常教育子女:"富贵功名,其宠在天;德行文章,其功在人。汝曹急尽在人之道,天事不必计也。"其子周俨曾经三次科举落第,他不但不责备,反而让家人治酒食给予慰劳,并且安慰儿子说:"吾不望汝为第一品官,但望汝为第一品人。人到极不得意处,不怨天尤人,不心懒神驰,方是学问本领。"这一系列谆谆教诲,成为周氏家族世代尊奉的家训,也成为其家族数百年科举昌盛、人才辈出,"簪缨鼎盛而不绝"的重要源泉。

六、徐玉书

徐玉书，生卒年月不详，李渡镇人。乾隆庚午年（1750年）举人，辛未年（1751年）三甲第100名进士，选授四川越隽厅学正。

七、潘鸣谦

李渡鸿舞溪（现马鞍街道太乙门社区）人，清乾隆癸酉年（1753年）举人，历任福建侯官，长泰、龙溪等县知县，龙岩直州知州，漳州府知府。

八、徐烛

徐烛，生卒年月不详，字德昌，李渡镇人。道光三年（1823年）考取从九品吏部注郎。

九、毛凤五

毛凤五（1826—1879），字小山，石马毛家湾（今马鞍街道玉屏社区）人。其父毛徒南，曾为岳池县训导，有七子，毛凤五排行第二。凤五幼时，赋性明敏，读书过目不忘，作文援笔立就。其父恐其博而不精，令其就每日所读皆书一遍，以加深印象。凤五18岁为秀才，38岁中举，次年进士及第，出任安徽省凤阳知县。凤阳为交通要道，过往官吏特别多，应酬不暇，致每年赔累数千金。当地官吏都建议所征粮税不报或少报，以弥补数年亏空之数，凤五未采纳。于是据实禀奏，结果受到调职的处分，其所赔累之数，亦由凤五贷垫完解。

丁卯年（1867年）将凤阳县事交卸完毕，行至定远县，时逢定远知县丁忧，因留此代理县事数月，后补望江县缺。

毛凤五在望江县任职12年，执政宽简，以安民为务。每季征粮，亲到乡里劝导。每遇民事纷争，认真判解，为百姓排忧解难。数年中讼狱日少。任职期间，给望江人民办了几件好事。他看到望江县在兵燹之后人民生活艰苦，经济凋敝,于是派人到湖北购买桑种,教人民种桑养蚕以增加收入。望江县有个华阳镇,江阔水急,一遇到风起,经常翻沉船只。毛凤五在该镇募捐集资设救生局,造救生船数艘,以拯救沉溺,并在河边辟一港口为船舶避风之地。他还在华阳镇一条河上修筑堤堡。

一次,一个未经县考的人,送3000两银子求毛凤五推荐其参加府考。毛凤五拒绝了这个人的贿赂,说:"读书人考上功名,只有勤奋学习,哪能用金钱买前程。做官人应该清廉,不能昧着良心办事。"

毛凤五在望江县任满后,安徽省府以他守洁廉用、政绩显著,上奏清廷。光绪五年(1879年)毛凤五打算进京朝见清帝后,再请假回家探望年已八十的父亲,不料在途中受风寒,进京后卧床不起。清廷又委他任灵璧县知县,未上任即于冬月十八病逝在京城旅栈,终年53年。

(毛凤五故居毛氏山庄石刻)

十、傅炳墀

傅炳墀(1832—1892)为涪陵傅氏良元公裔十世祖,族名治柄,榜名炳墀,字子卿,一字练谱,号少岩,李渡镇(现马鞍街道两桂社区)人。咸丰戊午科举人,同治乙丑科进士,官至内阁中书,历任云南邱北、陆凉、平彝、元谋等县知县20余年,五次乡试充同考官,充《云南通志》总纂、同治版《涪州志》总纂,淹通经史,文名极甚,一时名士,多出其门;书法功底深厚,其造诣直追晋唐,其草书多尽兴而为,笔法苍古,丰致萧然。著有《薇云山馆杂存》等集,事迹被采入民国州志。

十一、高海廷

高海廷,涪陵县镇安乡人。粗识文字,幼年以经商为业。在家中,事母尽孝,受到乡人的称赞。但性情刚猛,在社会上不畏权势,敢赴汤蹈火,因此乡间的一些青年都乐意同他交朋友,高海廷又喜好宾客,挥金如土。后与革命党人接触,逐渐知晓国事的艰危和革命的道理,常自说:"决胜之道,在于运筹,要寓高明于沉潜,这样才可以成事,徒勇无益。"由是谦恭自矢,不再以意气骄人。

民国四年(1915年)秋,袁世凯称帝。滇军起义讨伐,高海廷同革命党人积极响应,初选敢死队数人,夺警队快枪10余支,成立队伍,沿江狙击入川北洋军,缴获不少军械。高海廷管理部队很严,所至之处,秋毫不犯。

不久,海廷内部发生内讧,海廷率孤军往川北,行至华蓥山,骤与敌遇,双方交战至深夜。次日浓雾大作,人在咫尺中不能相见,敌军乘机进袭抵营前,众大骇,欲逃跑。海廷大声疾呼:"关键时刻,如果力战大家可能免于死亡;如果畏敌逃避,立见全军瓦解,大家都作死鬼。"海廷率敢死队数人,据险地与敌死战,坚持10天,敌人大败。敌军虽败,仍然天天进逼,考虑到众寡不敌,部队向南转移,川军与滇军会合。但又遇到部队中有野心人,将行不义,海廷慷慨陈词,力止之。

后,整军南渡。至兴隆场牛场垭口,遇北军与王陵基来攻,海廷奋臂为士兵先,敌人败走。高海廷在追击敌人时遇伏,中流弹牺牲,此时已是天色昏暮时候。次日晨,同人等觅见,高海廷犹持枪做射击状,面容如生时。

高海廷讨袁护国的英烈事迹,曾被载入《辛亥革命烈士传》。

十二、刘锐恒

刘锐恒,字春霆,涪陵镇安乡鱼窗子(今鱼窗村)人。出身行伍,以镇压农民起义而发迹。

清朝光绪年间,贵州何元易起义,刘锐恒随湘军至黔镇压,破绥阳城擒何,又进攻打败牛角坡起义队伍。为此,清廷提升刘锐恒为守备,赏花翎。刘锐恒愈加卖力,接着"会剿"下江、永从、六硐。因这一带会聚有3万多人的起义队伍,官军久攻难下。在一年除夕的夜晚,刘锐恒率40人组成的精悍小队,偷袭起义军的中心营地饭甑山,获得成功,使起义军在群龙无首中瓦解。

(刘锐恒拥戴袁世凯称帝电报稿)

后又在临安、后坪、永北等役,充当刽子手,建立了"功勋"。光绪二十三年(1897年)升为总兵,宣统二年(1910年)任云南提督。辛亥革命后,刘追随袁世凯,任建南前五营统领,继任川边镇守使,云南提督,陆军中将。民国五年(1916年)袁世凯死,失去靠山,率妻室儿女藏匿于天津租界,不知所终。

十三、刘西池

刘西池(1860—1942),字镕经,晚号玉山老叟,义和人。清秀才,曾选授彭水等县训导。民国二年(1913年)任四川省议会议员,后受聘任涪陵县团练局、县团务委员会和特商同业公会文牍等职。曾与刘作勤等组织鹦鸣诗社,办有《嘤鸣诗刊》。其诗文颇具文采,影响较大。

十四、高亚衡

高亚衡,字德泰,涪陵县镇安乡(白源村)人。生于清光绪五年(1879年),光绪二十四年(1898年)中秀才,光绪二十九年(1903年)被选送日本留学。先入警官学校,后入明治大学学习法律。

光绪三十二年(1906年),高亚衡经李蔚如介绍加入同盟会。次年受同盟会东京总部派遣回涪建立川东同盟会组织,并兼川内各地军事联络员。

高亚衡回涪后,以办新政名义组建警察队伍,以合法身份组织联络袍哥,发展同盟会员,培养革命力量。因此,同盟会总部对涪陵这一据点极为重视,熊克武、佘英、廖子冶、但懋辛等,都先后来涪与高策划起义工作。

宣统三年九月下旬(1911年11月),奉张培爵令,高亚衡遣涪州同盟军协助长寿县革命党人起义,一举成功。11月21日夜,援长涪州同盟军顺江回围涪陵城。翌日,涪州军政府正式成立,推高亚衡为军政府司令官。以后又协助丰都、忠州、彭水等地的革命党人起义,影响遍及川东。

民国二年(1913年)参加讨袁斗争,斗争失败,被捕并被抄家,涪陵县知事奉令将他就地枪决,幸得县各方面人士掩护,方得死里逃生。民国五年(1916年)二次讨袁胜利后,历任万县司法厅厅长、成都警察总厅秘书长、少城支厅厅长、巫溪县知事等职。民国九年(1920年)转涪任县团练局局长,未几,去职居乡。

民国十四年(1925年),高亚衡任涪陵"四镇乡联团办事处"主任,邀李蔚如主其事。民国十五年(1926年),李蔚如利用四镇乡民团力量,建立革命武装,开展农民运动,高亚衡予以支持。李蔚如牺牲后,高亚衡受到追查,再次逃亡在外。事态平静后返乡闲居。晚年挂任县参议员,已很少过问地方政治,直至1949年去世。

十五、王子干

王子干,名城,字守朴,涪陵石泉乡王家湾(现李渡街道梨园村)人,生于光绪八年(1882年)。清末秀才,后于川东师范学堂毕业。

辛亥革命前,王子干已加入同盟会,宣统三年(1911年),涪州保路同志会成立,王子干奔走各地,联络力量,为发起人之一。武昌起义成功的消息传到涪陵后,他同高亚衡、雷润生等会合各乡哥老会,组织民军,攻打涪陵城。涪州军政府成立后,王子干被任命为鹤游坪分司令,在任中有惠政。民国九年(1920年)以后,历任涪陵女师校长、涪陵县教育局局长等职。民国十五年(1926年)任国民党涪陵县党部(左派)执委。

大革命失败后,王子干受到国民党右派排挤,回乡创办私立"山仑小学"。民国十七年(1928年)左右,曾接纳共产党员杨天柱、张德之等到校任教,掩护其进行革命活动。不久,因经济困难,学校停办。民国二十一年(1932年),王子干到李渡小学任教,四年后辞职回乡,研习中医,度过淡泊的晚年。

十六、余测

余测(1902—1929),又名余蓬深,涪陵致韩乡桥头村(现马鞍街道倪丰社区)人,生于清光绪二十八年(1902年)5月。余测幼年在谭有常处读私塾,后来在自己家中招收附近学童,设馆教书。未久,私馆被涪陵县督学查封,余测愤然外出求学。

民国十三年(1924年)春,余测考入重庆广益中学,受到革命思想的熏陶和影响。民国十四年(1925年),上海"五卅"惨案消息传到重庆,余测和同学们响应全国对"五卅"死难烈士的公祭,参加了全市统一举行的罢工、罢课、罢市活动。同年9月,英国水兵在南岸龙门浩驱杀岸上群众,激起广大群众的反帝怒火。次日,余测参加了工人、学生组织的队伍,守护在江边码头,不准英、日船只靠岸,不准外轮人员上岸买东西。重庆军阀政府派兵镇压,余测被逼离校返家。

民国十六年(1927年),余测到万县杨森二十军军事政治学校学习,经雷振寰介绍加入中国共产党。毕业后,在杨森部队任排长。次年夏,杨森驻防涪陵,余测被委为涪陵县长江北岸三镇乡民练联团大队长。

1928年秋,余测与中共李渡地方党组织取得联系,接受党的任务,开展"团运"工作,建立革命武装力量。为了提高民团的军事素质,余测调集300余人在李渡镇牌楼湾大菜园进行军事、政治训练,暗地安排一批党团员和进步青年在其中任职,传播革命思想。同时利用民团大队长的合法身份和权力,在李渡查禁烟、赌、妓、匪四害,打击封建势力,维护社会秩序。在黄草峡等沿江险滩和要隘设立武装哨所,监视土匪,保护船只和商旅畅行。当时民团所需军械均按粮户分摊,绅粮故意拖欠,余测组织武装催收,还拘留了从中捣乱的区董,群众拍手称快,土豪劣绅则怀恨在心。

1929年1月，郭汝栋返防涪陵，三镇乡民练联团被解散。余测率领少数人，持枪到石龙、致韩一带山区隐蔽，秘密开展革命活动。

1929年春，中共涪陵县委趁郭汝栋扩大队伍之机，在李渡成立名属郭军、实为我党领导的革命武装——独立旅，余测任第三团团长。部队缺乏枪支，只得暂时收集和借用团枪和私枪。杨家庙团防抗命不缴，余测夜率队伍前往催收，不慎惊动乡绅及夜巡队，霎时枪声四起。事后，谣言四出，诬余测为"土匪"，李渡镇的土豪劣绅联名向涪陵郭汝栋告状。郭汝栋从蔺市调刘家驹团入李渡，包围余测所部。3月19日，余测等突围后在李渡镇东瓦窑沱被捕，受尽酷刑，始终严守党的机密。3月22日，余测与同时被捕的王芸仁在李渡镇河边就义。

1979年，余测被定为烈士，四川省人民政府给其夫人李青华颁发了"革命烈士家属证明书"。余测烈士墓于2014年迁往涪陵烈士陵园。

（余测的革命烈士证明书）

十七、何涤生

何涤生（1907—1931），名庆扬，李渡镇何家湾（现马鞍街道玉屏社区）人，生于清光绪三十三年（1907年）。

民国十三年（1924年），何涤生在重庆川东联立中学读书时，常读《新蜀报》，他对萧楚女发表的针砭时弊、引导青年前进的文章极为推崇。他与川师进步学生、涪陵人何北征、张锡畴等过往甚密，又联络治平中学的黄昔畴、黄恒成，巴中的张定模，联中的罗治于、黄国汉、何庆余等人组织成立"李渡镇留渝同学会"，利用同学会开展各种社会活动。1926年，英帝国主义制造"万县惨案"，何涤生等在李渡组织后援会宣传抵制日货、买卖国货。

民国十四年（1925年）春，何涤生出川到黄埔军校四期学习，不久加入中国共产党，期间曾参加讨伐陈炯明的战斗。毕业后被分配到叶挺独立团做政治工作，参加北伐。民国十六年（1927年），广州起义失败后，奉令辗转到上海，在党中央机关任保卫工作。后调中共沪中区委任领导。民国十九年（1930年）夏，由党中央安排回四川视察党务工作。

民国二十年（1931年）2月，因叛徒出卖，何涤生被捕。后被判刑3年，囚于重庆反省院，受尽疾病和酷刑的折磨，拒绝履行脱党手续出狱。至次年6月26日在监狱去世，年仅24岁，葬于三台寨下。

十八、张野南

张野南（1908—1931），名定坤，涪陵致韩乡上烽火（今李渡街道云星村）人。野南身材魁梧，机智勇敢，幼年就读于大山盘龙寺智仁小学。在老师刘金鳌的引导下，阅读进步书籍，受到革命思想的熏陶。毕业回乡，在致韩、石龙一带组织农民协会，开展革命宣传活动。1928年加入中国共产党。

余测在李渡任三镇乡民练联团大队长时，张野南任致韩乡民团中队长。张野南枪法很好，会双手打枪，被民团队员称为"神枪手"。民国十八年（1929年）2月，余测在李渡独立旅任团长时，张野南、李淑昭、高泽州等党员被派到余测团部任职。余测牺牲时，张野南同时被捕，后经党组织多方营救获释，隐蔽于新妙火麻岗姐夫李访渠家。郭汝栋指使刘家驹杀害余测后，进一步追捕张野南等人，将其父张曙谷及姐夫李访渠抓入监狱。张曙谷受尽严刑折磨，死于狱中。其母张姜氏，亦忧郁成疾逝世。张野南怀着父亡母丧的仇恨，更加坚定努力地从事革命活动，后被党组织派到忠县工作。

到忠县后,张野南被派到西、北区的两个督练部去加强民团的军事训练和政治领导工作。在此期间,组织和领导了冬防起义。失败后,转移到梁山(今梁平县)继续从事武装斗争。

1930年1月,中共梁山县委为了惩治虎城大恶霸石文蛟,扫除党在这里开展工作的障碍,派张野南、杨朴各带双枪,于1月26日在一座古庙前将石文蛟击毙。7月,中共梁山县委接四川省委指示:虎南农民武装与龙沙、太平两支农民武装汇合,到湘鄂西与贺龙领导的工农红军会师。7月29日,虎南、龙沙、太平三支农民武装共1300多人,成立了"四川工农红军第三路游击队",张野南任第二大队军事教官。8月11日,当游击队开进石柱县西乐坪时,受到敌军陈兰亭的围攻,部队被冲散。张野南与副大队长邓振东(邓止戈)带领百余人突围撤到石宝寨后,又转移到合川工作。

张野南到合川后,被安排到陈书农部队任排长,组织发动了多次兵变和士兵起义。起义失败被捕。

敌人采用软硬兼施的手段,逼张野南叛变,皆被严词拒绝。在一个深夜,敌人将参加"兵变"的张野南等5人押到合川塔耳门外的杀人坝枪杀。所幸子弹未打中要害,当晚下大雨,张野南从昏迷中被淋醒。他爬向不远的河边,被木船主人相救,后被秘密送至重庆,得到姑父刘兴源的支持,延医诊治,一月后伤愈出院。

张野南出院后,时值驻重庆的二十一军刘湘在辖区内严密"清共",环境十分恶劣。但张野南为了革命,心急如焚,冒着生命危险,暗地出街寻找党组织。后遇从前战友杨朴,遂与党组织取得联系,被安排任特务队队员,化名胡洪山。特务队的任务是惩治叛徒与特务,工作艰巨。一天,张野南在大棵子公园(今人民公园)遇见同乡人刘华轩、刘明胜。二刘是涪陵县团练局局长覃静德的走卒,遂向二十一军特务告密。1931年2月,张野南在重庆千厮门茶馆执行任务时,被特务逮捕,囚于巴县监狱。2月28日,同杨朴在重庆千厮门外英勇就义,牺牲时年仅23岁。

十九、徐东平

徐东平,原名徐世义,1908年生,现马鞍街道玉屏社区人。1924年至1926

年在涪陵四川省第四中学读书,期间经童庸生(中共地下党员)介绍加入中国共产主义青年团,任庶务委员。1926年至1928年,被组织派往上海大学社会系读书,期间转为中共党员。于1928年夏秘密前往苏联莫斯科东方大学学习,期间与刘伯承元帅结识。1929年回国后任共青团唐山地委书记。1930年在北平被捕,被囚于北平军人反省院,后经远房亲戚营救于1935年出狱,回家后脱党。先后在丰都平都中学、长寿龙溪中学任教。后回家创办"烽火小学""涪陵县私立双桂小学",任校长至当地解放。新中国成立后,任李渡镇国民代表大会主席、李渡区农会副主任、涪陵县各届代表大会委员。

二十、张光前

张光前(1918—1972),名新林,涪陵大柏乡陡石榴(今义和镇大柏社区)人,生于民国七年(1918年)7月。其父张琴仿有子女三人,光前居长。张琴仿自耕田土18石,出租18.5石,收租6.2石,有瓦房4间,家庭经济较为富裕。

张光前幼年时,就读于镇安场、大柏树小学校。"九一八"事变后,叔父张子夫、杨化周从北京返乡,在大柏、韩龙等地进行抗日救国的宣传活动。民国二十三(1934年)至二十四年(1933年),张光前在叔父张子夫所开办的私塾里读书。张光前在其叔父张子夫的教育下,受到革命思想启迪。

民国二十五年(1936年)停学在家务农,同时进行抗日宣传活动和社会调查,写出《力役地租的存在与富农经济的发展》一文,先在《中国农村》发表,后为《新蜀报》《新华日报》转载。

民国二十七年(1938年),大柏乡成立中国农村经济研究会长涪通讯处,在长寿县官庄和大柏树等地广泛开展进步活动,张光前是一名积极分子。同年,张光前组织一批青年成立"南强球队""八·一三"剧社、"战时书报社"(后称民众书报社),由张光前领导,黎俊流、黎晏侯具体负责管理。张光前经曾曲江(杨化周夫人)介绍,加入中国共产党。

民国二十七年(1938年)7月,张光前组织一批青年,对贪污民财的大柏乡乡长尹正鹄进行说理斗争,为开展革命活动扫清了障碍。上级党组织考虑到张光前的安全,将他安排至石柱县西沱区保国民学校任校长,继续从事革命工作,直到抗日战争胜利后才回到家乡。

民国三十五年（1946年），中国农村经济研究会四川分会成立，张光前被选为分会理事。民国三十六年（1947年）7月，由张光前发起，经大柏、镇安两乡党员会议研究决定建立地下武装。次年9月，建立了地下武装中队部，队员发展到250人，有枪200余支，为迎接新中国成立做准备。

1949年6月，中共涪陵县三区委员会成立，张光前任书记。李渡解放后，任三区区公所民政干事兼文书，以后又在公安部门工作和学习。1952年5月调任三区粮站主任，后调任涪陵县粮食局加工厂副厂长。1955年后，在珍溪、李渡、致韩等粮站或粮点工作。1972年3月9日，因患癌症医治无效去世，终年54岁。

二十一、张子夫

李渡大柏树陡石榻人，抗战时期出川抗日参加新四军，并加入中国共产党，历任中共阜阳县委书记、中共亳州地委书记。新中国成立后任海员工会副主席，第三届全国人民代表大会代表。

二十二、杨化周

李渡韩龙人，抗战时期与张子夫一道出川抗日，加入中国共产党，新中国成立后，任中央财经委员会粮食部办公室编辑科科长。

二十三、覃静德

覃静德，生卒年月不详，字光銮，李渡镇人。民国时应试文官，任职贵州。后回涪陵任县团务委员会副委员长等职。

二十四、毛玉久

民国时期李渡人，20世纪30年代任李渡镇镇长、袍哥大爷和揽载会首。为人谦和、处事公道，仗义疏财而又尊老敬老，对李渡场镇建设和码头繁荣做出过贡献。

二十五、其他人物

另有其他人物列表如下：

姓　名	职位
刘　佾	明诰赠光禄大夫
文　作	明隆庆戊辰进士，广西布政使，加一品服俸
何仲山	明成化丁酉举人，河南武安县知县
文羽麟	明嘉靖戊午举人，陕西陕州知州
张　艇	明嘉靖丁酉举人，知州
王　用	明湖北荆门州知州、转刑部郎中，加赠三品
何　伟	明万历壬午举人，贵州参政
何振虞	明贵州黄平州知州
陈　正	明天启丁卯举人，浙江金华府推官
刘承武	明嘉靖辛未举人，广西柳州府同知
张仕可	明嘉靖甲子举人，湖广武昌府同知
张与可	明万历乙丑进士，河南副使道
潘胜珠	明朝崇祯癸酉年举人，李渡鸿舞溪人
任国宁	清雍正癸丑进士
邬之英	清马湖府训导，奉政大夫
文人蔚	清咸丰辛亥举人
张镇东	清同治丁卯武举，曾任兵部差官，候选守备
陈　瓒	清文林郎
夏克明	清奉直大夫
陈援世	清寿州府知府
陈于彭	清文林郎
熊禹俊	清举人，合江县训导
陈鹏飞	清山东曹县等县知县
何洪先	清内阁中书，嘉定府教授
陈于宁	清芮城县知县
邬　旗	清陕西安塞等县知县，中宪大夫
潘　嵩	清文林郎
何　铽	清浙江鄞县知县
陈朝羲	清福建建阳县知县
何　逑	清教谕
曹世英	清奉直大夫

续表

姓　名	职位
何裕基	清温江教谕
邹锡畴	清浙江遂安、萧山等县知县
陈于贤	清文林郎
何啟昌	清江西靖安县知县
何浩如	清湖南安县知县
李腾霄	清中议大夫
石为标	清举人
陈于镳	清雍正己酉举人、解元
高　旦	清康熙癸巳举人
高　易	清举人
周克信	清训导
邹　嫚	清中宪大夫
潘喻谦	清直隶萧应县文林郎
陈夔让	清知县
邹增祐	光绪二十一年进士

第二节　经济名人

一、刘作勤

刘作勤(1869—1950),字文敏,又名刘作琴,大山朱砂坪人,清秀才,工诗书。其小楷神韵秀逸,逼近兰亭。其诗文清丽脱俗,为世人所称道。

刘作勤以经商发迹,勤劳致富,是当地有名的大绅粮。今朱砂坪还保留有其当年修建的庄园,极其气派,为李渡一带民居庄园之典范。

（刘作勤庄园）

二、傅长泰

傅长泰（1872—1952），石马人，精于石工，在20世纪30年代设计重建李渡镇境内上桥和下桥，深为人们所敬重。

三、欧秉胜

欧秉胜（1874—1923），李渡镇石马坝（今石马村）人，生于清同治十三年（1874年）。少年时，家庭贫苦，靠担柴卖炭为生。由于勤奋，渐有积余。

光绪二十四年（1898年），涪陵商人邱寿安创办榨菜厂获厚利。邱家厨师谭治合与欧秉胜相好，遂将榨菜加工技术全部透露。欧秉胜遂于宣统二年（1910年）在石马坝设厂仿造，一举成功，成为李渡地区榨菜加工的创始人。

民国初期，欧秉胜又同李渡的毛寿山、毛光华、毛炳君等人在李渡办榨菜厂，产品远销汉口、上海等地，均获厚利。欧秉胜后置田产近200亩，成为当地的绅粮。

民国七年（1918年），其长子欧衡育将榨菜运往上海，因在坛内暗装鸦片，货品被扣，人被拘留，且被处以巨额罚款。欧秉胜倾家荡产才使欧衡育获释，所办菜厂也于次年关闭。欧秉胜因此忧郁成疾，于民国十二年（1923年）病逝，终年49岁。

四、张继先

张继先（1884—1960），原籍北拱，民国十四年（1925年）迁居李渡镇陶家湾。从1934年到1950年，开垦官山种植油桐7000余株，帮助乡邻种植油桐2.1万余株，并总结出一套先进的种植经验。1950年被评为全国油桐模范，作为涪陵地区唯一代表出席新中国首届"全国工农兵劳动模范代表大会"，受到毛泽东等党和国家领导人的接见。

五、陈金荣

陈金荣（1896—1961），李渡镇大巷子（今一居委）人，生于清光绪二十二年（1896年）。陈金荣自幼家庭贫苦，12岁时就下河帮大曲浩尹姓老板推过河船。后又帮人拉船，上至重庆、泸州，下至汉口、上海，凡所经航道滩险，皆了如指掌。民国二十五年（1936年）以后，一直在进行长途运输的李渡揽载船上当驾长，凡李渡港有大宗货物需用大船运往汉口、上海的，都争相雇请他领航。1956年，李渡镇成立"和平运输合作社"，陈金荣仍做揽载驾长，他驾船20多年从未发生过重大事故，1961年病逝，终年65岁。

六、秦春茂

秦春茂（1901—1964），镇安乡白源村人。秦春茂以木工手艺闻名乡里。幼年从著名木工汪士安（镇安乡新塘村人）学艺。民国七年（1918年），汪去武隆修建庙宇。开工之日，汪命木工每人先做一根马凳（即做木活的工作台），做好后在凳上写上自己的名字。众木工做毕，汪将马凳全部丢入塘内，任水淹浸。一天后捞出马凳逐一拆散,凡见马凳榫缝内未有水浸入的,按其所记姓名予以录用。这次考核,唯秦春茂合格。

民国十年(1921年),镇安场修建关庙,秦春茂做掌墨师,邓树章做二掌墨。秦、邓二人对每道工序、每件用料必亲自检验。有不满于秦的木工,暗地将做好的中梁锯短一小截,欲使秦在隆重的上梁仪式上当众出丑。次日,当中梁拉上房架后,就有人大喊:"中梁短了!"秦在房架上答道:"短了就扯长三寸嘛!"于是,与在房架另一端的邓树章将中梁用力一拉,合在中柱上不长不短,恰到好处。原来,在上梁前一日,秦、邓发现其弊,并已备好中梁更换。

秦春茂的小木工手艺也不错。一次,镇安场一家中药铺开业要做拦山柜,傍晚上工时,木料还是些毛料,秦下好长短之后,嘱老板将木料放在大锅内烧开水翻煮,然后锯解成小料和板材,再刨光、打眼。至次日天亮时,拦山柜全部做好,柜面平整光滑,四周封板如整板装成。这个药柜经历50多年,仍很扎实,无一松榫和裂缝。

1949年后,镇安乡的新粮仓、供销社的工业品门市部以及一些较大房屋的修造,都请秦春茂掌墨,他是方圆百里公认的能工巧匠。

七、熊家益

熊家益(1943—),涪陵石龙乡人。中共党员。1959年参加养路工作,任涪陵总段(公路局)致韩道班班长。1979年被评为交通部先进个人,1981年被评为四川省职工劳动模范,1989年获"全国劳动模范"称号,是原涪陵县第九、十届人大代表。他处处以身作则,敢挑重担,既当班长,又当养路工,还当驾驶员、记录员。其所在单位连续14年荣获"先进集体"称号;他驾驶车辆13年,未发生安全事故,被涪陵地区授予"百安"先进个人称号。

第三节 文教名人

一、晏渊

晏渊(？——1250)，字亚夫，号莲荡，南宋中后期涪州涪坪山(今涪陵区义和镇镇安一带)人。我国古代著名的理学家、教育家。

晏渊有着非常显赫的从学经历和师承关系：早年，曾师从编纂《续资治通鉴长编》的著名历史学家、四川眉山人李焘学习研治历史。步入中年后，又在宋光宗绍熙四年(1193年)不远万里前往福建建阳考亭书院，受业于著名理学家、教育家朱熹，学习理学。因用功勤奋而深受朱熹器重。在朱熹任官长沙时，得以跟随前往，继续受业于岳麓书院。宋庆元元年(1195年)初，"尽得其说以归"。

（重庆名人馆内晏渊塑像）

回到涪陵后，晏渊随即从较为偏僻的涪坪山移居到涪州城，在城东长江南岸的吴公溪卜居建宅。就在返回涪陵的当年，参加了州举。当时，由于朱熹正遭受权臣排挤，朱熹的学说遭到贬斥，晏渊虽然"文理优长"，却名落孙山。等到后来朱熹及其学说受到人们普遍尊崇的时候，晏渊年事已高，再也没有参加过科举。因此，晏渊尽管"禀刚健之资，负盖世之志"，却没有取得任何功名，始终是一介布衣。

晏渊归家后，虽然相隔遥远，朱熹仍通过书信一如既往地一再过问、指导他的学业。而晏渊经过长达30年坚持不懈的勤奋清修，终于"问《易》考亭，得《易》涪乡，见知闻知，融明寸方"，将朱熹之学与涪州的乡土学术融会贯通，形成了具有自己鲜明特色的易学思想——"晏学"，并在宋绍定元年(1228年)至淳祐十年(1250年)期间，执掌涪州北岩书院20余年，培养出了阳枋、阳岊等著名学者，成为朱熹一生中及门受业的420个弟子中出类拔萃、有较高造诣的一名。

晏渊曾著有《孟子注》一书，已佚。晏渊留传下来的文字言论，现在仅见于宋代黎靖德整理编辑的《朱子语类》一书。晏渊的同门师弟度正在《权夔宪举亚夫遗逸奏状》中说:"(朱)熹之门人众矣,唯晏渊从之为最久,闻其言为最详,记其说为最备,故其得之为最精。"

布衣身份的晏渊,以他的学术成就,成为蜀中一代名儒,与谯定共同构筑起涪陵优秀人文精神传统的重要两极,赢得涪陵人民数百年来的尊敬。晏渊的出生地涪坪山,被人们称作"夫子坪";晏渊在涪陵乡下曾经居住和讲学的一座山岭,被人们称为"晏子山";晏渊在涪陵城内居所旁的吴公溪,被人们称为"晏溪"。这些地名,至今犹存。"夫子坪"在义和镇镇安境内,"晏子山"在李渡开发区境内,"晏溪"在涪陵城东。只是后人以讹传讹,把"晏子山"叫成了"罐子山","晏溪"则叫成了"灌溪沟"。

二、夏正

夏正,号赤溪,明代涪州长江北岸鹤凤滩(今义和镇境内)人。未满周岁,其父夏邦本就因捕鱼淹死在长江,20岁的母亲夏陈氏立下誓愿,决心把夏正抚养成人。

夏正幼小丧父,备受同伴欺辱,对父爱十分渴望。传说5岁时,他问母亲:"我的父亲在哪里?"母亲抽泣着说:"你的父亲五年前到长江捕鱼时被淹死了。"夏正闻言大哭,昏倒在地,很长时间才苏醒过来。醒来后,即追问母亲:"我的父亲是在哪里淹死的?"母亲指着远处说:"那就是你父亲淹死的地方。"夏正听后立即向长江奔去,家人猝不及防,迅速追过去抱住夏正,劝他说:"你的父亲早已被打捞起来,安葬在山脚下,哪里还在江里?"于是,夏正跑到父亲的坟前放声大哭,哭了很久,还不肯回家。邻里都感叹道:"夏正真是个大孝子!"

年纪稍长,他一边帮母亲干活,一边读书,后考取庠生。成人后,夏正娶易氏为妻。他们对母亲十分孝顺,随时嘘寒问暖,饮食起居无不照顾周到,母亲训示时都是跪而受命。有一次,母亲得了重病,医生细诊后对他说:"你母亲的病要用鹿血和酒一起调和喝下才能治好。"夏正到处寻找鹿血没找着,眼见母亲的病越来越严重,就暗地里用针扎自己,把流出来的血和酒拌匀后给母亲喝下,母亲的病渐渐好了。过了一个月,母亲旧病复发。夏正又用自己的血和着酒给母亲喝,母亲的病又好了。如此这般好多次。

夏正在家里养着雏鸡,以此供养母亲。相传有一天,一只老鹰把小鸡叼走了一只,夏正大声啼哭,跪在地上,说:"我养鸡是为了孝敬母亲,不是用来自己吃的!"不一会儿,老鹰从远处飞了回来,将小鸡放在地坝。不久,老鹰又从其他地方抓来野鸡放在他的地坝,如是者三。

有一天,夏正把好的猪肉烘烤来给母亲吃,还没烤好,猪肉被野狗叼走。夏正急忙追出门外,边追边大声怒斥:"你这条恶狗,难道你不知道这肉是用来奉养我母亲的?你弄脏了我的猪肉,不知道你将来死在哪里!"第二天,那狗突然死了。

母亲病逝后,夏正守孝三年,宪司题名表彰其为孝子,官方亦有碑刻。在孝敬母亲的同时,夏正对子女严加教育,其子孙多登科及第。其事迹载于《涪州志》。

(夏正"孝友世家"匾)

三、张与可

明代涪州李渡人,万历己丑年(1589年)进士,官至河南按察司副使。涪州龟龙关滩势汹涌,往往覆舟溺人,张与可于是出资雇请石工凿平险滩,患稍息。沙溪沟年年春水暴涨,每年都有被洪水卷走、淹死的人畜。张与可倡导捐资修桥,解除了长期困扰当地百姓的灾难。

四、何以让

何以让(1551—1623),字环斗,明涪州大山场人。其父何楚,嘉靖时曾任松滋知县;祖父何龙泉、曾祖父何仲山等皆曾为知县。

何以让博览群书,学识渊博,至慈至孝,说话做事极为得体。万历十六年(1588年),考中举人,后任四川彭山县教谕。何以让工作兢兢业业,坚持读书作文，而且妙笔生花，为人推崇。在彭山县知县的极力推荐下，何以让任武昌县知县。三年后，被朝廷考核为"卓异循良"。可他对仕途没兴趣，连续两次上书请求回乡赡养父母，但没有得到批准。因治理武昌多政绩，被擢升为河北大名府通判。刚满两年，他又上书朝廷再次请求回乡赡养父母，终于获得批准。

回到家乡后，何以让于万历三十七年（1609年）在涪州舌璧山（今义和镇境）创办涪州琴堂书院，讲学著书，学子纷纷慕名前来拜师学习。时人蔺希奎以"探书理河洛，琢句宝琼瑶"诗句赞扬其治学精神。他还在舌璧山上筑寨，修文昌宫，建琴台和琴台寺、三元宫、四明亭，仿程颐凿"读易洞"。

他乐善好施，先后为十多个无父母、贫穷人家的子女操办婚事并为无子女的老人处理后事。何以让对他人慷慨施与，自己却常常身着补丁重重的布衣，形同老农。

（何以让故居四明亭复原图）

何以让对父母极其孝顺，回乡后，他竭尽全力赡养父母。父母死时，他血泪成河，痛不欲生，守墓三年，形销骨立。各级政府官员向皇帝上书，要求再次起用他。何以让本不愿留在仕途，得到诏书后，想起父母之恩，倍感伤心，于是趁夜色一个人驾着小船来到父母墓前，发誓守墓终身，在父母墓前朝夕吟诵哀辞。吏部不忍夺情，于是将他的生平事迹上报朝廷，请求将其列为名宦乡贤。

皇帝下诏修建"懿孝名儒坊"予以旌表。明熹宗朱由校天启三年（1623年），何以让病故于家乡涪陵，享年72岁。

何以让著有《春秋笔记》《九权书》《黄老辨》等81卷，作有《北岩怀古》《登歪璧山》等诗。

五、周俨

周俨（1649—1703），字钦斋，号文公，别号墨潭。宋代理学家周敦颐第十七世孙，清代名臣周煌的祖父。早年，随家族辗转生活于涪州黑塘山庄、白诣，贵州遵义、桐梓等地，后定居于涪州贤人乡。康熙四十二年（1703年）八月去世，附葬于磨沱山庄（今镇安场附近）其父周如茶墓旁。

周俨早慧端厚，三岁时，其祖父便断言："谅非池中俗辈，将来光宗耀祖，必在斯人。"年十三通经史，十五而为文有法，十九岁入庠学为生员。对风水堪舆、数理命相、医药、占卜等方面知识，都有深入研究。康熙庚午（1690年）科第四名举人，吏部拣选知县，敕赠文林郎。乾隆年间，与其弟周儒一道被旌表为孝子。

周俨纯孝伺亲，"慕亲之心，终身不改"，时人称之为"周孝子"。康熙十九年（1680年）九月，川东一带的乱匪谭宏部百余人趁夜闯入周家打劫，周俨和弟弟周儒一边背负父母逃走，一边与贼人搏斗。其间，兄弟俩都身受重创，周儒三天后不治而逝，周俨昏迷半日方醒。由于兄弟俩的全力保护，父母得以幸免于难。两月后，其母吴太夫人因痛失爱子一病不起。遭此家破人亡的大难后，周俨率全家迁徙贤人乡（今镇安、大山一带）。"建陆舫小筑，莳花药娱翁"，让老父亲安度晚年。父亲生病，周俨尝其粪便甘苦，由此对症下药，并暗暗祈祷，愿减去自己的寿命，以延长老父的生命。父亲去世后，周俨"擗踊悲号，至于呕血，水浆不入口者七日，发尽白，如六七十翁"。

周俨对兄弟友爱，对子侄关怀备至。康熙十三年（1674年），其弟周儒被扣留在阆中的乱军中。周俨冒着生命危险，多次来往于涪陵和阆中之间，深入乱军营垒，想尽各种办法将弟弟安全救回。康熙十九年（1680年），周儒被谭宏部匪徒杀害后，周俨数十年如一日，悉心照料弟弟的遗孀孤子，"抚孤恤寡，事无巨细,皆以一身兼之者"。侄儿周琐渐渐长大,考中功名,周俨将家里最好的田产、最得力的奴婢分给他,帮助其娶妻生子、成家立业。

周俨对后辈教育有方。无论是颠沛流离的艰难之际,还是定居于贤人乡的稳定时期,周俨始终不放松对后辈的教育培养。他秉承其父周如荼"不望汝为第一品官,但望汝为第一品人"的家训,希望孩子们"处于家则为贤士,列于朝则为名臣",要求他们"书求其熟,文求其工""间日作文,间日看书,熟读古大家"。甚至在赴京候选的旅途上、在临终前的船舱中,他还在亲手为子孙后辈制订"举业书程""应童子试书程"等。正是周俨对后辈的悉心培养和严格要求,其后辈中科举畅兴、人才辈出,并出现了像周煌、周兴岱这样的显宦名臣。

周俨一生仁惠,负义气、重然诺、好施与。亲戚朋友向其借贷,"不取约,不索利,亦不责偿";遇到他人有困难,总是极力帮助,"至有托妻寄子者,虽任劳任怨,并所不惜";凡是许下的诺言,必定终生遵守。年轻时,周俨读书于深山古寺中,深夜有一少妇私奔而来,求其苟合。周俨好言相劝,让其离开,且为其终生保守秘密,"誓不言其姓氏"。康熙三十年(1691年),周俨赴京会试,落第后住在客栈。有一位与他同年中举、一起进京赴考的四川人病死在客栈里。周俨买来棺材装殓,并不远千里护送其棺椁回故乡。

周俨的一言一行感动了周围的人,也感动了天地神仙。曾经一段时间,贤人乡里老虎出没,有三四个无辜百姓被老虎咬死了。周俨愤而书写一篇义正词严的文章,责备神仙处事不公,奸凶横行不能治,却放任老虎出来伤害无辜群众。过了几天,老虎咬死了几个乡里公认的恶人,然后便消失了行迹,从此再没有出现。

纵观周俨一生,端节自守、暗室弗欺、全亲于难、脱弟于贼、涤厕尝粪、减寿延亲,以至豺狼远徙,猛虎避途。其文,感天通神;其行,俊伟卓绝;其德,美玉流光。光前裕后,百世不朽。可谓周氏之孝子,古今之楷模!

六、潘廷彦

潘廷彦,字醒园,清乾隆癸酉年(1763年)举人,潘鸣谦季子。谦,涪州名士,善书画,品格俱高。彦中年时家道中落,便以医为生,能得法外之意,名重一时。曾手书《论生理学》四五册,后为张贡琳所得,亦成名医。

七、傅云汉

傅云汉,号朴菴,邑庠生。贫而好道,博览老释宋儒诸书,而以正心诚意为本。设馆教书四十余年,要求学生不只是记忆背诵儒家经典,还要常常结合实际,学习立身做人的大道理。他对学生要求尤其严格,前后有数百人投其门下求学,其中入县学取得功名者不在少数。傅云汉从不计较学生所交的束脩多少。灾荒之年,米价上涨,哪怕每天只吃一两顿饭,每顿都喝稀粥,照样怡然自得,认真教书育人。

清咸丰六年(1856年),傅云汉与李渡人孙会澎共同倡导,捐资设立李渡善堂,开展扶危济困等慈善活动。同时,附设恒心义学一所,供贫困人家子弟读书。

八、方维梁　方维棠

清代李渡大柏树人(现义和镇大柏社区),家住大柏树场附近,兄弟俩均以勇健有胆略而闻名乡里。清同治八年(1869年)九月,有两只猛虎从贵州地界来到长江边,并渡过大江到了长江北岸。方维梁、方维棠兄弟与数百村民一起驱逐追赶猛虎数十里,一直追赶到义和乡马羊坪。众人畏惧猛虎,不敢靠近。方维梁奋勇前驱与猛虎搏斗,猛虎抓住其臂膀,将他扑倒在地上撕咬。众人束手无策。情急之中,方维棠举起斧头奋勇向前,砍伤猛虎的腰部,猛虎终于放开方维梁逃走。最后,一只猛虎被捕杀,另一只逃逸不知去向。

方氏兄弟英勇打虎的故事,一时间在远近乡里传为美谈,成为兄弟之间有难共当的榜样。

九、傅雪鹃

傅雪鹃(1872—1944),字炳熙,现李渡街道致韩场人。其人自幼聪颖,博览群书,尤其工于诗文。系清末增生,曾留学日本,回国后于光绪三十四年(1908年)代理涪州视学。民国年间,曾任重庆法政学校校长、涪陵县参议员等职。工书法,好书扇面,小楷尤为秀丽。

十、曾鹏程

曾鹏程（1880—1961），字松生，涪陵石庙场蔡家沟（今石泉乡石坝屋基）人。

清末四川武备学堂毕业，分发云南，任陆军第十九镇标统，辛亥年（1911年）加入同盟会。云南讲武堂成立，任第一期养成营教官。护国军兴，随滇军入川，在四川边防军中供职，历任营、团、课长、参军、军官讲习所监督、二十八军军官总队和中央武术训练团武术教官等职。

新中国成立后，任四川文史馆馆员、成都体育学院射箭教练、成都市政协委员。1961年6月病逝于成都，终年81岁。

曾鹏程的气功、箭术，闻名省内。民国十四年（1925年）秋，向巴县人王礼庭习"五禽图"气功，对此功领会尤深，倍收奇效，遂将其所得写成《五禽图》。晚年，一次因公共客车急刹，曾鹏程的额头猛撞铁柱上，一时满座皆惊，但他却安然无恙，一笑置之。新中国成立后，有成都人陈亚梅向他学功，并重著《五禽图》一书。

20世纪50年代，曾鹏程常在成都做射箭比赛的裁判，后受聘于成都体育学院做射箭教练。1957年6月在北京举行的全国武术观摩大会上，他的学生赵云麻曾获女子组射箭第一名。《人民日报》对此曾有报道。

十一、李云普

李云普（1889—1967），字天福。清光绪十五年（1889年）出生于大山场一个小康之家。18岁时以教私塾为生，同时跟从本乡陈翰卿学中医内科。3年后转向涪陵名医、致韩场人覃绥丞研习《内经》4年。民国三年（1914年）开始行医。

先后在涪陵县立中小学校、县立女师、省立四中和县立农职校做校医，曾任医士学校常务董事兼医学组组长、涪陵中医师工会理事长。1949年后，任涪陵县卫生工作者协会（后改名"医协会"）业务股股长。1953年到涪陵专区人民医院工作，常参加疑难病症的会诊。

李云普行医53年，对温病理论很有研究，在治疗各种难病方面积累了丰富的实践经验，一生救人无数，是涪陵地区著名的中医师。1962年，专区医院收治乙型脑炎患者20多例，李云普用升降散治疗10例，救活7例。著有《伤寒论浅》《温病临床探讨》等，讲课带徒，培养了很多中医人才。

十二、高占鳌

高占鳌，李渡镇安人。工于诗词，擅长画梅，尤其精于烹调而能为菜肴赋标唐诗，做到肴美诗妙而相映成趣。

民国十二年（1923年），高氏正与友人谈笑甚欢，被黔军师长周西成召至师部做菜。高氏依据"做四菜并配诗"的要求，用一个熟鸡蛋和一棵青菜做原料，将蛋白切成流水形置于盘中，劈两根菜梗放于蛋白两边并摆上菜叶丝；劈菜梗十余放在盘中，排列成行如密林状，当中置放蛋黄；用几根扁平菜梗切成面条状，屈曲盘中如水涌状，先铺一层青菜叶后再铺层层薄薄的蛋白丝；菜汤一碗，碗边置竖剖蛋壳半个，在蛋壳上置菜叶做船篷，篷上有几点蛋白如小鸟戏水；最后，就上述菜肴配以唐韦应物的诗《滁州西涧》，深得周氏称赞并被赏以银圆，得戴花鸣炮送归。

十三、孟寿椿

孟寿椿（1895—1954），字滋荣，李渡大山人，著名学者，五四运动发起人之一。早年就读于北京大学文学系，于1919年与毛泽东、周恩来、陈独秀、瞿秋白等加入李大钊组织的"社会主义研究会"，并与李大钊、邓中夏等同为"少年中国学会"北京会员，并担任会计股主任、《国民》杂志社编辑、新潮社干事等职务。后因政治观点分歧，赴美国留学，于1927年获美国加利福尼亚大学史地硕士学位。归国后，历任大东书局总编辑、大夏大学文学院长、四川大学秘书长、中央教育部参事等职。1945年离开大陆，先后在美国、中国台湾等地教学和生活。于1954年病逝于台北。曾释译《西行漫记》，并著有《世界科学新谭》等。

十四、张方谷

张方谷(1896—1922),又名张百纲,李渡镇小溪村人。清光绪二十二年(1896年)出生于一个贫苦农民家庭。少年时,其二兄张楷(字式之)任教于涪陵,遂得其全力资助和悉心培养。

张方谷读书刻苦奋发,中学时成绩优异,为全校之冠。考入北京师范大学后,益加勤奋。时值五四运动,受到新文化和先进思潮的熏陶,张方谷加入了李大钊领导的"少年中国学会"。次年毕业后,受聘为川东师范学校校长,并兼任川康绥靖公署英语秘书。

张方谷热心教育事业,办学认真,同时心胸开朗,支持学生运动,在重庆有一定声誉。他对各门学科都有了解,无论哪科教师缺席,他都能代课讲授,深受师生欢迎。1920年末,张方谷受国民政府教育部委任,出省视察各地教育。

不幸的是,他已患上严重的肺结核病,虽经北京协和医院治疗,但为时已迟,1922年即病逝。

十五、王伯英

王伯英(1897—?),名质,涪陵金银乡王家湾人。清光绪二十三年(1897)出生于一个农民家庭,5岁失怙,7岁失恃,兄妹二人依伯叔长大。王伯英幼聪颖,民国十一年(1922年)毕业于涪陵省立四中,考入国立北平大学艺术学院中国画系。民国十六年(1927年)毕业后,曾与友人在天津举办浑派工笔画馆,培养工笔画人才。

民国二十一年(1932年)在重庆西南美术专科学校任教,并与同学张仲贤创办私立文艺学校,任校长。两年后在涪陵、重庆、江北等地做中小学教员,或作画、卖画,辗转流离。1949年后,在涪陵、石回、丛林、涪陵一中、涪五中等任美术教师,直到1962年退休。

王伯英是著名画家齐白石的学生。卒业之后,一生均以美术教学和作画为业,数十年如一日,孜孜不倦,苦练不息,长于国画工笔花鸟。画虎亦有过人之处,在涪陵有"王老虎"之誉。他的各种作品,曾多次参加县、地美术展览,两次被送往省里展出。涪陵市文化馆收藏了一幅他作于1936年的《梧桐画眉图》,该图被省文物部门鉴定为国家一级文物。

十六、孟知眠

孟知眠(1903—1971),李渡大山人。民国八年(1919年)在涪陵省立四中毕业后,考入吴玉章在重庆创办的勤工俭学留法预备学校。次年到北平,与长兄孟寿椿商筹留法事宜。在北平期间,经北大教师张西曼介绍加入马克思学说研究会。后曾以无政府派别的青年代表身份赴苏联参加国际少年共产党员大会。途径满洲里时被捕,经营救出狱后声明退出马克思学说研究会。

1922年,进入北京工业大学土木工程系学习。1925年毕业后,到驻防万县的杨森部队军部任秘书。1926年,出任杨森部队驻宜昌代表,负责宜昌、万县两地的码头、街道等市政工程的规划和施工。1928年,受共青团宜昌县委书记张逸凡之托,成功营救在鄂西从事农运被捕的共产党员。

1928年下半年,孟知眠回涪陵。次年,出任涪陵市政工程处主任,主持涪陵历史上第一次城市规划,并按照这个规划建成涪陵历史上第一条通城马路。

1931年以后,孟知眠主要从事公路建设。1935年至1941年,先后在四川省交通工程等部门任职。1944年,出任四川省公路局副局长。1948年,任四川省公路运输公司总经理、省公路局局长,同时兼任四川大学土木工程系教授。

成都解放时,孟知眠将保存的档案、设备、经费等完整移交给前来接管的解放军代表。此后,继续在公路建设部门工作,先后任川西公路局和川西行署交通厅计划室主任,并作为特邀代表参加成都市第一届政协会议。

1951年,孟知眠因政治历史问题,被判管制5年。管制期满,任四川绵阳养路总段技术员。"文革"中,受到迫害批斗。1971年10月,病逝于绵阳。次年,所在单位对其政治历史问题进行复查,结论为"按人民内部矛盾处理"。

十七、尹海胜

尹海胜(1907—1943),李渡妙音村人,自小习弹竹琴,经多年刻苦自学,成年后技艺大进。曾经长年辗转酉阳、秀山、黔江、彭水、贵阳、遵义、邻水、大竹及成都、重庆、武汉等地卖艺,有时回乡,也在李渡茶馆弹唱,在曲艺界名震一时。

十八、徐阅吾

徐阅吾(1908—1969),宇世拔,李渡镇人。新中国成立前毕业于四川艺专,曾在李渡小学、益辉中学任教。1953年在成都市十九中担任美术教师。擅长国画,作品曾多次参加成、渝两地画展。

十九、陈淑梅

陈淑梅(1909—1958),女,大柏树人,早年就学于涪陵女师,受进步思想影响,曾参与声援1926年9月5日发生在万县的"九五"惨案。其工于诗文,著有《自怡室唱和集》(合著)等。书法亦具功力,颇为秀润潇洒。

二十、覃绥丞

覃绥丞,字静能。清末至民国时期致远场人。秀才出身,受业于名医张贡琳,专习经方,刻苦研究十余年,40岁后即闻名于世。诊病勿论贵贱,即使乞丐也一视同仁,且不计较报酬多寡,一生行医,救人无数。著有《医学心传》一书。曾捐资修建义和场及明善堂义学。

二十一、文德铭

文德铭(1912—1993),又名伯箴,字自怡,别号自怡室主人,涪陵镇安场人。上海私立之江文学院毕业后,回涪陵经商。工诗文,著有《客谈随录》《自怡室诗集》《自怡室随笔》等。

二十二、张仕华

张仕华(1919—1951),女,笔名芬芳,涪陵大山场人。重庆巴县女中肄业。做过教师、小学校长。聪慧、善诗,喜针砭时弊。1946年与人合著出版《尊杜室唱合诗选》。

因生长于山清水秀的乡村,而目睹流水潺湲与日月轮回,耳听鸟语啾鸣和雄鸡报晓。或因女性天性敏感细腻,张氏从莺歌燕语、狂风暴雨等自然现象中颇受启发并加以模仿,练出一身口技绝活,被人视为"多能艺事"之人。某年秋冬季节,张氏探视因染病卧床而抑郁不乐的婆母,于次日"折树枝剪彩绫为叶、为花、为鸟而作也,莺啭蝉鸣乃芬芳口技也"。为给子女驱邪纳吉,张氏于端午节常用中药苍术根雕成龙、虎、鸡、猴等形并配以各色锦缎香囊赠送。抗战期间,张氏应邀用口技为乡亲表演日机轰炸场景,乡亲听罢,"壮者则悲愤填膺;老者则低头自思悔恨赧赧然;老妇则神态惶惶然惊恐万状;少妇则泪如泉涌,泣声呜呜然"。

二十三、瞿羽仪

瞿羽仪,义和乡大峨村人。他精通中医理论,熟谙《内经》《难经》《伤寒》《金匮》等书,尤擅长治疗温热病,行医一世,名闻县内。

民国十一年(1922年),涪陵成立中医学会,瞿任会长,又创立三义会于李渡镇释方堂。三义会,是中医医药界的学术团体,置有会产,每年集会一次,甚为隆重。

瞿羽仪传授医术,教学有方。他要求学徒都具有一定的文化程度,对其所讲解的医学著作,当日必须全文背诵;两年后随师一道诊病,给先生书写处方,使学者从实践中得到提高。由于瞿羽仪的精心培育,他的学生出师后多为名医。

二十四、潘泮池

潘泮池,生卒年月不详,李渡镇人。因其衣着滑稽,人称"潘洋人"。少年时四处流浪,其天资聪颖,喜好艺术,在漂泊生涯中常出入娱乐场所,因此有机会对口技、相声、魔术等技艺反复研习,及至登堂入室,尤以竹琴、扬琴为精。民国初年,潘泮池常在镇上茶馆,或者人家庭院演奏竹琴、扬琴。所唱歌词,多为自编自演,其内容尽皆愤世嫉俗,警人励志;所走曲调,或激越雄浑,或婉转凄切,莫不悦耳动听,沁人心脾,因此深受群众喜爱。

二十五、张大学

张大学,李渡镇人,生于1924年,1948年毕业于天津体育专科学校。

1949年后,历任涪光中学、涪陵一中和涪陵中学体育教师。1956年被评为国家篮球二级裁判,多次出席成、渝等地的体育运动会,是涪陵地区有名的体育教练。

二十六、刘庶凝

刘庶凝,1930年3月出生于大山乡,其父是画荷花和山水的隐士,祖父刘作勤是清朝秀才。

刘庶凝早年就读于重庆复旦中学,接触到新的思潮,对写作有兴趣。抗日战争时,他参加远征军前往印度。抗战胜利后,入南京金陵大学主修国文。1949年前后去台湾,在那里教了几年初中国文,又只身远渡重洋到美国旧金山,在半工半读中取得了几个学位,并先后在数所大学里担任教职。

几十年来,刘庶凝一直坚持文学创作,尤以诗歌创作成果最丰,先后在各类刊物发表诗歌数百首。1982年,获得美国政府颁发的全国性的文艺创作最高奖励金。曾担任美国华人作家协会主席。有诗集《还乡梦》等出版。

2015年病逝于美国。

二十七、傅家治

傅家治(1939——　　)，涪陵李渡镇人，测绘高级工程师，武汉测绘学院毕业。曾任内蒙古自治区测绘局副局长兼总工程师、中国测绘学会理事、内蒙古高评委专业委员会主任委员等职。主持完成国家、自治区重点测绘工程项目100余个，参与、主持、独立编写著述、工具书300余万字。"内蒙古自治区自然资源地理信息系统"等多个研究项目获国家测绘地理信息局及自治区的科技进步奖。

二十八、金家贵

金家贵(1941—1994)，涪陵李渡镇人，化工专家。1961年响应国家建设大西北的号召，到新疆米泉县梧桐化工厂工作。1972年加入中国共产党。勤学苦钻，以厂为家，一干就是30多年，从工人、技术员到科长、副厂长。改革开放后，不断采用新工艺，开发多种新产品，使企业在竞争大潮中立住脚跟，产值、利税年年上升。1985年以后，历任厂长，农六师一〇二团副团长，中国洗涤用品工业协会常务理事，新疆轻工学会、日化学会副理事长等职。1988年被评为化工高级工程师。1994年经国务院批准享受政府特殊津贴，同年10月24日出差途中突遇车祸，猝然去世。

第三章 水码头文化

长江水道通连四面八方,李渡人从事水运的历史悠久,并在世世代代的水保船民生活中,创造出独具特色的水运码头文化。李渡水码头文化包括船工行话、船工号子、行规习俗等。伴随着人力船的消失,这些文化大多已经消失或正在消失之中。

第一节　滩口与广船码头

川江水运行船艰难，人力船过滩动辄下客，乘客与牵夫合力拉船过滩后，才能再上船继续航行。

一、李渡境内的滩口

长江干流从黄草峡口至马颈子，长约35.5千米的河段在李渡境内。从上到下的滩口依次有：黄草峡、黄牛岭、深沱、马粪堆、横梁马绊、花园滩、飞老水、磨盘滩、青岩子、王家滩、猪槽梁、香炉滩、鹤凤滩、剪刀峡、麻柳滩。

1.黄草峡

从长寿境内的芭蕉岩至涪陵境内黄牛岭，有一个长约2千米的黄草峡。由于黄牛岭与江对岸的老马岭对峙，所以峡内水流湍急强劲，洪水季节上下行都险，是出名的险滩之一。高洪水位时，人力船常常因无力过滩而必须在此处停航扎水。

（黄草峡入长江口）

2.黄牛岭、深沱

黄草峡口的黄牛岭位于长江左岸、宜渝航道约574千米处，江边有一陡形石梁斜插入江，洪水季节波涛腾涌，上下行都险，解放前后都曾在此设有红船救生。

江水奔离黄牛岭后，又在距离约300米的长江左岸连二沱和右岸深沱形成漩流,尤以右岸泡漩力量强大,洪水季节江水如沸,在此曾多次发生水上交通事故。

3.横梁马绊

横梁马绊靠长江左岸、宜渝航道约572.2千米处,中水位时上水危险。船工谚语云:"横梁马绊,纤藤一断,老板去讨口,拉船的去要饭。"

4.磨盘滩、青岩子

磨盘滩靠长江左岸、宜渝航道约566千米处。滩外有礁石名"里江",对岸有飞老水石堆,下游约1千米外有灯盘石暗礁,江中有突出河心的"腰卡子"和冕船碛。

枯水季节,此段航道漕弯水浅流急,是有名的青岩子险漕,上下行都险。当江水淹没了磨盘滩时,船只则容易忽略江中看不见的碛坝,故业内人都知道"没得磨盘滩,冕船碛要搁船"的警句。但在人力船时代,每到中水位时仍经常有大盐船在冕船碛搁浅。

20世纪60年代,整治此段航道时被炸掉。

二、李渡广船码头

旧时,李渡一带的群众将弄船出川称之为"打广",出川的航船则被称为"广船"。在李渡人的口中有"少不打广,老不入川"之说。

人力船时代,李渡广船最常走的航线是重庆至宜昌一线。在这段航程中,有22个固定停靠的站口。船工们将宜昌溯江而上至重庆的站口依次背诵为:"黄促归巴西,巫代安云小,万壤曹忠花,丰焦涪蔺长木巴。"

站口与站口之间的距离,长约45千米,短约30千米。在乱世,打广船如果不在站口停泊过夜,就极有可能被土匪打劫。所以,船家如果估计当天天黑前到不了下一个站口,即使时辰尚早,也会在就近站口停泊而不再往前赶。因此,站口起到了护卫木船的作用,而木船则热闹了站口。有些站口因常有船只停靠,久而久之就繁荣昌盛起来,成为著名的水码头。

（李渡官码头石梯）

第二节　船工行话拾趣

入行先入道，入道要会话。"扯船子"的行话，是重要的码头文化，具有鲜明的个性特点。

一、行话拾趣

揽载：从事客运并有固定航线航班的人力木船。

水径：江河中可以行船的路径。

投水：上水船只进入水径。

换棕：集中两艘或两艘以上船只的纤夫相互协作，将船逐艘拉过滩去。

漏尾：船只过完某一个滩。

打广：弄船出川称为"打广"。

递漂：用船将人或物送到河中另一艘船上。

腾船：此处的"腾"只用其读音，与该字本义无关。涪陵方言中，"腾"主要表示"与……平衡、一样"的意思。在人力船和早期机动船时代，客渡船和短航客船的载量都很小，客舱仅为一统舱，舱内任一侧客人稍多时便可使船只倾斜。

此时,船家就会喊客人"腾船、腾船",边喊边指挥客人向人少的一侧适当挪动直至船身平衡。

扎水(雾、风、雨):洪水时节,在水势上涨较猛、水流太急时,船舶为保证安全而停航称为"扎水";同样,因雾大而停航称为"扎雾",因风大而停航称为"扎风",因雨大而停航称为"扎雨"。

打拖:船只上行时,由于纤夫力量不足,在急流险滩处不能拽船前进,反而被船只拖着往后倒退称为"打拖"。

打张(也叫"打跳")与挖黄(也叫"倒头"):发生打拖时,若不能及时控制局面,船只就会加速向后退去。后退的船只如果向河心方向偏转,称为"打张";如果船头倒向河岸,称为"挖黄"。发生打张时,岸上的纤夫极易被纤藤倒拖而受伤,甚至拖入河中淹死;而发生挖黄时则容易打烂船只。

扎倒:船只有打张的危险时,驾长会高喊"扎倒,扎倒……",船工们就赶紧用陶绳(一种很粗的棕绳)将船往后拉,争取化险为夷。

西流:江水朝着与主流相反的方向回流。

沱:西流回旋的地方。

跑沱:下水船只因搭上西流进入沱中,自己无法控制航向,反被江水冲击着转向上游流去。

闯沱:下水船只遇到某处航道两边都是西流时,必须拼全力硬闯过去,否则会发生跑沱的危险。

抬挽:挽即纤藤。拉纤途中,纤藤若被障碍物挡住或勒住,须将其提起绕过,称为"抬挽";纤藤若是被河中石头挡住需要提起,则称为"抬水挽"。

抬挽的:负责处理或指挥抬挽的人。

扯纤藤的:拉纤时负责带路、选路、报路的人。

喊号子的:领唱船工号子的人。

三大成行:抬挽的、扯纤藤的、喊号子的,合称为"三大成行",是船工中的三个头领。三大成行所得薪酬,要高出普通船工百分之三十乃至百分之百。一般情况下,拉纤时,"扯纤藤的"走在纤夫队伍最前面,"抬挽的"走在最后面,"喊号子的"则走在全队纤夫中间;下水扳(推)桡时,"喊号子的"也是居中站位。

打活：下水船临近滩头时，由驾长发出"打活"的号令，号工闻声立即改喊"交夹号子"，众船工则开始加劲儿扳桡。

榨流：也称"打梆"。下水船只进入某些平缓顺直航道后，桡工们可以放下桡片稍事休息，船只此时便由驾长把握着航向随波逐流。

落桡：榨流之后重新架起桡子扳桡叫"落桡"。何时榨流，何时落桡，均由驾长决定。

打宽：较大的上行船要开始拉纤或停止拉纤时，驾长会连续击鼓以通知众船工，这种传达号令的方式俗称"打宽"。

涨桅、落桅：将纤藤升高称"涨桅"，放低称"落桅"。

拿风情：用爪钩等物调整风帆悬挂方位，使其达到最好的鼓风效果。

拴马口：将风帆中间的两根绳子拴在桅杆上使其固定。"拿风情"与"拴马口"这两项工作，按船上分工由"抬挽的"负责。

摇布条：布条即风帆。根据需要将风帆卷起或放下称为"摇布条"。

提篷：木船上有若干块用竹篾加蓑草编制的篷，夜晚时需逐块盖在船身的支架上遮蔽风雨，早上又要收拢起来以便操作，此项工作称为"提篷"。摇布条和提篷由"扯纤藤的"负责组织完成。

打哦：号工喊出"打哦"，纤夫们即停止拉纤。

放飞：船工在受雇中途，即本次航行尚未完成时偷偷溜走。

扣水尾：船工应得的工资，一般是由船商交给船上领头的管事（又称"头佬"），再由管事分发给工人。旧时的不少管事经常将工人工资的零头扣下据为己有，称为"扣水尾"。

吃空：若某船按惯例需配16名船工，船商就会按16人计算工资交与该航次的管事，但管事却只雇14名工人，由14人干16人的活儿，空缺的两份工资便入了管事私囊，叫作"吃空"。

吃闷甄：船商或管事雇用童工、学徒干活时，都是只给饭吃，不给工钱，称为"吃闷甄"。

办土地黑：船只起航时，工人们一般都要与管事的讲好船到什么地方发工钱。但有时工人将船拉到预定地点后，管事的却设套携款溜走，吞掉工人工资，称为"办土地黑"。

放排枪：船上行拉滩，监工的大管事常常用一段废旧纤藤依次鞭打纤夫，称为"放排枪"。

吊黄鱼：无票乘船的人在水上被称为"黄鱼"，无票乘船的行为被称为"吊黄鱼"。

过去打广的船只，如果到港后船东将船就地卖掉，船工就得自己想办法回家。20世纪30年代后，长江上已有民生公司的客轮在经营客运，但船工都是穷人，买不起船票，所以绝大多数船工只能"起旱"回川。从宜昌到涪陵有500千米，需步行10多天，途中还可能遭遇抢劫等意外。有歌云："起眼望着南津关，两眼泪不干。心想回四川，背上背个广砂罐。走南边跨北边，道道都是鬼门关。"

由于路途艰难遥远，船工中有极少数机灵者会混上民生公司的客轮，乘船回家。他们常用的办法是，先在岸上物色好一个经常上船卖货的小贩，给他点儿小费，与其一起混过检票关上到船上，这就成功了一半。查票时，找个不易被发现的隐秘处躲起来。

二、神福与神福沱

水上人称的"神福"就是猪肉，或猪肉加酒加粉条。之所以造出这样一个词语，可能是因为他们在祭拜王爷菩萨时总是用猪肉做贡品。业内规矩，一个"神福"必须是人均猪肉半斤，再加酒2两、粉条2两，固定由"三大成行"中"抬挽的"购买操办。

航道中祭神的码头即神福沱。

旧时，广船由重庆至宜昌的航程中有三个神福：起航时一个；过南竹坝的铁门坎时安排第二个，因为传说观音菩萨曾在铁门坎附近的花脸岩降伏过妖孽；第三个"神福"安排在奉节。奉节这个"神福"还要另加一份"宽钱"（正常工钱以外的奖金），目的是鼓励大家加劲儿通过即将进入的瞿塘峡。这一规矩在川江传承多年，还留下一句流行很广的民谣："千祖万万年，吃了神福要宽钱。"

（神福沱）

第三节　船工号子

李渡船工号子是涪州船工号子、川江号子中最精彩的号子,流传广,年代久。李渡船工号子,都采用一人领、众人和的形式喊唱,往往船未动,号子先起;船不停,号子不断。

船工号子的作用主要是:指挥众船工统一步调、统一动作、一齐发力;告知船工航路情况、纤道情况及如何应对;通知大家该做什么事情并共同协力完成;提振精神,调节情绪,消除疲劳。

一、下水号子

长江船工号子,随着人力船的消失大多也已经消失,或正在消失。笔者采风中把船工们口述的经历或见闻,以及儿时的记忆一并录兹于下:

1.起桡号子

船工们架起桡子、船只将要起航时,号工(即"喊号子的")便开始领唱起桡号子。

起桡号子的一般规律是:号工唱完2/4拍的两小节,众船工即齐声应答,同时一起扳桡;待号工再唱完一小节,众船工再应答;再唱完两小节,众船工再应答;如此周而复始。船工们始终按照休息4/4、2/4拍的规律合唱,每次合唱都用"咳、咳"应答,一字一拍。号工则常常在众人和的最后半拍开始领唱下一句,且可以在拖腔上自由发挥,使其婉转动听。起桡号子较为平缓,中速。

2.交夹号子

当众船工动作已协调一致,船只离岸即将进入水径时,号工就从起桡号子转为交夹号子。

交夹号子第一句是"哟哦嗬!"众船工闻之便应之以一声两拍长的"咳……",表示"我们知道要转调了"。(其他号子在转换时大多也有这样一个过门式程序)然后,先来两三个小节的适应性配合,号工领唱一声,船工们应答一声,各占一拍。当号工觉得大家动作已经统一了,便从中速转为稍快。此后,号工一直连贯地唱下去;船工们唱和的节律基本上是:"咳—咳—咳"。中间每隔几节会略有变化。

交夹号子热情、粗犷,能激发船工用力扳桡,故下水船在临近滩头时也要从数板号子或大斑鸠转为交夹号子。

3.大斑鸠

船只在水流平缓、线路较直的航道上行驶时,号工常常将大斑鸠与交夹号子、数板号子交叉使用,以免单一枯燥。大斑鸠较交夹号子节奏稍慢,中板;号工不时会有规律地加进几个提示性短句,如"蹬到呐""拿稳呐"等;众船工的应答也多了些变化,用得最多的是"呵起佐""喂儿哦"之类。大斑鸠的特点是旋律舒展宽广,唱之闻之均觉神清气爽。

4.数板号子

"数板"又称"倒板"。当木船行进在长距离内无太大变化的航路上时,船工往往长时间地重复着相同的扳桡动作,机械单调,容易倦怠疲劳。这时,号工便开始数板。

数板就是用大段歌词领唱号子。这些歌词多是戏曲故事、民间传说,或者沿江风土人情,趣味性强,旋律也优美动听,能够活跃气氛,愉悦众人。所以,数板号子倍受船工喜爱,也最能让号工展露歌喉和才艺。

下水用的数板号子节奏自由,慢板,2/4拍与3/4拍交替。众船工此时一边扳桡,一边欣赏号工演唱,并在号工每句歌词结束后的拖腔上加入两小节共4拍唱和,为领唱者助兴,也释放自己的心情。

5.扳艄号子

艄在长江人力船上是辅助舵控制航向的工具,只在船过激流险滩时使用。因此,用艄时气氛较为紧张,扳艄号子就透着这种紧张气氛。

扳艄号子的起头与一般号子不同,不使用过门提示转换,而是直白地大声呼喊:"把艄拿起来,摆过去扳一艄!"接着开始领唱。还有一点儿不同的是,扳艄号子中的领唱比合唱少,多数时间听到的是低沉厚重的和声。

6.摇橹号子

木船多用桡,极少用橹,用橹的几艘木船都是大型船。

橹需要几人合摇,动作当然更要求协调统一。摇橹号子节奏不快不慢,平稳舒展,除头、尾外,几乎每小节中领唱与合唱都要互相重叠。

7.扳桡用的简单号子

长江上有些载量只有几吨乃至不足一吨的小木船,因为船工少,号子也就非常简单。这种简单的扳桡号子节奏明快,十分动听。其规律是和声始终落在每节领唱的第二拍上,用"咳佐"应答。

二、上水号子(拉纤号子)

长江木船上行主要靠拉纤,若运气好有顺风,船工们只需将风帆升起便可坐下歇气(休息),因此,上水号子主要为拉纤服务,又称拉纤号子。

1.起步号子

起步号子的作用与下水时的起桡号子相似。当纤夫们拿起纤藤、挂好搭帕(挂在肩上的布条,另一头系着纤藤)、站好位置后,号工即开始领唱起步号子。起步号子以"哦呃哟……"开头,以后纤夫们每应答四声(四拍)后即休止两拍,边应答边统一脚步。因为此时还无须用力,故起步号子唱来平缓轻松,中速。

2.投水号子

船只离岸即将进入水径,纤夫们的步伐也已统一时,号工便会从起步号子转为投水号子。当号工唱出一句"哟罗嗬罗嗬"时,纤夫即合唱"嗬……",投水号子正式开始。此后,纤夫们的应答是每合唱两小节"罗也咳"后接着四句节奏强而有力的说白:"舍登、舍登、舍登、舍登!"一句一步,一步一拍。号子指挥着脚步,脚步为号子打着节拍。

3.小斑鸠

小斑鸠与大斑鸠又统称为"斑鸠号子",小斑鸠用于上水,大斑鸠用于下水,小斑鸠节奏较大斑鸠稍快。

经投水号子过渡后,船只进入的若是一段不太长的平缓航道,号工即会从投水号子转为小斑鸠号子。与大斑鸠一样,号工在领唱小斑鸠时也常加进"蹬紧哩"之类的提醒短语,纤夫则用连续不断的"咳佐、咳佐"引导着脚步。

4.数板号子

拉纤路上若能满足两个条件,号工就可用数板号子指挥纤夫拉纤。这两个条件一是船只需航行在长距离内无太大变化的河道,二是岸上的纤道也较为平直。

上水拉纤用的数板号子是中板,4/4拍。其规律是号工唱一句,众船工应答两次、迈4步,应答声总是落在每小节的最后一拍上。

5.抓抓号子与抬山号子

抓抓号子与抬山号子都是长江上水船拉滩用的号子。

抓抓号子用在能够统一步调的纤道上,是整齐有力的快板。号工领唱"也罗嗬",众纤夫和声"哦",号工再呼"哦嗬也罗嗬",纤夫又和"哦",如此反复若干遍。当号工发出不同的领唱"哟哦嗬嗬哦……"时,则是通知大家船已露尾,抓抓号子结束。

当船在滩上,特别需要用力,却遇纤道坎坷时,纤夫的步调不能统一,抓抓号子无法指挥,号工便改用抬山号子。抬山号子的特点是领唱节奏自由,可以随意发挥,纤夫们则根据自己的步伐一步一声"咳呀",不求一致,也不可能一致。

6.报路号子

纤夫拉纤时,都是若干人有前有后地拽着同一根纤藤行进,而川江的纤道常常会遭遇崎岖山路或凹湾凸崖。为了安全,也为了统一步调,走在前面的纤夫需要随时将路况告知后面的人,这就产生了报路号子。

报路号子语言简洁,彼此默契,全是直白的呼喊,没有曲谱。前面的呼喊是预告路况,后面的应答是表示"我们知道怎么做了"。

三、其他号子

1.抽桅号子

此处的"抽",取的是读音而非字义。"抽桅"的意思是将平放于船上的桅杆竖起来,船工称之为"抽桅子"。抽桅号子的领唱节奏自由,每领唱完一句,众船工就应答一次,同时一齐用力,一次次地将桅杆推高,直至完全立好。

2.涨帆号子

涨帆是将风帆升起。由于风帆较大较重,涨帆又总是在风已起时,故涨帆需要众人协力、号子指挥。涨帆号子节奏为中速。号工领唱时大家做准备,每应答一句就拉一次绳,直至将风帆拉到位。

3.亮档号子

将紧挨着的两船分开,亮出一定距离来,也称为"亮档"。亮档的方法是船工在船上用竹篙或其他物件抵推旁边的船,使两船各自后退。亮档号子的作用是指挥大家在推船只时一齐用力。号子起时,有一段较长的、节奏自由的领唱,通知众人做好准备;待各就位后,号工一声"咳佐起",众船工便齐声呼喊"咳……也……也、也、也、也",边喊边用力推船;号工再领唱时,大家就暂时休息,积蓄力量,然后再应答、推船,直至将两船分够距离。

船只若在江上搁浅,船工就必须站到水中去将船推活,同时用亮档号子指挥。

四、李渡的号工

号工除有一副好嗓子外,还具备资历深、阅历广、技术强、记忆力好、反应快,熟悉航道情况,了解行船规律等优势。旧时的号工并无多少文化,却能将大段的书头子唱得优美动听,还擅长即兴创作,出口成歌,是杰出的民间艺人。

李渡曾有过不少出色的号工。在最后一代号工中较出名的有王怀云、奚维明、陈胜云、胡继清、徐合林等。

王怀云:李渡豆腐石人,1928年出生,1962年从地方国营涪陵县航运公司支援武隆县航运公司任船长,已去世。

奚维明:李渡大山人,1926年前后出生,1962年从地方国营涪陵县航运公司离职回乡务农,已去世。

陈胜云:镇安鱼昌村人,1923年前后出生,1958年时曾到重庆长江航运公司做水手,1960年回乡后在劝业船上任驾长,1997年去世。

胡继清:蔺市安澜桥人,1928年前后出生,1962年从地方国营涪陵县航运公司离职回乡务农,已去世。

徐合林:涪陵镇安场人,1928年10月出生。其父是镇安渡口船工,是王怀荣父亲的徒弟。本人曾在镇安上过5年小学,12岁时辍学跟随父亲在渡口学推船,1948年离开渡船开始打广,干过烧火(在船上从事煮饭、烧水等杂务的船工被称为"烧火")、拉纤(扳桡)、提拖等活儿,最后成为号工。徐合林天生一副唱不哑的好嗓子,从事专业号工时间10年,唱船工号子是他生平最大的爱好。离开人力船后,徐合林一直没有丢掉心爱的号子,常年曲不离口。在1990年涪陵市举行的歌咏比赛上,由徐合林领唱的船工号子颇受大家喜爱。电视纪录片《大江作证》片头、片尾所用的船工号子,就是由徐合林领唱的。

第四节　水上信仰与禁忌

行规,是行业成文不成文的行为规范;忌讳,则是约定俗成的规矩。懂行规和忌讳才能遵守行业规矩,才能吃这行饭。

一、船工信仰

1949年前,水上人信奉的神灵是龙王,大家称为"王爷菩萨"。业内规矩,每年农历六月初六是王爷菩萨的生日。这一天,统制水上民船的帮会组织要举办盛大的"王爷会"祭拜王爷菩萨。同业公会所有头面人物及各船帮的帮代表都要到场,费用由各船帮向船商抽取后统一上缴同业公会。

举办"王爷会"这天,每艘船也要各自举行一个祭拜仪式。具体做法一般是:洗净船身,由船老板亲手杀一只鸡,先将鸡血滴在船头中部,再将鸡毛沾上鸡血粘到船的艄尺(用于支撑和固定前艄的两根木桩,立于船头左右)或神桩(不用前艄和艄尺的小船,多在船头正中立一根木桩,其上部形如两个顶面相接的圆台,称为"神桩"。在船只需要转向时,前驾长以桡代艄,紧贴神桩控制航向)上,然后将鸡与一整块猪肉一起煮熟,再把煮熟的全鸡和猪肉放在船头,点上香烛,烧几张黄裱纸钱,全体跪下磕头,祈求王爷菩萨保佑船和人年年平安。

除了每年六月六例行的祭祀活动外,还有两种情况需要举行与以上程序相似的祭拜仪式:一是新船建成下水时要祭拜。与六月六祭拜不同的是,船老板扮演的角色改由建造该船的掌墨师扮演,由掌墨师用斧头杀鸡并主持祭祀。祭毕,船老板要拿出多于两天工资的钱送给掌墨师,名为送"利食"。二是新买来的船(无论新旧)要先行祭祀后才能开航。此种情况只需用整块的猪肉即可,不必杀鸡。

长途货船和广船在每个航次开航前都要举行祭祀仪式,甚至每次吃肉时都要先敬祭王爷菩萨。这样做,既是一种虔诚,也是在提醒大家注意安全、小心行船。

二、造船业行规

木船修造业实行掌墨师负责制。凡初学水木匠者,必须拜一个掌墨师为师,学徒期三年,三年中没有工资。满师时,必须送师傅鞋、袜、衣、帽一套,并置办"满师酒"宴请师傅及师兄弟等。

造船业敬奉的是鲁班。新中国成立前,造船公会在每年农历五月和腊月要各举办一次"鲁班会"。届时,造船公会的主席、常务理事、会首以及掌墨师们都要到场,部分水木匠也参加。办会所需费用由水木匠负担,每个水木匠都得拿出自己至少半月的工资交给公会。若去参加吃饭,则要另外摊钱。

三、忌讳词语

水上行舟,最怕遭遇翻船、沉没、搁浅等交通事故。因此,水上人忌讳说翻、沉、搁及与之同音的字。若遇这类词语,必须改口换成另一种说法,如:

翻:改说成"粘面儿"或"打面儿"。

沉：改发为"焉儿"音，姓陈（成、程）的人则被称为"老焉儿"。

搁：改说"摆"，但有些与"搁"同音的字还有其他说法：如涪陵人称"头"为"脑壳"，"壳"与"搁"在涪陵方言中的发音相同，于是，"脑壳"在水上人的语言里被叫作了"龙头方"。

倒：改发为"倾""耳""滑""刷"之类的音。

第五节　帮会文化

码头文化最典型的标志就是帮会文化。李渡的帮会组织主要有船帮、菜帮、丐团、袍哥等。

一、船帮

在清代至民国期间，涪陵长江沿线的船帮主要有：渝涪帮、盐船帮、中路帮、河阳帮、津綦帮、渡驳帮、揽载帮等。作为长江沿岸的集镇码头，上述船帮多经过或停靠李渡卸载货物。其中，"揽载"更是涪陵李渡独树一帜的船帮形式。

靠水吃水，李渡镇操舟弄船者有200多家，船帮有州船、街船、渡船之分，各有业务和码头，互不串帮，而上至重庆，下至汉口、上海都有李渡的木船。

李渡的水上运输以揽载木船最为著名。"揽载"本是人们对往来于长江上的小型木船的称呼。李渡的揽载行帮以挂雷公旗作为标志，以航行于省内外水域而名声在外。李渡的揽载行帮不属于涪陵船帮组织而自成体系，承揽业务依次进行。揽载每天将米运到涪陵，在昔日涪陵麻柳嘴河边进行归场交易。

李渡揽载行会首毛玉久，本是20世纪30年代中期李渡镇的袍哥大爷、镇长，为人和善而又行侠仗义，有操桨行船的绝活儿。在早年贩卖鸦片发迹后，毛氏专营李渡揽载，以为持家之本，主持李渡的揽载行帮、袍哥堂口等事务并担任过镇长一职，有良誉。同时，也凭借过人的水上功夫、操舟本领和熟络的人脉关系参与鸦片走私。

在鸦片产业化过程中,李渡船帮也利用梢船参与鸦片走私。李渡梢船也叫"夜划子",船小、窄长又快速无声,船底光滑而船身乌黑,船舱载货且以瓢代桨,十分便于在夜间走水划行。因梢船的船舱夹层可装货物,利用梢船走私鸦片,是李渡船帮的一大"发明",时人称之为"打漂"。一般一只打漂船上便可载几十担鸦片,数量十分惊人。

二、菜帮

因明清两朝"湖广填四川"的不断深入,涪陵李渡自乾隆、嘉庆以来便有不少外地商人从事商业活动,少数行业为适应生存和应对市场竞争而形成行会。

随清末榨菜产业化的不断发展,涪陵榨菜加工和销售业者逐渐形成菜业公会以保护自身利益。由于处于涪陵榨菜的重要产地,精明能干的李渡人形成了从事榨菜运销的菜帮,其中部分杰出者随榨菜产业的发展而成为涪陵菜帮的首领。黎炳烈本是李渡大山人,受涪陵菜业公会的派遣,常驻上海推销榨菜。

三、丐团

旧中国的政治黑暗、社会动荡、经济衰败和连年战乱给各族人民带来深重的灾难,天灾人祸致使人们衣不蔽体,无以果腹而成为流民、难民,甚至沦为乞丐。李渡财货船集却贫富悬殊,故当地民谚有"发财不过排楼湾,背时不过长蛇街"的说法。李渡境内的富商巨贾多住在李渡镇排楼湾以上,而排楼湾以下多是"贫民窟",时有衣衫褴褛之人啼饥叫寒。李渡的乞丐众多,在远近有名。

李渡本为长江水道津渡,成三聚五的乞讨者逐渐发展成为具有鲜明地域特征的"丐团"组织。丐团是乞丐们自发形成的组织,命运使这些素不相识的人走在一起。丐团有自己聚会议事的地方和行为规范,有自己的负责人"团头"。李渡丐团最多时超过1000人,不仅人多势众,而且团结齐心,十里八乡的乞丐只要团头吆喝便会云集响应,赴汤蹈火亦在所不惜。时至今日,在李渡还有歇后语"李渡镇的叫花儿———一齐吼"。

四、鸦片特业

清末至民国时期,涪陵是当时四川鸦片的重要产地。加之便利的长江、乌江水路交通,贵州、湖北、湖南等省鸦片渐渐集散于涪陵。从而,吸引了广东、江西、湖南和湖北等地商人来此从事特业贸易。

作为长江沿岸的重要集镇,李渡因其便利的交通条件和适宜的生态条件而成为涪陵鸦片的种植、加工和销售之地,部分官吏亦借李渡参与鸦片走私。李渡"揽载"等水上运输工具为鸦片走私提供了重要的交通条件。20世纪40年代,丰都县稽查所所长易明才在涪陵李渡走私鸦片,将从云南昆明来的长线"南土"运到重庆,在其内弟刘石佛的协助下,利用轮船转运至李渡镇后,再由"接漂"船把鸦片运至丰都、高镇等地,牟取高额利润。

除了走私外销,鸦片也在码头茶馆进行公开交易。特业商人来到商帮公会茶馆喝茶"赶场",在长衫袖子里通过捏指砍价,在商帮经纪人的协助下完成鸦片交易。

此外,鸦片也在遍布李渡的众多烟馆里零售给烟民吸食。当时,李渡有一俗语"造孽造孽真造孽,没得堂客在烟馆歇",便生动地反映了烟民倾家荡产的情况。

五、袍哥

袍哥又名"哥老会",是下层群众自发结成的社会群体,是民间秘密结社,在四川、重庆等地称"袍哥",在长江中下游则称"红帮"。它与洪门、青帮齐名,是近现代历史上著名的帮会之一。

自清至民国,袍哥逐渐成为川江航线上重要的帮会组织,具有深远的历史影响。李渡交通便利而客货云集,自然是袍哥势力所及的区域。1949年前夕,李渡镇的袍哥组织分仁、义、礼、智四个堂口。仁号有同协、丕振两社,掌旗大爷分别为黄心怡、夏行之;义号德胜社,掌旗大爷为秦茂松;礼号太白社,掌旗大爷为张茂胜;智号四喜堂,掌旗大爷为郑树章。其中,以礼号掌旗大爷张茂胜在外面的影响最大,只要拿着他的拜帖,在长江上下各码头均可通行无阻。

　　李渡袍哥组织人多势众而广涉百业,各堂口掌旗大爷和钱粮三哥、执法管事等多为当地头面人物,在调处民间纠葛方面颇有影响力,维系了乡村传统社会秩序,是长江码头文化最具代表性的事象。

　　除了李渡场镇之外,镇安、义和、大山、大柏树等场镇码头也有袍哥组织。譬如:镇安场的袍哥分为仁、德、义三个堂口,具有相当的影响力。镇安与石沱隔江相对,端午节赛龙舟发生冲突后,一般都由当地袍哥大爷出面协调解决。

第四章　民间信仰

民间信仰，是在人民大众中自发产生的对具有超自然神力和超人神力的对象的崇拜。李渡人敬天地、畏鬼神、奉祖宗，对自然界一切未知领域充满了畏惧和崇敬。本土宗教和外来宗教，都能在这里找到踪迹。在他们敬奉的神灵中，既有儒、释、道各路神仙圣者，又有山川草木中的灵异之物，还有当地的名人和家族里已经去世的先辈。

第一节　李渡人的崇拜对象

李渡人认为，各种自然物如山、石、土地、太阳以及风、雨、雷、电、洪水等，以及一切神秘未知的事物，都会给人们带来幸福或苦难。为了趋吉避凶、消灾免难，人们对之采用巫术的、宗教的、人情的方式，拉近它们与人类之间的距离，让它们更好地、更有效地为自己服务。

一、天地崇拜

李渡人相信天圆地方之说。圆圆的天上运行着日月星辰、住着各路神仙，人间的一切吉凶祸福都由上天注定。大地的四个角落分别由四只巨大的鳌鱼驮着，鳌鱼一眨眼就会天摇地动，老天爷发怒就会洪水滔天。

民间称呼天为"天老爷""老天爷""天公"，在老百姓眼里，老天爷最能够主持公道、明察秋毫。当人们遇到危难或不幸时，总要呼唤"天啊"，以祈求老天的保佑；当双方争执不休或难以判明事情真相时，人们往往要对天发誓，以此来表明自己的清白无辜；在李渡的童谣中，也有"天老爷，莫落雨，我拿白米饭喂你"等内容。

（天地神碑）

除了官府按传统每年定期祭祀天地外，民间对苍天大地更是顶礼膜拜：家家户户堂屋香火上都有"天地君亲师位"，"天"和"地"被排在前头；除夕夜与正月初一交接之时，家家都要"烧天香"，把年末岁初的第一炷香献给天老爷；新郎新娘成婚拜堂,第一拜是"拜天地";耕种之前、丰收之后以及发迹通泰之时,人们也少不了祭天、祭地,祈求和感谢皇天后土的殷殷眷顾。

二、山崇拜

李渡人普遍认为:"五里一土地,十里一山神。"每一座山都有一个山神,主管山中一切事务,制约着人们的活动,影响着人们的生活。

人们在狩猎之前和获得猎物之后,都要供祭山神。当时,在靠近黄草山一带韩龙、石龙、致韩等地,野猪、山羊、刺猬很多,特别是野猪,个儿大、凶狠,人们狩猎时相当危险。为了确保狩猎时的平安,猎人们在出猎之前都要在路口或向山设起祭坛,摆上刀头肉、几杯酒,烧三炷香,化上纸钱,祈祷出猎成功。

(山川神碑)

三、石崇拜

石崇拜并不是祭拜所有的石头,而是以某种石头作为石神形象而顶礼膜拜。一些巨石,突兀而起,人们往往把它神化,视之为神,尤其是房屋、村寨附近或路口、山垭口的较特殊的巨石,往往被视为石神的象征。

李渡石头众多,其间有许多巨石、奇石、怪石,人们对之赋予神性,并由此而衍生出内涵丰富的石文化。

石龙即得名于当地一长石,其形如巨龙;水磨滩水库堤坝外,左右各一块石头,从堤坝一直蜿蜒而下,中间有一巨石,当地人称"猪圈石",认为它起着封堵堤坝的作用,如果毁掉该石,水库里的金猪就会跑掉;李渡场镇背后,有一块像箱子的巨石,名曰"箱子石",相传是北宋时候杨家将老令婆佘太君失落的箱子;今天涪陵新区蚂蟥石移民点附近的河沟边,原先有一块长达数十丈、形似蚂蟥的长条形扁平巨石,据说就是一条修炼成精的蚂蟥。相传在一个风雨交加的夜晚,它顺着溪流下长江,因为不听招呼,被雷神霹打成了三截,"蚂蟥石"的名字便由此得来。

在李渡乡下,如果孩子体弱多病,父母则将其领到住家附近的某一块巨石旁边,拜寄这块石头为"干保爷"。其原因是他们认为巨大的石头具有灵性,而且千年万载不会死亡,找一块大石头充当保爷,孩子的命根就会像石头一样坚固和长久。拜寄石头的仪式不能马虎:家长须择定一个良辰吉日,将孩子带到巨石旁,在巨石前点香烛、烧纸钱、放鞭炮,并供奉酒肉刀头等祭品,然后让孩子对着巨石行三叩九拜之礼。其间,家长代孩子向石头通禀:"石保爷啊,从今以后,这个孩子就是您的干儿子了,您要保佑他无病无灾、健康成长、聪明伶俐,长大后有出息!"拜寄仪式结束,由家长或同去的先生将孩子姓名和拜寄时间刻在石头上。从此,这块石头和这个孩子之间就是"干保爷"与"干儿子"的关系。孩子一生中,逢年过节,都要到巨石前焚香烧纸;婚丧嫁娶、添丁增口等家里大事,要向巨石禀报,甚至还要杀猪宰羊以礼侍奉。

四、水崇拜

千百年来,李渡以农耕为主,对水极为依赖,由此而衍生出各种各样的水神崇拜。民间传说,花桥的香炉凼、金银水磨滩淹没的马踏凼、大柏树的大水凼等处,水永远不会干涸。若久旱不雨,人们只要不断舀里面的水,水神就会干预,于是就会下雨。

由水崇拜衍生出龙神崇拜。李渡境内很多地名,如石龙、韩龙等均与龙崇拜有关。民间认为,龙施云布雨,因此,龙神实际为水神。每年正月初一、六月初六,一些村社都要耍龙灯敬龙神,祈求风调雨顺、五谷丰登。接龙和送龙亦须在逢水之日。送龙时,敲锣打鼓,将龙送到江边火化,以示龙归大海。久旱不雨的日子,一些码头还要举办玩龙请水的活动。舞龙队伍一路敲锣打鼓来到溪边、池塘边或水井边,将水中出现的青蛙、鱼、蛇等动物当作龙神抓起来,放到水缸里供奉着,等到天降大雨,再将其重新放归水中。

猪和鱼也是李渡颇具特色的水神。古代人们普遍认为,猪和水有着密切的联系,所以它被奉为"水神"。传说在今水磨滩水库里有一群金猪,为了防止金猪跑掉,人们修建了水库,而金猪就被镇在石坝下面。石坝外还有一石头,像杀猪刀,又称"猪圈石",因有猪圈石挡住,金猪自然就不会跑掉。

鱼作为常见的水生动物,也是中国古代最普遍的水崇拜对象之一。李渡镇和镇安临近长江,江水泛滥会造成极大的灾害,因此,李渡镇下面有剑鱼石、镇安鱼窗刻的两尾鱼,实际体现了人们对水神的崇拜,希望通过祈求鱼神而不发生水灾,保一方平安。

五、雷电崇拜

人们心目中的雷电神,是形象高大、正直无私、疾恶如仇、除暴安良的善神。传说雷公电母是老两口,所以被一起敬奉。雷电神在李渡人心目中既是施云布雨的自然神,又是除暴安良、主持公道的社会神。如果谁家子孙不孝敬老人,就会遭雷劈;妖魔鬼怪危害人间,也会被雷电击打。

石龙中学附近的石龙,传说是因为该龙要下山危及人间,结果被雷打成了两段。

六、大树崇拜

古人认为:凡是古树,历经日月光华的磨炼,都具有灵气。同时,树木为人类提供了生活必需品和活动场所。所以,人们对那些古树、大树,充满了敬畏和崇拜。

在李渡人居住的村寨周围,不仅绿树成荫、自然植被良好,而且每个村寨都有一棵大树,作为这个村寨的"风水树"。风水树及其所处的山坡被视为神圣的禁地,备受全寨人爱护:人们不得放牛牧马去践踏;孩子们不能去掏树上的鸟窝;村民们更不能砍风水树的丫枝当柴烧。因为他们相信"山管人丁,树管财"。只有风水树枝繁叶茂,全寨才会人丁兴旺、财源不断。

在李渡及周边,有的家庭小孩体弱多病,家长就请巫师推算,是否需要拜古树为"寄父"。如若需要,就得备办三牲酒醴,缝鞋制袜,背上小孩到古树前参拜寄父,以求保佑其长大成人。人们但凡生病就到树前烧香化纸,向树神祈讨灵药,摘几片树叶或剥点树皮,捣碎吞服治病。

对于一些数百年、上千年的古树,逢年过节人们还要在它身上披红绸、挂彩带,对着它烧香磕头、顶礼膜拜。而一旦认为某一棵大树"成了精"、具有害人的行为,人们则将硕大的门骨钉或耙齿钉在树身上,据说这样就能把大树的精魂给钉住,它就不能肆意害人。

七、生殖崇拜

生殖崇拜是人们对生物界繁殖能力的一种敬畏、赞美和向往。李渡人的生殖崇拜,主要表现在与生殖有关的神话传说、器皿崇拜及民俗活动中。

李渡人相信伏羲造人的传说。相传,很久以前,在一处大户人家的绣楼上,住着一位名叫"伏羲"的千金小姐。她足不出户,每天都坐在窗下绣花。一天,有一只鸟儿飞到她的窗前,不住地鸣叫:"绣花大姐种葫芦! 绣花大姐种葫芦!"伏羲听到后,便在窗前的空地上种下一粒葫芦籽。哪知当天种下的种子,当天就发芽;第二天,藤蔓就爬满了绣楼;第三天就开花,并结出一只硕大的葫芦。此时,那只鸟儿又飞到窗前鸣叫:"绣花大姐摘葫芦! 绣花大姐摘葫芦!"由于葫芦太大,伏羲便去找自己的哥哥来帮忙。兄妹俩刚把葫芦摘下,便山崩海啸、洪水滔天。面对滚滚而来的漫天洪水,伏羲和哥哥束手无策! 此时,他们面前那个巨大的葫芦突然张开了一条口子。等他们跳进葫芦之后,那条口又合上了。兄妹俩在葫芦中随波逐流,渴了、饿了就吃葫芦的瓤。不知道过了多长时间,洪水终于消退,兄妹俩从葫芦中走出来。可是,展现在他们面前的是洪水过后的一片荒芜。田地没有了,房屋没有了,整个世界就剩下他们兄妹两人。万般无奈之下,兄妹俩便结为夫妇。从此,人类才得以繁衍。

除了信奉伏羲,李渡人还信奉送子娘娘。在许多寺庙里、岩洞内,都供奉着送子娘娘的塑像或画像。那些盼望生子的家庭,往往都要到送子娘娘的面前烧香许愿;等到有了子嗣,还要去送子娘娘面前还愿。

李渡婚俗中,在布置新房的时候,必有一道"滚床"的仪式:新郎新娘的婚床铺好之后,要让一个小男孩去床上滚几圈。据说,这样就可以让送子娘娘比照着这个男孩,早送贵子来。

那些婚后多年无生育的家庭,八月十五的晚上便让同村少年偷偷去野地里摘来西瓜、南瓜、香瓜等,悄悄送到不育夫妇的床上。据说,这样就能感动送子娘娘,让其早送贵子。李渡人称之为"摸瓜送子"。

对生殖器官的崇拜,是李渡人生殖崇拜的重要表现形式。他们居住房屋的窗花上,通常有裸体雕塑及男女间亲昵交媾的图案;人们往往对自然界那些与生殖器官相似的男根石、女阴石,感到非常神秘;一些古石桥的桥栏上,通常雕刻着露出硕大生殖器官的男性石人,据说那些婚后无生育的妇女,只要去把石人的生殖器摸一下,就能怀孕。

李渡人认为,女性生殖器是肮脏和不吉祥的象征。如果看见女人排便,或者摸了女人的生殖器官,将有损财运;看见男女性交,则会走霉运。

八、神鬼崇拜

李渡人把神和鬼都当作具有超自然魔法的灵异之物,给予虔诚的崇拜并祭祀。他们认为,神是由各种生物通过修炼,从而具备种种非凡的法术神力,或者是人间有重大贡献的人死后,灵魂升入天界而成;鬼则是常人死后进入阴间的魂魄。更多的时候,神是救苦救难的正义的化身;而鬼中既有救人的好鬼,也有害人的恶鬼。神灵多数时候居住在天庭,护佑着下界芸芸众生;鬼魂则在人世间昼伏夜出,游走不定,或为人解难,或对人造恶,或跟人搞恶作剧……神的法力比鬼大。人们可以通过祈祷、祭祀等方式与神鬼沟通。

人们在一年之中的重大节日、家庭的重大活动或者一些特殊的日子,在祭祀天地的同时也要祭祀各路神仙,祈求神灵的保佑庇护。同时,也要给四方游走的孤魂野鬼们烧纸钱、做寒衣、泼水饭,以求得其灵魂的安宁,不要来找人们的麻烦。

也许因为距离冥界之都——丰都县城较近的缘故,李渡人对鬼神的崇拜比别的地方更虔诚。每年的丰都庙会期间,他们都带着诚惶诚恐的虔诚之心,络绎不绝地前往朝拜。在庙会上，除了烧钱化纸、在菩萨面前捐功德钱外，他们更多地接受了心灵的洗涤。那些代表冥界正义的十殿阎罗、丰都城隍，那些帮助阎罗王惩恶扬善的判官、小鬼、牛头、马面、黑白无常，那些在阴曹地府遭受各种酷刑折磨惩罚的恶鬼、厉鬼、凶鬼，无不让一个个朝拜者战战兢兢、忐忑不安，心头顿生行善积德之念。

九、祖先崇拜

李渡人认为，死去的祖先的灵魂依然存在，并且时时刻刻关注和保佑着自己的后辈子孙。因此，对待逝去的先人，人们也像他们依然活着一样尊敬。

每家每户都在堂屋设有香火案，供奉着"天地神祇，左右昭穆"，逢年过节，或者家里有大事小事，都要烧香化纸，祈求祖先的关照和保佑；每一个姓氏的每一支家族，都保留着入川始祖的坟墓，它们仿佛就是这个姓氏和家族的图腾，受到整个姓氏和家族的顶礼膜拜。每年清明节，人们都要给祖先的坟头除去杂草、培上新土、挂上彩条；七月半是"鬼节"，天气逐渐转凉，家家户户都要给死去的祖先做寒衣、烧寒衣；腊月三十晚上，要烧钱化纸请死去的祖先们回家"吃年饭"，并由家长带头给祖先们叩拜、"敬酒"，只有等祖先们"享用"完毕之后，全家人才能享用；正月初一到十五，是上坟祭祖的时间，每家每户都要到祖先的坟头烧钱纸、放火炮，这期间漫山遍野人来人往，鞭炮声此起彼伏、热闹非凡，人们自己过年的同时也让祖先过一个热闹的新年。

第二节　李渡人敬奉的神祇

在李渡人的意识形态里，茫茫宇宙分为天庭、人间和阴曹三界，分别是神仙、凡人、魔鬼的生活世界。三界中，天庭最为美丽辽阔、空旷高远，居住着神仙。神仙不仅没有生老病死、六道轮回的痛苦和烦恼，而且幻化无穷、法力无边。凭借崇高的道德水准和无穷无尽的智慧力量,神仙们在经营和管理天庭里诸多事务的同时,还要兼管人间和阴曹的一切事务。

李渡人的神祇,既有儒、道、释三教的始祖、圣贤,也有古代神话故事和戏曲里的著名角色,还有本地的名人和品行高尚之人。此外,各行各业也都有自己的保护神。

人们对神的感情,一是敬重,他们通过虔诚的供奉和祭祀,求得神的庇护、赐予;二是畏惧,尽量不去招惹各路神灵,希望神也不要给自己和家人添灾难、找麻烦。

由于李渡人的信仰崇拜属于多神教范畴,因此,李渡人的神祇不像西方神仙谱系里那么系统和完整,却比西方神系更加丰富;不如中国古代神话里那么庄严肃穆,却比神话里的神仙更加生动有趣、更加富有人情味。

一、玉皇大帝

在李渡人的心目中,天庭里的神仙也同人间一样,有一位统管全局事务的首领,这个首领就是玉皇大帝。玉皇大帝的形象就和人间的帝王差不多:身着九章法服、头戴十二行珠冠冕旒,威坐在天阙云宫的灵霄宝殿上,两边是金童玉女陪侍,手下有一帮文武仙卿、天兵天将。玉皇大帝管辖一切天神地鬼,也掌握万物的生长和人类的命运,人们称之为"天老爷"。进而,人们还给这位统管天地万物的众神之主配上了一个醋意十足的老婆——王母娘娘、七个如花似玉的女儿——七仙女。

然而,李渡人对玉皇大帝的感情似乎并不那么亲近和虔诚。除了在婚丧嫁娶等特定场合,道士要召请和供奉玉皇大帝的神像,以及久雨不晴的日子孩子们喜欢唱"天老爷,莫落雨,我拿白米饭喂你"之类的童谣以外,普通老百姓与其"打交道"的机会并不多。甚而至于私下里,李渡的人们还创造出诸如"玉皇大帝卖谷子——天仓满了""玉皇大帝买谷子——丧尽了天良(粮)"等大不敬的歇后语。

之所以出现如此境况,是因为在李渡人的民间传说中,玉皇大帝道法不高,品行亦无可圈可点之处。他能够坐到那个位子上，纯粹是出于投机取巧。

李渡一带流传着一个民间故事：当年，姜子牙奉元始天尊之命"背榜下山、斩将封神"。当所有的神位都分封得差不多的时候，还剩下掌管天地万物的"玉皇大帝"和掌管民间红白喜事的"喜乐神"两个职位没有安排人。姜子牙的初衷，是想把玉皇大帝的位子留给自己来坐。谁知此时，一个名叫张自然的小神仙出列，指着玉皇大帝的位子问道："这个位子谁来坐呢？"开始，姜子牙装着没有听见，懒得去理他。可接连问了两三次，姜子牙听得有些不耐烦了，便随口答道："这个位子吗，自然……"他的意思是：这个位子自然有人来坐，用不着你小子瞎操心！可是，姜子牙的话还没说到一半，张自然就大步流星走上前去，端端正正地坐在了玉皇大帝的龙椅上："'自然'嘛，就是我张自然嘛！"众神仙一听：有道理啊！于是一齐下跪朝拜。

面对既成事实，姜子牙无可奈何却又不好发作，打落的门牙往肚里咽！最后，只得让张自然坐上了"玉皇大帝"的宝座，而自己只能坐到"喜乐神"的位置上，当一个无职无权的"耍耍神"。可他在心头暗暗诅咒张自然："男盗女娼的东西！"据说，此诅咒后来果然应验——玉皇大帝的七个女儿全都不守妇道，私自下凡到人间嫁给了凡尘之人。

或许是坐上玉皇大帝位子的张自然觉得问心有愧，于是，便极力提升姜子牙的地位以求得心理平衡。别的神仙只能坐在屋内的地面上，喜乐神的神位却被安排在屋梁上，以显示其诸神之上的崇高地位。

李渡人修房造屋时，最隆重的上梁仪式上，除了给大梁披红挂彩，还要在大梁上贴着书写有"姜太公在此，百神退位"的红纸，以表达对姜太公的敬重。李渡人的房顶屋脊正中，都有一个像小庙似的装饰建筑，据说，那就是"喜乐神"居住的神庙。

二、观音菩萨

观音菩萨是在李渡一带流传最广泛，与老百姓关系最亲近、最融洽，也是让人们供奉得最虔诚的神仙。据说，众生有苦难之时，只要称诵观音菩萨的名号，她就会及时前来相救。

　　在李渡人的心中,观音菩萨是一位慈眉善目、道行无边的年轻女子,是慈悲和博爱的象征。她可以祈福避灾,也可以起死还魂,还可以送子佑子……因此,在民间衍生出送子观音、千手观音、杨柳观音、洒水观音、鱼篮观音等众多观音的形象。

（观音菩萨塑像）

　　民间的观音菩萨,大多被供奉在石岩内,供奉菩萨的石岩也就被称作"观音庙"或"观音岩"。每年农历二月十九、六月十九、九月十九,分别是观音菩萨的出生、出家、得道之日。这一天,各地要举办隆重的观音会。十里八乡的善男信女们,纷纷前往附近的观音庙焚香叩头、顶礼膜拜。观音庙前人头攒动、鞭炮不绝、热闹非凡! 由于观音菩萨是老百姓心中崇高、圣洁的神仙,所以,去给观音菩萨烧香之前一定要斋戒沐浴、心怀虔诚。献给观音菩萨的供品,也只能是香瓜、水果、豆腐干之类的素食,绝不能有鸡、鸭、鱼、肉等荤腥之物。

　　一年中对观音菩萨的祭拜,除了三次观音会之外,人们在除夕、春节等节日,或者家庭遭遇厄难,或者家里人大病初愈之时,也会去观音庙里朝拜和祈求。这时候的朝拜和祭祀规矩远没有在观音会上那么讲究。有时,一篮子煮熟的鸡蛋、一壶自酿的白酒,甚至于一块煮得半生不熟的猪肉等有违"五荤三戒"

的食品，也可以作为供品摆在菩萨面前。而菩萨也总是宽宏大量，绝不与那些不懂规矩的凡夫俗子计较。只要你心怀虔诚，她都一样会保佑庇护你。

三、财神

财神是掌管人间、天上财富之神。李渡人供奉的财神，或是身着朝服的文官形象，手持刻有"招财进宝"字样的金元宝；或是黑脸黑须，头戴铁盔，手执铁鞭的武官形象，胯下骑着一只黑色猛虎。关于财神的前世身份，有人认为是赵公明，有人认为是比干，有人认为是范蠡。在民间，还流传着许多与这几位财神相关的传说。

每年春节期间，就有专门"说财神"之人将财神的神像送到各家各户。人们将其恭恭敬敬地贴在堂屋大门上。据说，这样就能够保佑全家人丰衣足食。那些开店经营的人家，则将财神塑像供奉在店内，日日烧香、早晚叩头，祈求保佑生意兴旺、财源广进。

"说财神"多为子承父业的世袭职业，关键在一个"说"字。它要求从业者脑瓜灵活、灵机转变，见到什么就说什么、唱什么。譬如：来到院坝门口看见把门的石狮子，就说"左边有对金狮子，右边有对金凤凰；左厢堆满金银库，右厢财宝用仓装"。当主人敬烟的时候，则唱："叶子烟，两头尖，掐两头，吃中间。客人来了先敬烟，老的吃了寿延长，少的吃了福寿全。"为讨一个吉利，人们一般都愿意把财神像接过来，然后给几个赏钱，或者撮一升粮食打发他们。

四、井神

在漫长的农耕时代，水井是家家户户的生活必备之物。修房造屋，首先考虑的就是吃水用水问题，几乎每一个自然村都有大大小小的水井。有水井，就必然有井神。

在东方神仙谱系中，井神属于位卑权轻的小神，其管辖范围就是那一口小小的水井。然而，在李渡，井神却被称为"井神龙王"，其职责除了管理那一口水

（李渡古井）

井，还要负责那一方土地上的旱涝丰歉、行云布雨。

井神没有塑像，因而也就没有供奉的庙宇。对井神的祭祀活动，通常都在井台上举行。

新水井打成之后，要举行隆重的祭祀活动，焚香迎接井神；家里娶妻生子，也要到井台上焚香祭祀，并向井神通报添丁增口的情况；当井水突然干涸或变浑浊，那是井神龙王发怒，人们必须到井台上祭拜；有的家庭小孩体弱多病，孩子的母亲则一手抱鸡，一手牵孩子到水井边叫魂，祈求井神保佑孩子大吉大利、健康成长；大年初一一大早，全村人纷纷赶往井边挑水，谓之"挑金银水"。挑回的"金银水"装满了家家户户的大小水缸、坛坛罐罐，据说，挑回的水越多，当年的财运就越旺。而且，用"金银水"来泡糍粑、腌咸菜，不管多久都不会变馊、发臭。

久旱不雨的日子，李渡人要举行"迎龙请水"的祈雨活动。人们组成盛大的玩龙队伍，前面由童男童女手持杨柳枝一路遍洒清水开道。载歌载舞来到村口的水井边，焚香祭祀之后，将水井里浮游着的鱼、青蛙、水蛇之类抓起来，作为井神龙王的化身请回家去虔诚供奉。待天降甘霖，再将其放归水井中。

五、门神

门神的职责是驱邪打鬼，保佑人畜平安。李渡人供奉的门神是唐太宗李世民手下的著名将领秦叔宝和尉迟恭。相传，曾经有一段时期，李世民每天晚上都梦见有恶鬼找上门来向他索命，闹得他整夜不得安宁。只有秦叔宝和尉迟恭把守大门的时候，那些恶鬼才不敢进门。

人们祭祀和供奉门神的时间，一般在每年的春节和端午节。此外，新屋落成乔迁之时，也有一个请门神的仪式。由于门神祭祀由来已久，并已形成规律，所以祭祀门神没有隆重的场景，通常是买来门神画像，安好神位，供奉果品菜肴，在默默祈祷中点燃香烛纸钱，贴上门神画像即可。

六、灶神

灶神是主管人间饮食制作,监察人间罪恶,掌握一家寿夭祸福之神。在民间,灶神的形象有多种,李渡人祭祀的灶神为"种火老母之君",是一位年高的老妇。

新灶建成之时,有一个"请灶、安灶"的仪式;每年腊月二十三,是灶神上天向玉皇大帝报告一年里各家各户生活状态的日子,这一天要举行"送灶"仪式;腊月三十,灶神从天庭返回人间,要举行"迎灶"仪式。

灶神的祭祀仪式通常在厨房举行,供神像,摆神位,点油灯,奉荤菜熟食,燃香蜡纸烛。灶神菩萨是不忌讳荤腥的神仙,因此,在供品中一定要有大鱼大肉。实在没有,一小块肥肉"刀头"、几截香肠也可以代替。腊月二十三送灶之时,还要供奉具有黏性的饴糖,据说这样就可以封住灶神之口,使其在玉帝面前不乱讲。腊月三十迎灶之后,则将一个筛子倒扣在锅里,第二天一早起来看锅里落下了什么粮食,据说那就是灶神从天上带到人间的礼物。来年,这种粮食就会获得大丰收。一些种田大户和粮商,便根据锅里落下的粮食种类,决定开年之后种植或囤积什么粮食。

七、土地神

李渡人心目中土地神的形象,是一对慈眉善目、笑容可掬、衣着朴素、平易近人的老年夫妇,人们称之为"土地公公"和"土地婆婆"。其职责是掌管一方土地上农作物的播种、生长、收获,保佑本乡本土生灵的家宅平安、添丁进口、六畜兴旺。

民间有"五里一土地,十里一山神"之说。土地神在神界的职位

（土地庙中的土地公公、土地婆婆）

不高,然而,土地神却是异常劳碌的神仙,一年365天,不分昼夜,不论春夏秋冬,不管刮风下雨,都在为这一方土地的丰收与安宁忙碌奔波。因此,土地神与农民的关系最密切、最亲近。

每年春天播种之前和秋天收获之后,都要举行祭祀土地神的活动——"春社"和"秋社",尤以春社最隆重。"立春五戊为春社",春社活动在立春之后的第五个戊日,李渡人称之为"土地公公生日"。这一天,男女老幼皆停止耕作和女红,一齐聚集在土地庙前的坝子上,摆上酒、肉、米饭、果蔬等丰盛的食品祭祀土地神,祈求风调雨顺、五谷丰登。祭祀完毕,则由主祭人将祭祀的食物分给大家享用,人们便可开怀畅饮。

此外,农户在春耕开犁和秋收开镰之前,也要祭祀土地菩萨。农家对土地神的供奉和祭祀都很随意。大路旁边、大树底下几块砖石瓦片垒砌的低矮小庙,就是其栖身之所;一刀熟肉、一碗麦饭、一壶老酒,就是其丰盛的贡品。可是,无论你对其多么粗疏简单,土地神始终一如既往为你操劳,为你忙碌。

孩子们对土地神则有一份特殊的感情:土地庙和庙前的坝子,是他们捉迷藏、做游戏的游乐场;春社是他们一年一度的节日盛会;慈眉善目的土地公公和土地婆婆,仿佛自家慈祥的阿公阿婆,守护着一代又一代孩子降临人间、长大成人、娶妻生子……然而,孩子们顽劣的童心总是让人捉摸不透,当一群小孩在土地庙前的坝子上玩得无聊的时候,他们总喜欢把土地公公和土地婆婆编成歌谣来取乐:"土地土,翘屁股,一翘翘到重庆府。打二两油,搽屁股!"一些男孩子则爬到土地庙上,对着土地神像撒尿。可是,不管孩子们多么顽皮,土地公公和土地婆婆依然是笑容可掬的乐呵呵神态,就像对待自家顽皮的孙儿,从不与小孩子一般见识。

八、坛神

在中国民间神系里,坛神是佛像旁边的护法神。因为担负着警卫和保安的职责,所以,坛神的道法特别高,功夫特别厉害,手下的天兵天将也特别多。因为仅仅是警卫和保安的角色,所以,坛神的神位不能安置在屋子的正中,通常只能在堂屋的角落或大门的背后。在供奉神位的地方,摆放一个雕花的石墩——坛墩,那是坛神菩萨的座椅;坛墩旁边,插着五颜六色的花枪——坛枪,那是坛神菩萨的兵器。

李渡民间有俗语:"跟好人,学好人;跟端公,跳坛神。"端公做法事的时候,都要请出坛神来担任护法,并将其坛墩上的坛枪取下来一路挥舞。

老百姓供奉坛神,则是为了驱灾辟邪,保佑全家清泰平安。但凡供奉有坛神的家庭,每月初一、十五都要在坛神牌位前烧香化纸;年末岁尾则备办猪肉、水酒等供品,请端公跳神祭祀。

坛神的性格与别的神仙大为不同:别的神仙宽容大度、慈悲为怀,坛神则爱憎分明、睚眦必报;别的神仙有博爱心肠、与人为善,坛神却让人得罪不起。据说,哪怕是少不更事的小孩儿,只要在坛神牌位上摸了一下,或者在坛墩上坐了一会儿,或者对着神像指指点点,坛神也要让你肚子疼痛大半天。只有当家长们知道了事情的原委,将孩子训斥一顿,并在坛神牌位前烧香许愿、求得宽恕之后,孩子的毛病才会消失。

九、王灵官

灵官是道教的护法神,道教有"五百灵官"之说,其中最著名的则是王灵官。其形象是有三只眼睛,身披甲胄,手执铁鞭的威猛武将。

王灵官刚正不阿,疾恶如仇,纠察天上人间,除邪祛恶,不遗余力。老百姓赞其"三眼能观天下事,一鞭惊醒世间人"。道教做法事,则有一人装扮成王灵官,自始至终端坐于道场上。

明清以来,李渡各地建了许多灵官庙,一些道教宫观还专门修建了灵官殿、灵官堂,塑了许多形象各异的灵官神像。如今的义和镇鹤凤村一部分,原名"王灵村",因村内有王灵官庙而得名。相传,当年张献忠入川,从鹤凤滩下船上岸,其坐骑到了五歇坎再也不愿前进,任凭怎么鞭打脚踢,依旧长跪不起。于是,张献忠禀告:"不知何方神灵挡我去路? 如若此方百姓不该遭遇劫难,则张某此去三十里内秋毫无犯。"通禀结束,那坐骑立即起身前进。在从大山到镇安三十里内,张献忠果然秋毫未犯,直到镇安空洞山才开了杀戒。据说,当时一些未满14

岁的小孩看见，一位身披甲胄、手执铁鞭的神灵挡在了张献忠坐骑的前面。这位神灵，就是附近王灵庙里的王灵官。

十、肖公菩萨

肖公菩萨是李渡镇老百姓敬仰的神仙。相传，肖公为李渡街上一位专门挑水卖的老者，人称"肖挑水"。其为人忠厚、诚实，每次下河挑水总要走出河边很远，避开岸边的脏水，到接近中流处取水。对街坊中那些穷苦的孤寡老人，他一律不收分文。人们有感于他的诚信和厚道，都愿意买他挑来的水。

（李渡肖公庙）

有一年腊月三十，街坊邻居纷纷请肖挑水去自己家里吃年饭。而肖挑水居然每一家都答应了，并且每一家都去了。一个平常的凡夫俗子，怎么可能同时分身到许多人家里去吃年饭呢？于是，人们开始怀疑肖挑水的身份。

没过多久，这位挑水老人坐在扁担上无疾而终。人们在悲伤和怀念的同时，都做了一个同样的梦：肖挑水对他们说，因为自己为人忠厚诚信，被玉皇大帝封为主管天河里挑水事务的神仙。自己并没有死，而是到天庭履职赴任去了。

李渡人有感于肖公的功德,便在老街柴市坝附近的长江边修建了肖公庙,将肖挑水的形象供奉于庙内。其形象为一头戴草帽,身穿短衫,两只裤脚高高挽起,赤脚踏在地上,身体端坐于两只水桶间扁担上的老者。逢年过节,李渡人都要到肖公庙去烧一炷香,献一杯酒、几碟菜,表达对这位忠厚长者的缅怀和纪念。

在人们祭祀肖公的同时,肖公菩萨也对李渡镇居民给予保佑和庇护。据说,每年长江涨水,不管来势多么凶猛,最多也只能涨到肖公菩萨的脚边。只要"肖公菩萨洗脚",江水必然退去。由此,李渡镇从未被江水淹没过。

十一、师娘子神

"师娘子"本是道教和巫教活动中的一种职业。跳端公的时候,有一人装扮成女子模样,配合端公做法事,这个人被叫作"师娘子",意思是端公师傅的娘子。师娘子的职责是沟通和连接天庭、人间、地狱,充当活着的人与死去亲人之间的传话使者。从事这一职业的多为男人和老年妇女。年轻女子除非穷途末路、生活完全没有着落,否则,是不会去揽这个活儿的。

"师娘子神"是李渡、义和、大山一带老百姓信奉的一尊神灵。据说,该神灵是由一位曾经当过师娘子的年轻女子变化而来。

从长江边的鹤凤滩码头上行二三里,如今涪陵新区攀华码头附近,原属大山乡回龙村地界。那里,有一个名为"师娘洞"的岩洞。据说,那就是师娘子成神的地方。

清朝嘉庆年间,这一带闹白莲教。兵荒马乱之中,当地一位年轻的女师娘子不幸失足掉下悬崖丧命。家里人来不及掩埋,将其尸体装进一口柏木棺材,搁在附近的岩洞内,便举家逃难到了异乡。兵匪过后,其家人再也没有回来,那口棺材也就始终搁置在岩洞内未曾入土。日久天长,年轻女子幻化成神,常在周围游荡,成为当地百姓信奉的一尊神灵。因为她曾经当过师娘子,人们便称之为"师娘子神",那个搁置棺材的岩洞,被称为"师娘洞"。

据老人们讲,师娘子神有些像民间传说中的"小神子",只要稍有得罪,她必然来找你麻烦:或者将绣花鞋扔进你家水缸里;或者将夜壶倒挂在你睡觉的帐竿上;或者在你即将插秧的水田里扔一些石块、瓦片。而如果你说了她的好话,她便给你带来好处:当你清晨一大早起床开门的时候,门口或者有两锭黄金,或者有几块白银……

如果被师娘子神找上麻烦,必须请端公、道士做法事,敲锣打鼓将其送走,送回到师娘洞中,全家才得安宁。

第五章　民风民俗

十里不同风，百里不同俗。李渡独特的自然环境和人文环境，造就了其独特的民风民俗。

第一节　生产生活习俗

一、生产习俗

长期以来,李渡以农业生产为主。李渡的生产习俗主要有:戊日不动土。凡逢戊日,不能从事直接的农业劳动,如犁田、挖土、播种、收获等,流传着"凡人不禁戊,阳春冤枉种"之说。他们认为,如果不忌戊日,庄稼必然生长不好,等于徒劳。

播种农作物时,忌到别人家去点火种,特别是种苞谷时更为注意。立春日,忌别家妇女进屋,认为会坏农具。劳动归家时,忌背蓑衣、戴斗笠进入屋内。不准用手去指幼小的南瓜,否则小瓜要烂掉。正月初一至十五,大人小孩不能剃头,以免秧苗长成"癫子头"。吃年饭不准泡汤,否则来年涨水会冲垮田坎,请人帮忙进行农事活动时会落雨。

二、服饰习俗

1.头饰

农村无论男女,老、中、青年都喜欢在头上包布帕或者丝帕,俗称"帕子"。布帕或丝帕长度为3尺、5尺、7尺、9尺不等,颜色因人而异。由于白色易脏,普通人多包蓝布或者青布帕,有钱人家或者条件好一点儿的包丝帕。成年男子一般头包青布或白布长帕,长7—9尺,包成人字路。女人则多包青丝帕或白印花头巾,不包人字路。丝帕薄如蝉翼,一般长9—12尺,最长的达七八米。"帕子"是李渡妇女终生陪伴之物,死后一定要用帕缠头入葬。

2. 上衣

男性较古老的上衣叫"琵琶襟"，后来逐渐穿满襟衣和对胸衣（也叫"对襟衣"）。老人多穿满襟衣，短领，捆腰带；青壮年多穿对襟衣，缀布排扣，领高，袖小而长，袖口绲边。春秋两季穿蓝色对襟短衣，夏天多穿白色对襟短衣（有的夏天也穿白布背心或短裤），冬天则穿蓝布长衫，内穿短棉袄或者长棉袍。富贵人家夏天穿绸衫，冬天穿皮袄。因受外来思想的影响，李渡人也有少数穿长衫的。长衫一般用青布或者蓝布制作，也有用丝绸制作的，颜色一般为青色或蓝色。

女性的衣服右边开襟，布扣、短袖，衣服的袖口、领口较大，前襟、下摆、袖口饰彩色花边，挂银铜佩饰，俗称"满襟"。

3. 下装

男子裤子是青、蓝布加白布裤腰，裤子不分老青壮，皆大脚大腰，一般为青布、蓝布做裤腿，缝上白布裤腰，穿时在前面打褶子，称之为"统统裤"。穿长衫时，腰上另外扎腰带。

女性裤短而大，用青、蓝布，加白裤腰，裤脚蓝底加青边或青底加蓝边，贴二三条宽度不同的花梅条。

4. 鞋子

李渡人的鞋子多为青面白底圆口鞋，冬天缠青、蓝布裹脚或穿白布袜子，多为自纺、自织、自染的土布，俗称"家机布"。

男性鞋子是高粱面白底鞋，劳动者不穿袜子，冬天只缠一副青、蓝布裹脚，老人在冬天喜穿一双白布袜子。做鞋前，要按穿者脚型的长短、大小、肥瘦、脚背的高低、趾形排列的特点等取"鞋样"。鞋底为旧布（碱水煮后冲洗发白）加笋壳叠成，再用麻线密密扎紧。在前脚掌和后脚跟部扎密针，中部扎稀针，有斗套、木瓜心、回纹、菱形、万字纹、

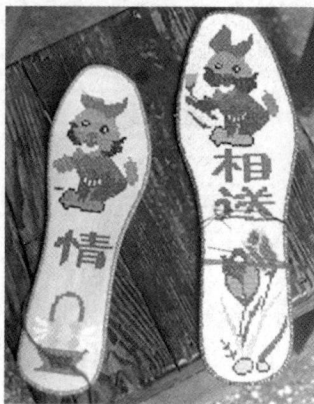

（绣花鞋垫）

五梅花等各种图案，十分讲究。这种鞋子穿起来不仅舒适合脚，而且鞋面和鞋

边不起皱纹,十分美观。还有鞋垫,也用彩线绣成各种花纹图案,堪称精美的艺术品。

女鞋较讲究,除了鞋口绲边挑"狗牙齿"外,鞋面多用青、兰、粉红绸子。鞋尖正面用五色丝线绣各种花草、蝴蝶、蜜蜂。绣花鞋垫,是姑娘赠给意中人最珍贵的礼物,这种鞋垫的制作过程极为复杂。先用面粉糊布壳晾干,再用纸剪出鞋垫式样,画上格子后,以青、蓝、白、红、绿、黄、紫等多色线,纳出花纹或其他图案。

三、饮食习俗

1.饮食概况

李渡境内田土多,农业生产条件较好。食用油以动物油为主,动物油又以猪油为主,还有羊油、牛油、狗油、鸡油等。过去食盐紧缺,一般农民吃盐极少,或有客时在菜里放盐;或农忙放盐,农闲吃淡;或炒菜里放盐,汤菜不放盐。多数人终年淡食,盐为有钱人的消费品。

食粮以稻谷、玉米为主。副食品主要是粑粑。粑粑品种繁多,根据材料不同分为糍粑、粉粑、高粱粑、苞谷粑、红苕粑、荞麦粑等,根据加工制作的工艺不同分为蒸粑、油炸粑等。另外,汤圆、粽子等也比较流行。李渡人的蔬菜一般自己种植,新鲜可口。常见的蔬菜有:青菜头、青菜、白菜(黄秧白、莲花白、箭秆白、包包白)、萝卜等。

肉类中,猪肉为主要肉食品,条件好的人家每年要杀年猪,条件差的人家一般与人合杀年猪。由于经济条件的制约加之赶集购买鲜肉不便,李渡人多吃老腊肉。一般杀年猪后,把猪肉拌盐放入一大盆内,3—5天以后取出,用绳吊在火塘上方,经烟火熏烤后排除肉中的水分,即可保存一年甚至几年。老腊肉色泽焦黄,芳香可口,是待客的佳品。

豆制品用大豆(黄豆)制作。有水豆腐、豆腐脑、豆腐干、豆腐丸子、霉豆腐、黄豆面、豆丝糖(黄豆面拌麻糖丝)、豆油皮、干豆豉、水豆豉等。

糯米制品有汤圆、醪糟、米子、阴米、米花、溜线、药果果、麻饼、糍粑等。特别是油醪糟,作为涪陵的地方特产,在李渡也是非常有名的风味小吃。黏米制品有米粉、泡粑、发糕、米豆腐、酥食、米糖等。玉米制品有苞谷泡、欢喜团、麻团、苞谷粑、苞谷豆腐、炒面等。麦制品有麦粑、面条、面块、包子、馒头等。李渡人特别爱吃"麦耳朵",将麦面和水,充分揉搓后,捏成饺子大小,放入沸水中,加一些蔬菜,煮熟即成可口食品。野生植物中有蕨菜、蕨粑、蕨粉等。此外,还有用冰籽制成的"冰粉",用"斑鸠窝"的叶子制成的"斑鸠窝豆腐",用魔芋制成的"魔芋豆腐",用软荞制成软荞粑等。

2.饮食习惯

(1)喜食酸辣

酸辣子。将鲜辣椒拌玉米面或米面,装于扑水坛中,半月后可食,食法有干炒、水煮等。糟辣子(又称虎皮碎椒)。将鲜椒切碎,加生姜、花椒和盐,密封坛中,既可直接食用,又可做佐料。

泡菜也是李渡人喜欢的食品。几乎各种蔬菜都可以制成泡菜,如青菜、萝卜、洋姜、豇豆、生姜、鸡爪等。肉加点儿糯米粉或小米粉,放入坛中密封,制成酸醡肉,用油煎炒,十分可口。酸菜开味助消化,是深受李渡人喜爱的菜食。几乎家家户户都有几个或十多个酸菜坛子,一年到头,餐餐不离酸。

(2)喜腌腊食品

杀年猪对李渡人来说是一件重要的事情。杀年猪时要请亲朋好友吃"刨汤肉"。腊肉,更是李渡人喜爱的菜食。进入腊月,家家户户都要杀年猪,一般人家杀一头或几家合杀一头,富有之家杀几头。鲜肉裹食盐、花椒、五香粉,在缸内腌10天左右,挂在炕上慢慢熏干,夏季埋于谷堆储存。其肉色红,味香,十分可口,是逢年过节款待贵宾的佳菜。食用时将腊肉切成手掌大小,以示待客热情。除腌腊肉外,李渡人还喜欢腌腊油、灌香肠等腌腊制品。

3.特色食品

(1)榨菜

榨菜是涪陵特产之一,李渡的石马榨菜也很有名。榨菜质地脆嫩,风味鲜美,营养丰富,具有特殊酸味和咸鲜味,脆嫩爽口,含丰富的人体所必需的蛋白质、胡萝卜素、膳食纤维、矿物质等,以及谷氨酸、天门冬氨酸等17种游离氨基酸。榨菜可以用于佐餐、炒菜和做汤。

其做法是:将青菜头切成小块,然后穿成串儿上架晾晒,称"风脱水",也可采用人工方法脱水,至菜块萎蔫柔软,表面出现皱纹,晾晒完下架时一般为鲜菜重的36%—40%。脱水后,分二次盐腌,第一次按风干菜块重的3%—4%加食盐,拌匀、搓揉,分层入池压紧。待大量菜汁渗出时,用菜汁淘洗菜块、沥干。再按菜块重的7%—8%加食盐,进行第二次盐腌,后沥干。用剪刀剪去粗老部分和黑斑,修整成圆球形或椭圆形,用清洁盐液淘洗干净并沥干。再加食盐、辣椒粉、花椒和香料粉,拌匀后装入特制的榨菜坛中,层层压实,装满后在坛口菜面撒一层食盐与辣椒粉的混合料,用聚乙烯薄膜紧封坛口,在阴凉干燥处保存,经3—4个月即为成品。

（晾晒榨菜的菜架）

农家榨菜称"咸菜",其做法与工厂大规模制作不同:将青菜头切片或切丝,在院坝晾晒后,用水清洗干净,然后加食盐、辣椒粉、花椒和香料粉,拌匀后装入特制的榨菜坛中,层层压实,装满后在坛口菜面撒一层食盐与辣椒粉的混合料,盖上盖子,经3—4个月即为成品。

（2）芋儿鸡

李渡芋儿鸡是当地特色食品,芋头软润滑口,鸡块松软入味,营养也非常丰富。

其基本做法是:将鸡腿肉切成块放入碗中,加入盐、胡椒、生粉、生抽、料酒等调料,搅拌均匀后腌制几分钟;将带皮的芋头放在锅中煮,煮好后拿出来去皮再切成大小适中的块;准备好姜、蒜、干辣椒、花椒、香叶等调料;在锅中烧一锅油,待油七成热后将腌好的鸡块放入,将鸡块炸至微微金黄色时捞出;再将准备好的芋头块放入锅中,炸至芋头块表面有层微黄的壳后捞出来备用;在锅中加入少量的油,将干辣椒、花椒、香叶、八角、桂皮等放入其中煸炒;煸炒一下后再加入大蒜、姜片等一起煸炒;煸炒出香味后加入刚炸好的芋头和鸡块;加入适量的料酒和生抽,再加入适量的水烧煮一下;煮到九分熟时加入盐和胡椒调味,搅拌均匀,加入小米椒稍微煮上一两分钟装盘即可。

(3)油醪糟

涪陵油醪糟曾载入《中国小吃集萃》一书,是李渡有名的风味食品。油醪糟香甜不腻口,营养十分丰富。

其基本做法是:将糯米清洗浸泡,用甑子蒸煮,放入酵母发酵成清水醪糟,再将上好的核桃、芝麻、酥脆的花生、冬片、枣泥、橘饼等辅料捣碎混入清水醪糟,用猪边油煎炒,直至基本失去水分,然后以瓮盛装,自然封存。食用时,在锅内掺少量清水烧开,舀入油醪糟,加糖煮后即可进食。也可以加入鸡蛋,即成油醪糟荷包蛋或油醪糟蛋花;加入小汤圆或干糍粑(切成块状),即成油醪糟小汤圆或油醪糟糍粑。

(4)灌海椒

李渡民间喜欢制作灌海椒。它味道咸中带酸、糯中带辣,红绿相间,色、香、味俱佳,是待客的美味。

制作方法:选取成熟、肥大而不辣的菜海椒若干,用泉水洗净、晾干,将海椒划开一个口子,取出海椒籽,灌入糯米面及相应的佐料等,装入坛子储存。储存方法是:将坛子倒立在装满水的盘子上面,使之与空气隔绝。食用时,从坛子里取出,蒸熟即可食用。也可以蒸熟后,再用油煎炒后食用。

4.饮食禁忌

(1)吃饭待客禁忌

李渡人平时吃饭不上桌,全家人围坐在火塘边吃,或者在院坝一边与人聊天一边吃饭。红白喜事、重大节日、重要农事活动等,要举办宴席,宴请亲朋好友。宴席的菜品分荤、素两种。荤菜以猪肉为主,佐以鸡、鸭、鱼等;素菜以豆腐、洋芋等为基本原料,辅以其他素食品。李渡人座席有讲究。席桌摆好后,要先请长辈或者客人入座上席,其他人才能依次入座。吃饭时,长辈或者客人作为"席长",他们动筷子后其他人才能动筷子,每道菜都要他们先动筷子后其他人才能吃。吃饭结束时,要等长辈或者客人离席后才能离开。

通常情况下,神龛的方位就是上席的方位。在没有神龛的房屋,则以门正对的方位为上席的方位。这种座席的讲究,反映了李渡人讲究等级和秩序的观念,也反映了李渡人对礼仪的重视。

(2)忌把剩饭倒给狗吃

李渡人认为人的剩饭里与人体接触后附着人的灵魂,如果把剩饭倒给狗吃,就意味着人的灵魂也被狗吃掉了,这样就必然对人的记忆力乃至生命带来极大的危害。

(3)忌食猪蹄叉

年轻人忌食猪蹄的脚尖。因为猪蹄的脚尖处形如刀叉,李渡人称之为"猪蹄叉"。据说,猪蹄叉有"叉媳妇"的功能,年轻男子吃了猪蹄叉之后,谈对象时会被人从中作梗,会被别人"叉"掉。

四、医药习俗

李渡人有很多自行炮制的民间草药,自制膏丹丸散及药酒,视病施药,并配合拔火罐、打艾灸、打瓦针、打火针、烧灯火及推拿、按摩等方法治病。在长期的生产劳动和社会实践中,李渡先民总结出了丰富的医药知识。

1.民间医术

(1)真空罐疗法

用真空罐吸其穴位或病灶(可将所吸部位先点刺出血),有吸取毒气和瘀血的作用。常用的真空罐有火罐、水罐两种。火罐常用于治疗久病,如陈旧性扭挫伤;水罐多用细竹管制成,适用于治疗关节扭挫伤。

(2)推拿按摩法

李渡民间医生认为"用推即是用药"。推拿按摩能起到疏通经络、活血祛瘀、升扬人体正气的作用,可按所用手法分为推拿法、按摩法和翻、刮、提剡法等。

（3）灸法

灸法有多种,常用的有艾叶灸、灯火灸。艾叶灸适用于寒、湿为病者。

（4）外敷法

将药物调配成各种剂型敷于表面病灶或穴位,让药力渗透肌肤,直达病所,起到解毒、消炎、生肌、止痛、止血、活血、祛瘀、散结软坚的治疗作用。

（5）揪痧

又叫"扯痧""刮痧"。痧,是中暑的急性表现。发病时四肢发冷,脸青面黑,腹部疼痛(俗称绞肠痧)。民间习惯采取揪痧的办法医治,具体的操作方法是将病者扶起取半卧姿,将病者衣袖卷至手腕以上,再用手指沾凉水拍打手腕,然后揪扯手腕(男左女右),揪至发红发紫为止。病情严重的,还可加揪后颈窝和鼻梁。

2.民间巫医

巫是最早的医生。原始社会的巫就是专为病人驱疾镇邪之士。神话中的巫大多与医药有关。李渡的巫师很多,他们除主持祭祀、掌管宗族大事外,还为广大民众治病。

李渡民间巫医常见的手段有:驱鬼治病、画九龙水、治疗"挑针"（眼睑炎）等。

第二节　婚丧嫁娶习俗

一、产育习俗

生儿育女是人生的重要内容。产育习俗既含有祈愿新生命的降生,为新生命祝福,祈祷长命富贵之意,也有为产妇驱邪避祸之意。

1.祈子习俗

在李渡,普遍存在着早婚现象。李渡人看重子孙的繁衍,特别希望儿孙满堂,多子多福的观念相当普遍。如果婚后无子,那么在当地就会被人耻笑,抬不起头来。于是,就有了各式各样的祈子习俗。

偷瓜送子。农历八月十五中秋之夜,李渡人多去野外偷瓜,然后送到没有子女的人家,这叫"送子"。主人接到送来的瓜后,要设宴款待送瓜人。被偷瓜的人知道以后,也不会计较,还要说几句吉祥的话。

搭桥祈子。李渡境内,有一个地方名叫"花桥"。关于花桥的来历,有这样的传说:花桥是为送子娘娘搭建的桥梁。旧时,有婚后多年不生育的家庭,则用一对金竹做桥柱,上面挂满红红绿绿的纸人,去花桥上焚香烧纸祭拜,祈求送子娘娘早日送来贵子。

2.保胎

妇女怀胎(俗称"有喜")后,要讲究保胎。一般在堂屋门上挂筛子、艾蒿草,护住孕妇之屋。有的还要请巫师行法事安胎、驱邪,祈求祖先保佑。怀胎后屋里的家具如床、柜子、桌子等不能移动,不能修房造屋,不能在房间内钉钉子,不能在屋内动土。

3.接生

妇女"有喜"后,就开始准备生小孩的各种事情。临产时,要请接生婆接生。在分娩过程中,丈夫不能在场,所有家具要揭开盖子,这样小孩出生才快。婴儿下地后,接生婆要及时剪掉脐带,然后给小孩洗澡,并穿好衣服,用布包裹好。婴儿下地,接生婆用白线结扎脐带,把胎盘弃置于厕所或者挂在远处的树上。

4.报喜

妇女产下小孩后,丈夫要及时到娘家报喜,告诉他们生小孩了。报喜的礼物是鸡蛋。如果拿的是红蛋,娘家人就知道生了男孩;如果拿的是白蛋,则说明生的是女孩。这样,娘家人就准备相应的礼品,择期去看望。

5.保奶

妇女生小孩后,要设法保奶,不至于被别人"带走"。一般在产妇卧室的门后,用钉子钉上一张纸鞋,防止别人来看时带走奶。坐月子期间,一般不得让怀孕妇女或者月经期间的妇女进入产房,因为她们会带走奶。如果发现奶水减少,就要请回那些"带奶"的女性,让她们递给产妇一碗水,叫"还奶"。

6.逢生

妇女生小孩后，第一个到产妇家的人叫"逢生"，也叫"踩生"。民间有"男逢女生，戴银穿金；女逢男生，财发人兴"及"女踩男，福寿全""男踩女，要中举"等说法。因此，对逢生人无论贵贱亲疏，都要热情款待，一般是请吃醪糟鸡蛋，或者吃点儿别的东西。这样做的目的是讨他的欢心，以便他能说些吉利话，从而讨个好的封赠。

7.送饭

姑娘出嫁生小孩后，娘家人要在择定的吉日里，请人挑着物品，成群结队前往产妇家看望，名为"送饭"，俗称"打三朝"。娘家人送的礼品有谷子、阴米、面条、鸡、蛋、糖果、糍粑、布匹以及婴儿的鞋袜衣帽等，少则一二挑，多

（农家送饭）

则几十挑。礼物中的大糍粑一般是一对儿，上面贴有大红的喜字；礼物中不能有鸭子（谐音"押子"，不吉利）。去看望产妇的多为女性和小孩，成年男性一般不去。

二、生礼习俗

1.成人礼俗

从"三朝"到"满月"，到"周岁"，这是人生的头一岁里所要庆贺的三个日子。因为是小生命成长的起步阶段，所以这"周岁"的纪念又是特别受重视的。自此以后，便年年"过生日"了。

小孩过生日，大人一般是煮一个鸡蛋给小孩吃，其意义有两个方面：第一，李渡人认为鸡蛋有很强的生殖力，吃蛋后小孩能茁壮成长；第二，鸡蛋可以在地上滚动，小孩吃蛋，包含有以后遇事一滚就过去了的意思，表示吉祥。

2.寿诞礼俗

按照传统,只有老者才有称"寿"的资格。因此,进入老年期以前的诞生日一般称"过生日",只有进入老年期以后,才称为"做寿"。做寿通常是逢十才做,称为"梗生",其余的生日则称为"散生"。李渡民间有"男整进,女整出"的说法,即男性的寿诞要提前一年整酒,只有女性才在满十的当年整酒。

一般来说,人们对50岁以后的"庆寿"比较重视。但如果父母健在,即使年龄再高也不能称"祝寿"。为老人祝寿要献鱼,做长寿面,敬寿桃等。

富人家做寿要布置寿堂,正厅悬挂寿字或八仙上寿画轴、寿屏。做寿之日,凡女婿、甥婿、侄婿等小辈都要备礼祝寿。礼品有寿桃、寿面、寿糕等。亲友同仁也送礼祝寿。

祝寿礼仪谓之"拜寿",其程序是点上寿烛、寿香,燃放鞭炮,并由后辈向寿星依次叩首。

三、婚姻习俗

1.求亲

儿女到16岁左右,父母就开始为其寻访未来的对象。寻访对象要考虑门第、身份、年龄等方面的因素。过去一般"同姓不开婚",因此,在寻访时,要查询对方父母的根源,看是否属于"不开婚"之列。同时,寻访者还有一个任务就是通过亲戚、朋友、熟人打探对方的"生辰八字",然后卜算吉凶祸福,看双方"八字"是否相合。

女方有意这门婚事后,要择机对男方家进行考察,名为"看家"。看家过程中,女方要考察男方的家境是否殷实,居住条件是否满意,还要考察该男子的性格脾气、为人处世能力等。

2.定亲

女方"放话"(即同意婚事)后,男方就请媒人与对方约好日子,带着猪肉、白酒、面条等礼品,与媒人一起到女方家,进行"插香定婚"仪式。

一般是男方准备好香烛,在女方家的神龛上点燃,祭祀祖先,感谢列祖列宗的保佑,同时还有请祖先见证的意思,希望将来不要变卦。

插香有一项重要的内容,就是"放火炮"。祭祀祖宗以后,就要燃放火炮。其用意一是表示庆贺,二是告诉人们,该女子已经许亲,其他人不要再动什么心思了。

3.结婚

经过一段时间的交往后,男女双方便开始谈论结婚事宜。

婚期那天,媒人、轿夫、力夫(又叫"过礼")、鼓乐队等,由押礼先生(有文化、能说会道者)率领,与接亲夫妇、新郎来到女方家迎亲。

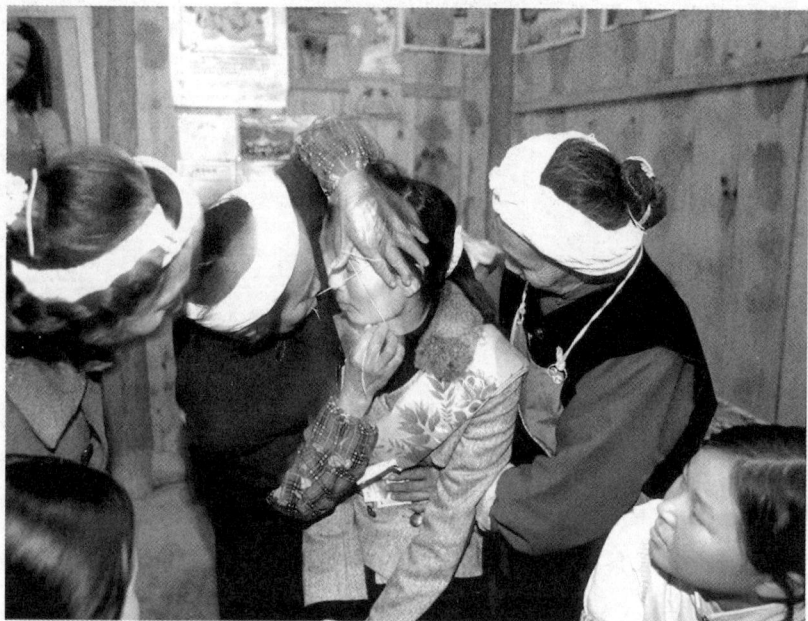

(新娘出嫁前,长辈要为其除去脸上的汗毛,名为"开脸")

婚礼当天凌晨,新娘在婶娘或者姑嫂的陪同下,手拿12双竹筷,脚踩升斗,在堂屋的祖宗牌位前下跪、叩头,拜别祖宗。然后,由女方"上头"人或母亲给姑娘穿上轿衣,搭上盖头,换上新鞋。一切程序完成后,新娘就坐在床上,等待花轿来临。

姑娘离家出嫁时,通常要哭。此举一是因为离开亲人,心中不舍;二是述说父母的养育之恩,表达对父母的感激之情。

当迎亲的队伍把新娘接到男方家的时候,新娘的花轿不能马上进屋,必须停下来。巫师点燃香烛纸钱,然后左手拿一只公鸡,右手握菜刀走到新娘的花轿前,念动咒语,杀鸡后将带血的鸡从花轿顶上扔过去,意思是用鸡血赶走沿途附在新娘身上的凶神恶煞。或者在大门口放置一盆火,让新娘从上面跨过,驱逐邪气。

进入堂屋后,在香火(神龛)前,举行拜堂仪式。赞礼生主持赞礼活动:一拜天地,再拜祖先,三拜高堂,然后夫妻对拜。接着,新郎新娘由司仪或媒婆引导"拜亲",依血缘亲疏、辈分大小挨次揖拜三亲六戚。通常,对长辈要跪拜,对平辈则以鞠躬为礼,受揖拜者回敬红包,俗称"见面礼"。拜堂完毕,新郎新娘便有了正式的夫妻名分。随后,由媒婆或好命人把新郎新娘一起送入洞房。

四、丧礼习俗

1. 送终

死者断气之时,如果有嫡亲后代守护在旁边看着其咽气,说明死者有福气有人为其送终。反之,则表明其没有福分。

一般而言,死者在临终前,要把儿女叫到身边交代后事。一是对后事的安排,如何处理闲杂事务,如何办理丧事,如何分割财产等;二是对儿女说一些希望、祝愿的话。

死者在临终前,家里人要撤掉其床上的蚊帐,否则就会被罩在"天罗地网"之中,死者的灵魂便永世不得超生。或者,死者就会因为蚊帐笼罩而在阴间走错路,误入"枉死城"受罪。

老人落气后,后辈要及时烧落气钱。落气钱又称"倒头袱子"(将纸钱封好,外写死者姓名,生卒年月等,1岁1封),是去阴间的开路钱,让其去阴间的路上做盘缠,以及在阴曹地府打通各种关节,免受各个关卡判官小鬼的刁难。

死者死以后,要及时燃放火炮,其目的有二:一是告知乡邻,某家有人去世,届时乡邻就带着蔬菜、粮食等礼物来帮忙做事;二是通过燃放火炮,赶走野鬼,让死者的亡魂顺利赶到地府报到。

要在停放死者的门板下面点燃油灯,名叫"长明灯"。目的一是让死者感到温暖,二是为他前往地府照明。长明灯要用筛子罩住,直到发丧之前不得熄灭。

2.报丧

死者去世的当天,要指派专人,分头送信通知亲戚、朋友、邻居等。亲朋好友接信后要前往吊唁,送挽联、祭幛,打锣鼓,吹唢呐,闹通宵,称为"坐夜"。

客人来时,孝子要给长辈下跪,而客人或长辈要说"发起",请孝子起来。丧家要给亲朋好友发一段白布让其包在头上,叫"开孝"。按来客的亲疏辈分,发7尺、5尺或3尺,开"单孝"或"双孝"。

3.入殓

死者去世后,有专职的人给死者沐浴、梳头和穿戴。男子要剃光头,女性则梳辫子,有发髻的要散开,重新梳成辫子,并扎上红丝带。沐浴后,给死者腰上按一岁一根的原则,系上"腰线",用白绸裹尸,再穿寿衣、寿鞋。寿衣的布料有考究,忌讳用缎子,因为"缎子"谐音"断子"。一般用绸子,"绸子"谐音是"稠子",多子多福。

"穿戴"整齐后,就将死者放置在棺材里面。先在棺内备好枕、衾、被、冥巾、纸卷等,由亲人将遗体抬入棺内,然后在死者右手掌中包些盐茶米豆,以为"路粮",将棺盖上,但不封,再把灵柩横放在堂屋正中香火下。

灵堂设在堂屋。灵前安放一张桌子,悬挂白桌衣,桌上摆着供品、香炉、蜡台和长明灯等。

4.做道场

巫师手里拿着死者的衣服北面呼叫为死者招魂,希望死者的魂魄回归于衣服,然后从房屋的后方下来,把衣服穿在死者身上。招魂时要唱经文,经文内容主要是讲述人生的苦难和历史故事,一是召唤死者的灵魂归来,二是告诫后人要多做善事,否则要受各种惩罚。同时,还要悬幡。就是在死者家附近的树上,用竹竿或者木杆悬挂一块有特色图案的布,它有双重含义,一是招魂,二是报丧。

灵柩最少要停三天,据说是希望死者还能复生。三天后若还不能复活,希望就彻底破灭了。近代以后,灵柩一般都在"终七"以后入葬。人们认为,人死后七天才知道自己已经死了,所以要举行"做七",每逢七天一祭,"七七"四十九天才结束。

5.出葬

出葬又叫"出殡"。出葬这天,按阴阳先生选定的时刻,孝子再次祭奠后,由巫师手执一把点燃的干竹篙,在灵柩前上下左右环绕一圈,口念"起灵词",即将灵柩抬往墓地。

路上,一人在前丢纸钱,谓之"丢买路钱"。最前面是打火把引路的,接着是放鞭炮的,丢买路钱的。长子端灵牌,次子或其他亲属扛"引魂幡"紧跟在后面。

送葬的女孝到了墓地,磕了头回头就往家里跑。据说,谁先跑在前面就先发财。无论男孝女孝从墓地回家时,须先从屋前烧的香树枝上跨过,据说,可以熏去凶气。

出殡的时候孝子不能吃干饭,必须另外煮稀饭吃,否则以后吃饭时会哽人。

李渡风俗以土葬为主,墓地多选在地势宽广、山清水秀的地方。墓穴须事先按堪舆家定的方向挖好,忌重挖。在灵柩放进墓穴的时候必须放炮,据说是为死者去阴间饯行。最后一边盖上垒坟,一边烧引魂幡及灵屋等冥具。然后由帮忙人及抬丧者堆坟。

6.买山纳地

李渡人的丧葬礼仪中,有一项名为"买山纳地"的仪式。一般是下葬的当天下午,孝子在道士带领下来到墓地,先是烧钱化纸,然后抓起一把泥土向着东南西北四方抛撒。泥土撒到哪里,就在哪个地方插一块竹片做标记。等到四方标记做完,便由道士宣读"契约",宣告这一片土地已经归新故亡人某某所有。

这一丧葬礼仪明显带着"湖广填川"的移民烙印。

史载:清初,从康熙到乾隆100余年间,由湖广迁入四川的移民达630多万人,仅川东地区就接纳了近100万移民。政府对他们的奖励政策是"插占为业""永不加赋"。就是在居住地周围插竹片做标记,你有多大的能耐就把标记插多远。于是,这一片土地就归你耕种并拥有。这一风俗沿袭下来,就成了丧葬仪式中的"买山纳地"。

第三节　岁时节令习俗

在人们的社会生活中,节日具有重要的作用。第一,纪念历史,追忆历史人物;第二,调剂生活,让人们大饱口福和眼福;第三,教育作用,让人们意识到时间的重要性;第四,交际作用,无论男女老少,都可以随意参加各种节日活动,并在活动中增强了解,加深友谊。

一、春节习俗

1.抢年

在鸡叫头遍时,人们要放爆竹守年;鸣叫二遍时,人们放爆竹迎接新年的到来,名叫"抢年"。

2.抢金银水

正月初一凌晨,人们便起床到井边水神处"请早安",迎神烧纸放鞭炮,接着打水,称为"抢银水"。挑回家后,即将此水烧茶敬祖,敬土地神和四官财神等。再烧此水,人人洗脸,以示洗去一切不吉。最后将剩余的"银水"倒一些在水缸、坛子里,还洒一些在房屋四周和祖先神龛下,象征着"银水满宅流,吉祥处处有"。

同时,还要把外面的柴拿进房屋内,意思是每年都能进财。小孩则将井水舀来互相赠送,称为"送银水"。

3.贴春联

春节时一般要贴春联,除丧期用黄纸写黑字或用蓝纸写白字外,都用红纸,以图喜庆。

4.吃汤圆

人们无论贫富,都用糯米面做的汤圆过早(吃早点),称为"元宝",为进财之兆。吃以前,要先舀三碗(每碗留三个)献祖宗,午饭和晚饭不另煮另蒸,热除夕夜的剩饭,象征每年"吃不完"。有的地方还有人在汤圆里包铜钱或者硬币,看谁吃到的多,兆示谁当年运气好。

（春节前夕，挑选春联的老人）

5.上坟

早饭后，长辈带着小辈去给祖先上坟，燃放鞭炮，烧纸钱，燃香烛，清除坟墓周围的杂草。谁家放的火炮多，表示其后人有能力、有出息。如果某个坟墓前没有人放火炮或者烧纸钱，则表示其后人比较差。

6.拜年

初二开始走亲访友，依次拜尊长及至亲好友，恭贺新春，叫作"拜年"。新婚夫妇，要带着糍粑、猪腿和糖果等，到娘家给父母及亲戚拜年。拜年期间，主人要用醪糟、糍粑及好酒好菜招待客人。

7.春节的禁忌

春节这一天,民间忌扫院,忌洗衣,忌使针。早上不能煮饭,如果煮饭就会饭蚊子多;只吃汤圆,也吃一些绿豆粉之类的食品,不能吃荤,为的是讲究一年"素净",表示贞洁而免除灾难;不能吹火,否则风大会吹倒庄稼;不能扫地,否则风会吹倒房屋;嫁出去的姑娘忌在娘家过年;要尽说好话,不准说不吉利的话,如"鬼""死"之类,一般会有人用红纸写一张"元旦发笔,上上大吉,童言妇语,百无禁忌"或"姜太公在此,百无禁忌"之类的纸条,贴在显眼处;妇女不能梳头,否则以后煮饭会掉头发;防止打碎盘碗,万一失手,打碎碗盘,不要说话,悄悄将碎片捡起来,扔到井里或窖里;大人禁忌打骂孩子,否则小孩一年到头都会挨骂;鸡、鸭不能出窝,要喂以上等饲料;不能用蓑衣,否则毛虫多。

二、元宵节习俗

1.吃元宵

元宵节的民间风俗之一,是要食用"汤团",民间俗称之为"元宵"。元宵由糯米制成,或实心,或带馅。馅有豆沙、白糖、山楂、各类果料等,食用时煮、煎、蒸、炸皆可。起初,人们把这种食物叫"浮圆子",后来又叫"汤团"或"汤圆",这些名称与"团圆"字音相近,取团圆之意,象征全家人团团圆圆,和睦幸福,人们也以此怀念离别的亲人,寄托对未来生活的美好愿望。

2.送年

称十五为"大年",下午天黑要"送年",各家各户要放鞭炮,将踢的"键子"烧掉;晚饭要煮猪尾巴吃,表示年节已经过完。要祭祖宗,泼水饭,把三十夜的"拊子"烧掉,称为"上元化财"。然后"发路烛",每间房屋,甚至猪圈、牛栏都要点一支烛,在住宅周围的路上,隔一定距离点一支,一直点到很远的地方,这是为了送回家过年的祖宗出门。

3.放孔明灯

元宵节的重要内容是放孔明灯。入夜之后,家家户户放路灯,即送灯之意。正月玩灯,一般在初九,也叫"上九"出灯,十五收灯。民间接灯之俗,见灯来即放鞭炮迎接,观后给"封封"或"宵夜"以酬。有的地方出灯前要敬神,请先生开光;收灯时要"送灯",把所有灯具拿到土地庙前烧掉。

4.闹元宵

有锣鼓的家庭,晚上要敲锣打鼓,儿童们演习歌舞,叫"闹元宵"。

5.爆虼蚤

在院坝烧大火,砍来"爆虼蚤"树枝叶,放在火中烧炸,边烧边念:"爆虼蚤,爆虼蚤,爆给对门王二嫂……"相传这样可把跳蚤赶跑。

三、清明节习俗

清明扫墓时,人们要携带酒食果品、香烛纸钱等物品到墓地,将食物供祭在亲人墓前,再点燃香烛,将纸钱焚化,对死者进行祭祀。同时,为坟墓培上新土,折几枝嫩绿的新枝插在坟上,然后叩头行礼祭拜。挂上"坟标"(用白纸做成,染上红绿颜色)表示这座坟有子孙祭扫。

四、端午节习俗

1.吃粽子

农村以五月初五为小端阳,五月十五为大端阳,一般习惯过小端阳。按李渡民间风俗,在端午节这天,出嫁的女儿要回娘家,家家都要包粽子、食粽子、饮雄黄酒等。

2.佩香囊

端午节小孩佩香囊,有避邪驱瘟之意。香囊内有朱砂、雄黄、香药,外包以丝布,再以五色丝线弦扣成索,做成各种不同形状,结成串,形形色色,美观漂亮。女子佩戴用各色彩线编织而成的带子,称为"带百索"。男子则腰挂内贮香料和雄黄的荷包,称为"挂香包"。

3.悬艾叶、菖蒲

在端午节,家家洒扫庭除,以菖蒲、艾条插于门楣,悬于堂中。并用菖蒲、艾叶、榴花、蒜头、龙船花,制成人形或虎形,称为"艾人""艾虎";制成花环、佩饰,美丽芬芳,妇人争相佩戴,用以驱瘴。户户门上高插蒿蒲与艾草,室内贴挂绘有蜥蜴、蜘蛛、蛇、蜈蚣、蟾蜍等被称为"五毒"之昆虫图形的黄符;有的则上山采草熬水洗澡,据说可以防止生疮。

(端午节挂在门前的菖蒲、艾草)

4.赛龙舟

每年端午节,镇安与对岸的石沱都要举行赛龙舟活动。以前镇安有5个龙舟队,分属生沱、高坪、临江、白果和鱼窗,而对岸的石沱有4个龙舟队,分属青岩子、白沙坝、石沱和卷蓬溪。龙舟赛由袍哥大爷组织,声势浩大,围观者众。李渡端午节举行的龙舟赛,除纪念屈原之外,更是为了借这种体育竞技活动,开展群众体育运动。赛龙舟可以比赛速度、力量、团队协作精神,能锻炼人的意志力。

五、中元节习俗

中元节(农历七月十五)又称"七月半",为祭祖节,家家户户祭祀土王和自己的祖先。

1.放河灯

夜晚,人们纷纷来到水边,将一盏盏用竹篾编织而成的内中燃烛、各式各样的灯笼船,缓缓放入水中,任其顺水飘荡,流向远方。相传,它可以为屈死之冤魂照明引路,使其早日得以超度。

2.赏孤

以纸钱封包,写上已故亲长的名字,焚于户外,扬声呼名哀悼,以示敬送银钱,并以香、烛遍插小径,谓之路烛;对无嗣的"孤魂野鬼"泼水饭,表示"赏孤"。

六、中秋节习俗

1.打糍粑、吃月饼

中秋节,李渡家家要打热糍粑,家人团聚,出嫁的女儿也要回家吃糍粑、月饼等。圆圆的糍粑,象征着一家人的团聚。晚上全家人饮酒赏月,庆丰收。

此外,还有八月十五看"开天门"的习俗。相传古历八月十五日"开天门"。晚上,男女老少聚集院坝看"开天门",很多小孩看着天上的星星,憧憬着美好的未来。

2.摸瓜送子

中秋之夜,李渡人多去野外偷瓜,然后送到没有子女的人家。主人接到送来的瓜后,要设宴款待送瓜人。被偷瓜的人知道以后,也不会计较。

七、重阳节习俗

1.吃重阳糕

重阳糕又称"花糕""菊糕""五色糕"等,讲究的重阳糕要做成九层,像宝塔,上面还做两只小羊,以符合重阳(羊)之义。一般人家则磨面做粑,代替精致的糕点。

2.赏菊饮酒

重阳节正是一年的金秋时节,菊花盛开,人们借此机会赏菊并饮菊花酒。李渡人在这天多外出登山,喝醪糟酒以示庆贺。

八、冬至会习俗

"冬至会"多由宗族集体举办,费用出自祠堂公田一年的收入,会期1—3天不等。

头人一般提前通知,杀猪宰羊,做好相应的安排,到冬至日这天,本族族人都衣着整洁,聚集到祠堂。祠堂为族众备有茶水,谓之"开茶"。时间差不多时,头人或几位族首率领族人,点燃香烛纸钱,摆上刀头酒礼,鸣放鞭炮,开始朝敬祖宗。祭祀结束后"摆席"款待族人。席后,由族长或管家向族众公布公家账目。然后,进行公举,推选下一年或者不定届期的管家。

九、过小年习俗

农历腊月二十三,民间称为"过小年"。

1.扫扬尘

从这天开始,人们就要为过年而忙碌了。要彻底清扫室内外,即使平时很少光顾的犄角旮旯,这一天也要特别认真地打扫干净。做清洁卫生,彻底打扫室内,俗称扫家,清理箱、柜上面的尘土,除去房间内的蛛网,扫除院坝里的垃圾,粉刷墙壁、糊花窗等等。因"尘"与"陈"谐音,于是,扫扬尘含有"除陈(旧)布新"的意思,表现了人们寄希望于来年的愿望。

2.理发

腊月二十三以后,大人、小孩都要洗浴、理发。民间有"有钱没钱,剃头过年"的说法。

3.贴福字

"腊月二十四,家家写大字"。民间要写大大的"福"字,倒贴于门上,意思是"福到"。

十、除夕习俗

1.吃年饭

吃年饭又名"团年饭""团圆饭"或者"年庚饭"等。除夕是家人团聚的日子，即使出门在外也要赶回来，不能在别人家过年，也不请客或者串门儿。"年饭"做好后，要先祭祀祖先。祭祀时，焚香燃烛，烧钱化纸，三跪九叩，怀念祖先功德，祈求祖先护佑。饭后，给家禽家畜、果树喂米饭，给碓、磨、锄等贴"压岁钱"，以求五谷丰登、六畜兴旺、瓜果丰硕、财源兴隆。

2.守岁

大年夜是一年的最后一天，也是春、夏、秋、冬四季中的最后一个节日，民间俗称"年三十"，这天晚上称为"除夕"。

年三十晚上，李渡人家要烧旺火守岁。谁家火塘里烧的疙蔸大，来年喂养的猪就大。一家人围坐在火塘周围，漫话家常。老年人珍惜时间，不愿意在睡梦中度过最后时刻。青年人情绪活跃，更不睡觉了。小孩等着长辈给他们发"压岁钱"，没有睡意。家庭主妇则要把每个人的新衣服拿出来，进行最后一次检查，然后交给各人保管，次日换穿。

第六章　民间文艺

民间文艺包括民间文学和民间艺术两部分。

民间文学指的是与文人文学相对的由普通民众口头创作，主要以口耳相授的方式传播，反映人们生产、生活和思想感情的一种文学种类。民间文学通常有民间故事、神话、传说、歌谣、谚语和歇后语、民间语言游戏（谜语、酒令、绕口令等）、对联等文学样式。

民间艺术是普通百姓为满足自己的生活和审美需求而创造的艺术的总称，包括民间音乐、民间舞蹈、民间戏曲、民间游戏等多种艺术形式。

涪陵李渡历史悠久，人口稠密，产业经济繁荣，人文底蕴深厚，民间文艺的绚丽奇葩在这片土地上葳蕤生长，竞相绽放。

第一节　民间歌谣

歌谣是民歌、民谣、儿歌、童谣的统称,指民间文学中可以歌唱和吟咏的韵语。古代以"合乐为歌,徒歌为谣",即可以唱的是民歌,不能歌唱只可吟咏的叫民谣。台湾学者朱介凡在专著《中国歌谣论》中说:"凡根基于风土民情,在山野、家庭、街市上,公众所唱说的语句,辞多比兴,意趣深远声韵激越,形式定律或有或无,而雅俗共赏,流传纵横,这就是歌谣。"

歌谣种类繁多,主要有引歌(歌头、开堂歌)、古歌(即神话史诗)、劳动歌(包括劳动号子、打闹歌、插秧歌、薅草锣鼓、撵山歌、打鱼歌等)、时政歌、仪式歌、情歌、生活歌、儿歌(包括摇篮歌、游戏歌)等。

李渡区域的民间歌谣主要流传方式是口承。一方面,它保持了与土地、山川、河流,与长江流域的一草一木、一砖一瓦,与本地区人民的婚丧嫁娶、生朝满日、垦殖种田、捕鱼行船等日常生产生活的联系;另一方面,由于近来传播者的不确定性和社会结构、百姓生产生活方式的急剧变化,这些流传了千百年,与生生不息的山水草木、牛马鱼虾一样繁茂的民间歌谣,日益受到冲击和影响。对这些美好传神的歌谣进行挖掘和整理,已经刻不容缓、迫在眉睫。

一、情歌

情歌是反映人们爱情心理、爱情追求和爱情生活的歌谣。总体上说,情歌应该是歌谣中数量最多、艺术水准最高的一种。在民歌传承并保留很好的地区,情歌往往遵循男女爱情发生发展的演变过程,分为初识、探情、赞美、爱慕、热恋、离别、相思、定情、怨情等具体样式。

但是,无论走遍李渡区域各码头、渡口、乡镇村寨,还是遍查各种地方文献资料,均无本区域情歌完整面貌的踪迹。只是从一些零星的作品中,可以窥见本地区普通男女曾经的情意绵绵、爱恋婚嫁。这里撮录数首,以见当日状貌。

(一)

两根树儿排对排,

一对白鹤飞过来。

若得情妹同飞起,

白头到老永和谐。

(二)

桐子开花坨打坨,

幺妹的事情要媒说。

明天我去把媒请,

请得媒人来撮合。

这两首歌由邓祥碧于1986年搜集,流传于涪陵长江沿岸区域。从歌词中我们不难发现,在这些地区,恋爱是相对纯朴自由的,但婚姻却受父母之命、媒妁之言的制约,与乌江流域地区,尤其是土家族苗族聚居区"自为媒来自许婚",以歌传情,以歌定亲有着很大区别。

另外一首作品也证明,本地区青年男女一方面重视自己的感受,大胆热烈;另一方面重视社会、家族的认可。

这山没得那山高,

那山高上有小姣。

心想小姣成亲眷,

看你小姣愿不愿。

远看小姣白如云,

一把拉到青冈林。

姣请亲来我请邻,

这门亲事说得成。

除了完整的独唱歌谣,在本地区爱情歌谣中,还有问答调,青年男女以此相互交流思想和情感,例如:

> (男)豇豆上栈叶叶稀,
>
> 多多拜上我贤妻。
>
> 没得银钱接不起你,
>
> 你在娘家耐烦些。
>
> (女)豇豆上栈叶叶长,
>
> 多多拜上我情郎。
>
> 有钱无钱都来接我,
>
> 免得我再守空房。

这里不但有双方对爱情的渴望,也有门当户对的封建婚姻观念对男方的无意识影响。

当然,民间歌谣中的爱情婚姻毕竟反映了人们最质朴、最真挚的情感渴望与生活向往,所以往往包含反抗权贵的精神追求和藐视财富的价值取向,例如:

> 眼看情妹那头来,
>
> 杨柳树下喜心怀;
>
> 求求柳条帮帮我,
>
> 系住情妹莫放开。
>
> 乌云满天雨要来,
>
> 情妹还在捡干柴;
>
> 不是情妹不怕雨,
>
> 只是情郎还未来。
>
> 门对门来坡对坡,
>
> 情妹在屋想情哥;
>
> 情哥日后路过此,
>
> 请进屋里坐一坐。

情哥担柴上山坡，
嗨咗嗨咗快如梭；
情妹诚心帮一把，
又怕爹妈打断脚。

情哥打柴在山坡，
情妹屋头蒸馍馍；
想问哥哥饿不饿，
怎奈周围人又多。

情妹洗衣坐河边，
帮哥放牛到山间；
想喊情哥说句话，
又怕声音翻过山。

太阳落山哥要回，
家有绸缎不想归；
龙床凤枕妹不想，
宁愿跟哥歇草堆。

不贪金银和财宝，
家财万贯也不要；
痴情妹妹眼不高，
只想伴哥吃糠草。

春去夏来又到秋，
当年爱上当年丢；
翌年白纸落黑字，
看你情妹羞不羞。

想吃葡萄不怕酸，
想娶情妹不怕官；
铁镣当作丝带耍，
衙门只当是花园。

在艺术表达上,本地区情歌和我国大多数地区民间歌谣,多用比兴手法,节奏明快,韵律和谐,语言生活化、口语化,朗朗上口,易于传唱。

例如曾一度在李渡周边流传甚广的几首情歌:

（一）

柏木水桶杉木梁,

扁担挑水搭钩长;

家中还有半缸水,

假装担水来望郎。

（二）

天上毛毛雨在飘,

地下稀泥烂糟糟;

心想与妹拉拉手,

假装失足跌一跤。

（三）

天上星星跟月亮,

地下金鸡配凤凰;

情妹爱跟情哥走,

一心只爱种田郎。

随着当代社会生活日益物质化、市场化,随着广播电视、网络、手机等现代传播工具的普及,特别是本地区城镇化进程加快,民间歌谣传人不断离世,情歌在本地区几乎绝迹。

二、时政歌

时政歌是人民大众对时事政治、社会现象(尤其是负面现象)有感而发的歌谣。一般而言,时政歌分为讽刺型和褒扬型两大类。

本地区旧时时政歌往往充分表现人们的爱憎分明,歌谣内容往往是反抗暴政、表达不满和悲愤之情。民国时期,本地区流传最广的是讽刺国民党专制政府强抓壮丁的兵役政策的歌谣。

新中国成立以来,不少时政歌表达出对新生活的热爱和对新政策的理解与支持。如流行于20世纪80年代改革开放之初,表达振兴中华之志的歌谣:

> 千枝竹笋根连根,
> 万棵葡萄藤连藤;
> 十亿人民手挽手,
> 振兴中华心连心。

流行于20世纪70年代末80年代初,表达对新的生育文化的理解和认同,具有较强的现实性的歌谣:

> 一九七七年,
> 广播在宣传:
> 男的要扎输精管,
> 女的要安避孕环。
>
> 叫声我的哥,
> 细听我来说:
> 养儿不用多,
> 一个顶十个。
>
> 新打锄头两面角,
> 公公拣起去挖药;
> 公公挖药做啥子,
> 媳妇要的避孕药。
>
> 人民政府好,
> 一个少不了,
> 两个要限制,

三个该拉倒。

你也忙来我也忙，
两个忙人谈家常。
一个又说养儿好，
一个又说养女强。

儿也好来女也好，
是儿是女都一样。
儿子长大写文章，
女儿长大进工厂。

三、劳动号子和劳动歌谣

（一）劳动号子

李渡的传统行业如石矿开采、木船运输、货物搬运等，工作条件艰苦，因此，劳动号子应运而生。本地区劳动号子的种类主要有船工号子、石工号子、作坊号子、抬工号子和打夯号子等。

劳动号子的作用为协调劳动者的动作节奏。所以，往往采取一人唱、众人和的形式，大多没有完整的内容和情节。

1.榨菜踩池号子

涪陵榨菜产业历史悠久，李渡及周边地区也不例外。在生产榨菜过程中，产生了不少优美的文学样式，榨菜踩池号子就是其中之一。榨菜踩池号子是涪陵榨菜制作过程的重要环节——"踩池"工序中，菜工踩池时歌唱的一种劳动号子。其演唱方式为：踏着踩池节奏，一人领唱、众人帮腔呼应。曲调结构简单，唱词由领唱者即兴创作，与古代巴人踏歌类似。领唱部分曲调高亢有力，节奏自由舒展；合唱部分节奏或轻快，或急促，音调雄浑。

（领）清早哟起来喂，

（合）嘿呀哪个咗呢……

（领）把门啰开哟喂，

（合）喂儿啦啦嘿呀咗呢……

依此反复唱和。一边唱，一边用力踩着节奏（即踩菜）。号子高亢、活泼，场面热烈、愉快，使单调而繁重的踩池劳动变得活跃而有趣，同时提高了劳动生产效率。

（领）太阳（个）出来（哟哟嚯喔），

（合）哟嚯嚯哟嚯嚯……

（领）红（呃）又红（呵哟嚯嚯），

（合）红（呃）又红（呵哟嚯嚯）。

（领）（哇呀）一齐（哟的个）帮腔（啰喂），

（合）哟哟哟嚯嚯哪嘿……

（领）要帮（那的）好（哟喂），

（合）哪里还消说（哟喂）。

……

当前的榨菜生产已经机械化、程序化，机械流水线代替了人工制作各环节，踩池号子也几近失传。可以考虑以榨菜文化博物馆的方式再现昔日榨菜生产的"原汁原味"，进一步增强榨菜的人文气息。

2.揽载号子

揽载号子是川江号子的一种，明清时期直至民国时期，流行于蔺市、石沱、镇安、李渡一带。明清至民国时期，长寿至李渡、涪陵一段川江商业发达，航运兴盛，揽载号子这种独特的川江号子应运而生。

"扳桡号子"和"拉纤号子"是揽载号子的主要形式，是水手、纤夫为了统一节奏、协调动作、激发劳动能量的劳动号子，以"吆嗬嘿咗"一类语气词为主。集体发声，甚是壮观。随着机动轮船代替帆船舢板，揽载号子已经消失。它的盛况随逝去的岁月，只存在于老人的记忆中。

3.打夯号子

打夯号子主要在填土夯实基础过程中吆喝,以便使打夯节奏统一、动作协调一致。打夯号子一般为多人参与,通常由一人领唱,余下者合唱应和。20世纪筑路修水库时打夯号子响彻各个工地,十分热闹壮观。随着大型工程机械化、自动化施工,打夯号子也已淡出人们生活成为过往。

(二)劳动歌谣

劳动歌谣是劳动过程中,劳动者抒发心声、表达情感的歌谣。一些劳动歌谣,还具有协调动作、统一步调、提高劳动效率等作用。因此,劳动歌谣既可一人独唱,也可多人合唱,还可以一人领唱多人应和。劳动歌谣与劳动号子有所不同,劳动歌谣大多具备完整的内容和情节。

如在薅秧过程中形成的薅秧歌。薅秧,是指在水稻种植季节,农民除草拔秧、给秧苗松土的田间劳作。薅秧的动作简单机械,或用脚踩,或用手拔。在集体劳作时,人们一边薅秧,一边拉家常,说闲话,甚至打情骂俏,这种调节繁重、枯燥劳动气氛的自娱自乐,逐渐演变成在川渝水稻生产地区十分盛行的"薅秧歌"。

薅秧歌一般由两句、四句的七言或五言歌词组成一首完整的曲调。歌唱过程中由一人领唱,多人合唱,或者两人对唱。内容以反映田间劳作情形或男女之间的感情为主。大多数薅秧歌第一句与薅秧场景有关,如"大田薅秧行对行""薅了上丘薅下丘"等,其余几句由第一句引发。

薅秧歌声腔高亢豪放,调式灵活多变,旋律婉转悠扬,节奏自由舒畅,把劳动人民粗犷旷达的性格和艰苦奋斗的精神表现得淋漓尽致。

这里以20世纪流行于水磨滩一带的薅秧歌为例,让读者感受下当时田间劳作的盛况和薅秧歌的韵味。

(领)太阳(哟嚯)出来(啥)照(哟)山岗(哟喂)

(合)哟嚯嘿哟嚯嘿

(领)大田(啰)薅秧(啥)行对(吔)行(哟)

(合)嘿哟嚯嘿哟哟,哟嚯嚯嘿哟,嘿哟嚯嘿哟哟嚯嚯嘿

(领)唱起薅秧歌(吔),浑身有力量(嚯)

　　劳动能致富(呀),心里喜洋洋

(合)哝哟呀嚯哝,哝哟呀嚯哝

(领)杂稗(哟嚯)野草(啥)要(哟)除光(哟喂)

(合)哟嚯嘿哟嚯嘿

(领)攀夺(啰)丰收(啥)万石(吧)粮(哟)

(合)嘿哟嚯嘿哟哟,哟嚯嚯嘿哟,嘿哟嚯嘿哟嚯嚯嘿

(领)稗子坏东西(吧)　就像"四人帮"(嚯)

　　把它脚下踏(呀)　彻底来埋葬

(合)哝哟呀嚯哝,哝哟呀嚯哝

四、儿歌

　　儿歌包括儿童吟唱的歌谣和成年人哼唱给儿童听的摇篮曲等。其中,儿童吟唱的儿歌包括数数歌、游戏歌、连锁调、盘歌等。儿歌内容浅显、篇幅短小、语言俏皮活泼。

（一）

茅草根,折耳根,

外婆请我吃花生。

胡豆角,豌豆角,

重庆下来个拐拐脚。

（二）

推磨,摇磨,

赶场卖货,

买个饼子,

吃了不饿。

（三）

摇啊摇,

摇到外婆桥。

外婆请我吃花生，

我是外婆乖外孙。

（四）

红萝卜(儿)，抿抿甜，

看到看到要过年。

过年最好耍，

又得钱来又吃肉(儿)。

（五）

大脚板，铲田坎；

田坎漏，点胡豆；

胡豆老，接幺嫂；

幺嫂不吃糯米饭，

秧田去摸水鸭蛋。

（六）

问：我的乖，唱首盘歌你来猜：

什么出来高又高？

什么出来半中腰？

什么出来连盖打？

什么出来棒棒敲？

解：我的乖，这首盘歌我来猜。

高粱出来高又高，

苞谷出来半中腰，

豆子出来连盖打，

芝麻出来棒棒敲。

第二节　民间故事

民间故事是民众在特定民俗语境中以口头表演形式讲述并代代相承的叙事作品。

民间故事通常有广义和狭义之分。广义的民间故事包括神话、传说、故事三种形式；狭义的民间故事指的是神话、传说以外的民间口头叙事作品。无论广义还是狭义的民间故事，都必然有想象性的因素，可以说，没有想象就没有民间故事。

李渡的民间故事丰富多彩，主要包括地方风物故事、民间幻想故事、民间笑话等。

一、地方风物故事

这种故事类似于传说，往往讲述与历史或现实中存在的具体事物密切相关的传奇故事。这些具体事物包括历史名人、历史事件、山川风物、地方特产等。李渡的地方风物故事主要包括"李渡的来历""榨菜的来历""胭脂萝卜的来历""韩公婆豆花""肖公庙""秦台的传说""大峨寨的传说""兰桂园的传说""花桥的传说""金银的传说""蚂蟥石的传说""水磨滩圈门石的传说""大水凼的传说""镇安青烟洞的传说"等。

譬如关于李渡地名的由来。一个传说是说诗仙李白经过涪陵时于此处渡过长江，故名；另一个传说是说李渡地名是为纪念修建渡口的李姓善人。总之，地名与特定人事有关，这是不争的事实。

二、民间幻想故事

民间幻想故事是以超自然的事物与事件构成故事主干、以娱乐而非宗教为讲述旨趣的民间口头叙事。民间幻想故事往往涉及神奇的恋爱婚姻、神奇的历险经历、神奇的法术等。

李渡区域流传的民间幻想故事并不多，其中较有影响的是“蓝采和治官”。此故事长期流传于致韩、马鞍一带。故事讲了八仙之一蓝采和云游涪州时，无意中了解到因为给县官治病而被枉杀的无辜郎中的悲惨命运后，用善意和智慧为民做主，羞辱了县官的事情。故事情节神奇，其主题与民间“善有善报，恶有恶报”的信条相吻合。

三、民间笑话

民间笑话是一种将嘲讽与训诫蕴含于谈笑娱乐之中的短小故事。它通过巧妙的情节构思与机智的语言调侃，一针见血地揭示生活中的各种问题与矛盾，讽刺社会不良现象，批判人性中的弱点，让人们在愉快的笑声中超越自我，实现人格的净化与升华。李渡人把讲笑话叫作“算坛子”“摆笑谈”。

李渡长江流域地区，流传甚广的一个故事是张献忠犯四川。据传，张献忠在四川各地之所以滥杀无辜，是因为他误用本地特有的一种阔叶植物“藿麻”擦屁股从而导致过敏，进而失去理智草木皆兵，见人就杀。

另外，致韩、李渡一带还流传着“王歘歘审案”的故事，讽刺糊涂官判糊涂案的官场怪现象。

在本地的笑话故事中，还有一类关于撒谎者自取其辱、自讨苦吃的“扯谎哥”故事。该故事警醒人们不能随意撒谎捉弄人。

第三节　谚语　歇后语

一、谚语

谚语是民间俗语的一种，是口头流传于民间、言简意赅的俗语，大多反映民众的生活实践经验，以通俗易懂的短句或韵语为主。李渡的谚语主要包括：气象谚语、农事谚语、生活谚语等。

1.气象谚语

李渡的气象谚语是当地老百姓根据一代代传下的农业耕作经验,用形象生动、通俗明了的语言,以顺口溜形式传播的气象知识。

从内容上看,包括天象、天气表征,地气、动植物变化所预示的天气或气候走向,具有较为可靠的科学价值和民俗研究价值。它蕴含了李渡人民在生存条件艰苦和科技水平落后的时代,接近自然世界、认识自然规律,从而利用自然现象指导自己生产生活的智慧和乐观态度。

一九二九,怀中插手;

三九四九,冻死老狗;

五九六九,沿河看柳;

七九六十三,路上行人把衣单;

八九七十二,猫狗寻荫地;

九九八十一,庄稼老汉田中立。

毛星毛月,干断田阙。

有雨四角亮,无雨顶上光。

先打雷,后落雨,挡不住一场大露水。

久晴响雷必大雨,久雨响雷天快晴。

雷公先唱歌,有雨也不多。

雨前先起风,必定一场空。

阳雀叫唤六月节,高田大垮不作阙。

一日黄沙三日雨,三日黄沙九日晴。

天上乌云撑乌云,路上行人跑不赢。

天上钩钩云,地上雨淋淋。

云乱翻,淋断山;

云交云,雨淋淋。

早上浮云走,晌午晒死狗;

早晨地上雾,尽管洗衣裤。

> 一场春风一场暖,一场秋风一场寒。
>
> 八月冷,九月温,十月还有小阳春。
>
> 小满不满,干断田坎。
>
> 立夏不下,犁耙高挂。
>
> 清明要晴,谷雨要淋。

2.农事谚语

李渡及周边地区是典型的传统农耕地域。千百年来,由于农业科技相对落后,农民种地全凭一代一代传承下来的经验。传承农耕文明的重要方式,就是农事谚语。因此,研究农事谚语,有助于了解本地区人民农业生产的习俗、方式,并透过这些经验性的总结,研究本地人民的社会心理和生产经验。

> 苞谷薅得嫩,当淋一道粪。
>
> 芒种忙忙栽,夏至谷怀胎。
>
> 秋前十天无谷打,秋后十天满田黄。
>
> 宁让碾子出浆,不让田里生秧。
>
> 七月犁田一碗油,八月犁田半碗油,九月犁田光骨头。
>
> 寒露霜降,胡豆麦子在坡上。
>
> 二月人哄地,八月地哄人。

3.生活谚语

生活谚语是民众在社会生活中逐渐积累、代代相传的生活经验、人生智慧的总结,饱含生活哲理,深入浅出,能启迪人生。

> 大懒支小懒,一支一个翻白眼。
>
> 男也勤,女也勤,穿衣吃饭不求人。
>
> 不怕笨,就怕困。
>
> 人穷怪屋基,瓦赖椽子稀。
>
> 置物不穷,卖物不富。
>
> 好狗不咬鸡,好汉不打妻。
>
> 好吃男人要拉账,好吃婆娘要上当。

冬吃萝卜夏吃姜,医生郎中不下乡。

萝卜上了街,药店不用开。

上床萝卜下床姜。

有钱难买老来瘦。

二、歇后语

歇后语是中国民间俗语的独特类别,是一种类似于谜语的民间语言游戏。歇后语形式上是半截话,一般由两个部分组成:前半截是形象的比喻,像谜面;后半截是解释、说明,像谜底。

歇后语的表达方式有两种:一是在特定语境里,只说出前半部分,"歇"(隐)去后半部分;另一种是说出前半截(谜面),停顿(歇)良久后说出后半截(谜底),以俏皮地展示智慧。李渡及其周边地区把歇后语叫作"言子",把说歇后语表达语义的行为叫作"展言子"。

以下列举部分流行于李渡地区的歇后语。

半天云挂口袋——装风(疯)

李渡的叫花儿——一齐吼

鸭子坝的女(儿)——灯(儿)多

朱砂坪的女(儿)——汪氏(旺实)

高树清死老人——麻烦得很(李渡镇安人高树清常说口头禅"麻烦得很",其老父亲去世时他无意间说出这句口头禅,被乡人作为笑柄流传至今。)

黎椿茂的队伍——黑的(大柏树人黎椿茂,民国时期开煤窑,矿上工人因沾染煤灰而显得面部很黑。)

沙地萝卜——一带就来

张八爷的细娃——认人

夏二爷吆骡子——各照其事

蚊虫咬菩萨——认错了人

外侄打灯笼——照舅(旧)

顶起碓窝跳加冠——费力不讨好

坛子里捉乌龟——手到擒来

口袋里头装茄子——叽叽咕咕

猫抓糍粑——脱不了爪爪

耗子爬秤钩——自称

十五个驼背睡一床——七拱八翘

老鼠子进风箱——两头受气

矮子过河——淹（安）了心

歪嘴婆娘照镜子——当面丢丑

第四节　民间艺术

一、民间音乐

民间音乐，又称"民俗音乐"，是经过口传过程发展起来的大众音乐。也就是说该音乐的散布过程，纯粹是由演奏者或音乐接收者记录教习，并亲自相传。

李渡民间音乐从类型上大致分为民间歌曲和民间乐器。因民间歌曲在前面歌谣部分已介绍，此处主要介绍民间乐器。

民间乐器在李渡居民的民俗生活中有着重要地位。不管是婚丧嫁娶，还是新宅落定或者在酒楼茶肆里，都会有专门的表演者，演奏这些具有地方特色的民间乐器。在李渡地区流行的民间乐器，比较典型的有唢呐、竹琴和围鼓。

1.唢呐

唢呐又名"吹班"，俗称"吹手"。民国时期，民间嫁、娶、婚、丧、春酒、祝寿，均可听到应时应景不同的曲调。

迎亲时，吹的是《得胜回营》；在宾朋满座的婚宴上，吹起悠扬婉转的《木兰花》；丧葬时，又吹奏《苦伶仃》《西风赞》；春节时，唢呐声渲染着节日的气氛；迎送宾客时，唢呐声又代表着传统的礼仪。

新中国成立后，唢呐曾一度被视为"封建乐器"，少有人吹奏。1979年后，农村逐渐恢复了唢呐民乐，而所奏曲调，配上现代流行歌曲，更为悦耳。

2.竹琴

竹琴的琴体用两端带有竹节的大龙竹制作，筒长50—60厘米、外径8—10厘米，在两个竹节之间开有一个圆形出音孔。音孔两旁分别剜起两条竹皮篾丝为弦，每条竹丝弦长35厘米、宽0.15厘米，弦两端下面各支一个竹制琴马，使竹丝弦离开筒身并具有一定的张力，移动弦下的琴马，可调节竹弦的音高。在两条竹弦和筒身之间，还夹有一个棱形篾片以调音。每支竹琴可发出四个乐音。

演奏者多采用坐姿，左手持握竹琴一端或将其平置于桌面上、地面上，右手执小竹棒敲击竹皮弦，发出叮咚声，音量较小，音色较柔和。李渡著名的竹琴演奏者有尹海胜、潘泮池等。

3.打围鼓

川剧坐唱，又称"打围鼓"。由唱生、旦、净、末、丑的人围坐桌旁，在锣鼓和胡琴伴奏下清唱川剧。演唱者既不化妆，也无动作，且多为自奏自唱。民国年间，李渡茶社多有此举。

打围鼓一般在夜间进行，以川剧折子戏为主。一些富户和镇上头面人物遇到婚丧嫁娶，也常邀其去家坐唱，因而这项活动比较流行。徐泽第从"打围鼓"开始表演，新中国成立后在涪陵川剧团做鼓师。妙音四组农民吴新民，新中国成立前曾在茶馆当茶房，拉得一手好胡琴，新中国成立后，涪陵京剧团、川剧团来镇演出时，也常请他去伴奏。

新中国成立后，这项活动曾一度中断。1983年12月，李渡22名川剧爱好者，请涪陵川剧团的一位退休鼓师做指导，组织成立了"李渡镇业余川剧坐唱队"，并集资兴办"文艺茶园"，定期和不定期表演川剧节目，使川剧坐唱这项传统民间文艺活动得到了恢复和发展。现在，由于影视等艺术的冲击，已很少有人表演了。

4.耍锣鼓

耍锣鼓是涪陵地区独有的民间打击乐,按乐器设置和套路不同有"八牌"和"套牌"之分。八牌锣鼓主要流行于涪陵区龙潭镇一带,李渡及其周边地区流行的是套牌锣鼓。

套牌锣鼓的乐器主要有大锣、川鼓、马锣、钹或小鼓,演奏时热烈、高亢、欢快。曲调音响激烈,演奏起来散、慢、缓,却变化多端。套牌锣鼓演奏以川鼓为主体,按鼓师手势把许多曲牌连接起来,循环往复,如圈带套,故名"套牌"。其曲牌有《挂带》《山坡羊》等。在李渡,有"耍锣鼓过不得界"之说,即使同一曲牌,在演奏风格上,一个地方与另一个地方也大不相同。

20世纪80年代后,套牌锣鼓主要用于送葬、玩龙、玩狮子等活动。

二、民间舞蹈

民间舞蹈起源于人类劳动生活,它是由人民群众自创自演,表现一个民族或地区的文化传统、生活习俗及人们精神风貌的群众性舞蹈活动。民间舞蹈多为载歌载舞的集体舞,舞蹈动作千姿百态,具有民族特色和地方特色。

李渡民间舞蹈形式多样,曾经盛极一时,包括:龙灯、车灯、花船、蚌舞、狮舞以及亭子等。

1.龙灯

民国时期,每年春节,李渡各地都要玩龙灯。此项活动,从正月初九开始(叫"开灯"),十五结束(叫"罢灯")。整个龙灯,由一条竹编、纸糊用黄色绸缎连接而成的彩龙,一个穿在木柄、铁叉上的红宝,一套锣鼓和两对牌灯(仪仗队,又叫执事)组成。彩龙从头至尾一共分为11节或13节,龙头、龙尾和中间各节均有柄。玩舞时,表演者各举一柄,在紧密的锣鼓声中,一声哨子响起,持红宝者即向着龙头跳跃挥舞做逗弄状,而龙头则张着大口追逐红宝,后面各节,协调动作,或腾空飞跃,或蜿蜒伏游,栩栩如生。加上鞭炮阵阵,哨声长鸣,大有雷霆霹雳,风雨欲来之势,仿佛一条蛟龙,隐现于一个特定的环境之中,给人以美的享受。

春节龙灯,除上述白天玩耍的看龙以外,还有在夜晚玩耍的"烧龙"。玩烧龙时,连接龙头和龙尾的绸缎由麻布取代。龙灯所到之处,街上各店铺及富家,均有鞭炮火花向着游龙燃放。一时游龙飞舞、火花缤纷、锣鼓震天、鞭炮齐鸣,街市上喜气洋洋、热闹非凡!

李渡街上玩烧龙,一般从河坝开始,经箱子街、高岩口、排楼湾、后溪至横街,观众人山人海,深夜始散。

1950年元旦欢庆新中国成立、1956年欢庆公私合营、1959年国庆十周年,都大耍龙灯。1984年和1985年春节,为了丰富人们文化生活,李渡镇又组织玩龙,虽然只有"看龙",但除在街上玩舞外,还到各大队巡回表演,所到之处,都有鞭炮迎送。今天的李渡,仍有此项活动。

2.车灯

俗称"逗幺妹"。新中国成立前,春节期间除了玩龙灯之外,还有车灯表演,一般从正月初二开始,初九结束。头一天在李渡河坝和主要街道表演,然后挨家挨户"拜年"。乡下一些富户,也要前去庆贺。

车灯的队伍较为庞大,由一女旦(即幺妹,多以男扮女装)和两男丑(正丑、副丑)表演。另有锣鼓和彩灯队。表演时,幺妹手持彩巾,在有领有合的歌声中妖妖娆娆地扭;正丑扮为艄公,手执蒲扇,做出各种滑稽动作逗幺妹;副丑则执着挂有葱叶、蒜苗、白菜、青菜等的竹竿在幺妹周围游窜、插科打诨。每表演完一段即以锣鼓间奏。每到一处则根据具体情况即兴变换,所唱内容全凭领唱者灵活掌握,伴唱的曲调,自有固定格式,难度不大。

李渡太乙村冉汉臣、冉汉均系孪生兄弟,是李渡领唱车灯的主要艺人。

3.花船

春节期间,花船是重要的表演形式之一。花船和蚌精,各由一男一女扮演,有时与车灯一道,以舞蹈为主。花船用竹编纸糊而成,中空无底,船头和船尾饰以彩色小灯泡。舞蹈时,一人扮作采莲女郎,肩挂彩带,手提花船,好似立于船舱;一人在船前,头戴草帽,手持彩桨,扮作桡夫;四周有手擎荷花灯或莲花灯的人若干。表演中,桡夫在有领有合的采莲歌声中领着花船在荷花灯、莲叶灯间或左或右,或进或退,往复穿梭,好似泛舟于碧波之上,采莲于荷叶丛中。

4.蚌舞

俗称"蚌壳精"。用竹条编一个可容一人的蚌形竹架,外蒙彩布,周边饰以五彩灯泡。舞蹈时,由一少女扮作"蚌壳精",一男子扮成鹭鸶,表演出"鹬蚌相争"的情景。

5.狮舞

李渡狮舞一般由3个人表演,两人舞狮,1人扮演大头和尚。"狮"身以五彩布制作,圆眼而红须。狮舞多与龙舞相伴演出。玩狮者首尾各1人,另有手执拂尘或绣球逗引于前的笑面和尚1人,"和尚"在前面逗,两人扮演的"狮子"也配合起舞,或翻身打滚,或回首低顾,舔毛擦脚,千姿百态,妙趣横生。新中国成立以后,狮舞、蚌舞、花灯几项活动由秧歌、连箫、腰鼓取代。1985年春节,李渡在组织玩龙灯的同时,又恢复了车灯和花船的表演。

6.亭子

清末至民国年间,每年迎春,李渡都有游亭子的活动。亭子分高桩和矮桩两种。高桩是用木料做成脚架,四角有桩,围以白布,称为"平台"。台中立一根铁杆,杆上有叉,可以让人坐或站。矮桩则由一张大桌子扎成,只有"平台",没有铁杆。不论高桩和矮桩,都由两人以上表演川剧折子戏中的一个场景。高桩亭子,一般只有两人,铁杆上绑着一个角色,平台上站着另一个角色。矮桩亭子,根据剧情的不同,或两三人,或四五人不等,剧中人物多由乞丐装扮,经过一定训练和按剧情化妆之后,造型优美,感情真挚,在静态中给人以想象。一架亭子,由8人抬着在街上游行,为减轻扮演者的痛苦和保证安全,在上下坡时,高桩亭子必须由两人手持托叉托着前进。

李渡游亭子,一般从桥上开始,不论先走正街还是后溪,都要经排楼湾上高梯子,下古坟堡,然后转长蛇街、高岩口,在全镇游一个圈至关庙,中午始散。

7.打莲箫

莲箫作为一种民间舞蹈兼曲艺形式,在李渡流传久远。据传,莲箫由乞丐的打狗棒演化而来。其形状为一根1米长竹棒,棒身有小孔,孔内数排竹钉,竹钉上套小铜钱。

表演者用莲箫有节奏地在自己的肩、腰、背、胸、脚以及地上不停地敲打,发出叮噹之声,并伴着叮噹的节奏和敲打的速度,演唱莲箫词。表演者须边唱、边打、边扭、边舞,故称"打莲箫"。

莲箫可单人表演,也可多人表演,常在节庆给人拜年祝寿,或配合龙灯进行街头表演。

三、民间戏曲

戏曲起源于古代祭祀的巫舞。有了民间祭祀活动,始有祭祀仪式中载歌载舞的内容;有了这些歌舞内容,始有分角色表演的演员;有了演员,始有专门的表演组织——坛班。

李渡的民间戏曲表演十分活跃。清代以后,主要戏剧种类有川剧、话剧、歌剧等,流行的曲艺品种有金钱板、荷叶、评书、竹琴、扬琴、清音、莲花落、快板、花鼓、相声、说善书等几十种形式。

1.川剧

李渡的川剧表演,多集中在李渡镇及其周边码头。川剧表演者,或者是涪陵城内川剧团的专业演员,或者是当地的川剧业余爱好者。

1949年前,大山乡鸭子坝每年正月初二至十五都有组织演出川戏的习惯。他们自己搭建戏台,请乐师、鼓师和演员排练演出。由于当时没有照明设备,就自制各式纸糊灯笼,选年轻姑娘在戏台四周举灯笼以照明。故而,当地流传歇后语:"鸭子坝的女——灯(儿)多"。

在李渡,川剧演出的主要形式是各码头和乡场茶馆里的"打围鼓"。打围鼓又称"打玩友",实则就是川剧坐唱。其演唱不需化装,不需道具和戏台,也不需动作表演。只在茶馆中一两张桌子旁围拢来,用川戏锣鼓和胡琴唢呐演奏,喜欢川剧的玩家、票友均可来打锣、打鼓、参加演唱。观众在字正腔圆的唱词中陶醉。最盛时,李渡各乡场都纷纷成立了围鼓玩友组织,赶场天在茶馆演出。遇上周围有红白喜事,则被请去赶堂子演唱,有时候,还与邻近的场镇码头交流演出。

2.话剧　歌剧

李渡的话剧、歌剧演出始于民国时期。抗日战争期间,一些中学生和进步青年纷纷排练和演出抗日剧,进一步推动了李渡话剧和歌剧的发展。

（禹王宫戏楼，是李渡人酬神还愿、文艺表演的场所）

1938年8月13日，大柏乡进步青年40余人组建"八一三剧社"，排演了《割麦起义打游击》《镜中人》《力役和地租》《流亡三部曲》《复仇》《看月》《梦游公园》《拜寿》等剧目。他们积极宣传抗日救国，极大地激发了广大群众的爱国热情。

1949年以后，话剧、歌剧在李渡的演出空前活跃。许多乡镇，甚至于一些村社都纷纷组织业余文艺宣传队，配合当时的政治形势，排练演出大型话剧和歌剧。譬如，1964年"社教"中，被誉为"文化之乡"的大山公社排演过《三世仇》《审椅子》《箭杆河边》《三丑会》《难忘血泪仇》《朋友之间》《新会计》《家庭》等话剧32部，演出280场。

尤其在"文革"期间，各乡镇、大队都组织起毛泽东思想宣传队，排练样板戏及其他话剧、歌剧，深入农村、工厂、机关、学校、部队演出。

3.曲艺

李渡曲艺演唱的历史悠久，东汉墓中出土的说书俑即可证明。近现代，流行于李渡的曲艺形式主要有扬琴、竹琴、评书、讲圣谕、说善书、口技、荷叶、金钱板、快板、顺口溜、莲花落、西洋镜、花鼓、故事、三句半、相声、魔术、谐剧、方言、对口词、清音等。

民国时期，李渡曲艺界尤以潘泮池、尹海胜名震一时。尹海胜自幼习弹竹琴，成年后技艺大进；潘泮池对口技、相声、魔术等技艺反复研习，尤以竹琴、扬琴为精。他们或在码头茶馆献艺,或深入大户人家弹唱演奏,或辗转于外地卖艺谋生,深受群众喜爱和欢迎。

1949年以后,尤其是20世纪六七十年代,相声、对口词、三句半、评书、故事、金钱板、方言、谐剧等成为各地业余文艺宣传队的重要节目形式,并由此培养了一大批创作者、表演者和观众。在这些创作表演者中,尤以大柏树人陈世佐的成就最高。自20世纪70年代开始,40多年来,陈世佐一直坚持金钱板表演和创作,由他创作、表演的节目多次在涪陵春节团拜会等大型文艺活动中出现,并多次在省市级文艺表演比赛中获奖。

四、民间游戏

民间游戏是具有鲜明民族风格和地方特色的传统性身体锻炼活动,是民间体育的重要组成部分。民间游戏以其内容丰富,形式多样,自娱自乐,多数项目不受时间、地点、器材的限制而深受群众喜爱和欢迎。

近现代,流行于李渡的民间游戏主要有跳绳、游泳、踢毽、武术、龙舟竞赛、举重、扭扁担、掰手腕、跳皮筋、放风筝、斗鸡、抢城、藏猫猫、抽陀螺、丢手帕、扇纸片、滚铁环、打棒儿毽,此外,还有丢沙包、捡子、跳房子、击鼓传花、打弹弓、打秋千、打板羽球、走六子冲等。

1.跳绳

跳绳是常见的青少年运动项目,特别受中学低年级和小学的女生喜爱。跳绳有单人自摇自跳、两人同摇一根绳跳、两人摇绳他人(或一人或两人或多人)跳等种;以跳法分则有单脚跳、单脚换跳、双脚并跳、双脚在空中前后左右分跳等类;以跳跃与绳子的摆动情况分有一摇一跳、两摇一跳、三摇一跳之别;以使用绳子的多少看,有跳单绳、跳双绳(一般是相向摇动)之分。

2.游泳

李渡地处长江沿岸,镇安、李渡的群众常自发地到长江游泳。除了长江,乡间池塘遍及各处,且有小溪河沟上、下桥段等天然游泳场所,故每年夏天,李渡人多去游泳消暑。

3.踢毽子

踢毽子有悠久的历史。毽子,主要由雄鸡毛做成。踢毽的种类繁多,且男女有别。就种类论,有过河毽、办套等类。过河毽又名呆子毽,有依次踢与对角踢之分;办套则是连续踢完单脚、吊脚、对脚、跟角、左脚、半边圆、搁脚、自搁、勾脚、跳脚、小笼、大笼、甩、摆等14种。男性多踢过河毽、抢抢毽;女性则以办套见长。

4.武术

从清代至民国时期,李渡精习武术的有陈可甲、曾鹏程、张畏三、黄楚湘等人。

陈可甲做过清朝宛平县知县,辞职后,居于镇安乡花园。每日练习武术,骑马射箭,后人称其跑马道为"马道子"。

张畏三,李渡南浦人。民国三十年(1941年)至民国三十二年(1943年)间,在李渡镇教练武术,从学者30多人,他武艺超群,常为人排忧解难,深受乡人尊重。

黄楚湘,李渡镇人,曾受业于曾鹏程门下,是精武学会会员。抗日战争时期,他提倡"习武抗日""习武救国",深受大批青年人欢迎。他擅长气功,在武术界享有一定的声望,他曾任涪陵中学的体育教师。

5.龙舟竞渡

农历五月初五是端午节。民国年间,每年此日,李渡都要举行龙舟竞赛,以表示对爱国诗人屈原的悼念。其时,在李渡参加竞赛的船码头有上沱、下沱、小溪口、瓦窑沱、陡让溪及长江南岸的袁家溪、中码头、南岸浦、沙溪沟等。有时,鹤凤滩也派船参加竞赛。赛龙舟约从13时开始,至红日偏西才结束。每次两船对赛,胜者奖以红绸、猪尿包(染色、灌气的猪小肚)或"红鸭子"(染色的鸭子)等奖品。是时,长江两岸,人山人海;沿江上下,鞭炮声、锣鼓声、号子声、欢呼声响成一片,热闹非常。

新中国成立后,端午的节俗一直沿袭至今,但赛龙舟的活动从20世纪50年代以来已渐少。1963年,李渡镇曾恢复组织龙舟竞赛,石马公社等6个单位派船参加。当天下午有两个来看热闹的小孩在河坝触电身亡。迄今,李渡尚未恢复此项活动。

6.举重

清代,举石锁为武考主要考试项目之一。涪陵解放后,以石锁、石担为器械的民间举重在工厂、农村、学校以至机关皆可见到。

7.扭扁担

扭扁担是两人以扁担为器械比赛力量的体育项目,在农村较普遍。

8.掰手腕

掰手腕是一种徒手比赛力量的体育项目,城乡都有此活动。

9.跳皮筋

又叫"跳橡筋""跳橡皮绳"。发端于20世纪60年代。参加者主要是中小学女生。有单人跳和集体跳两种。单人跳(两人拉绳一个人跳),有定点跳和分级(或分膝盖下、腰部、肩、头、手向上举直等五级,或分踝关节、膝盖、臀部、腰部等四级)跳之分。集体跳的形式从跳直线发展到跳三至五角、"十"字、"8"字、波浪、扇面形等。1982年,跳皮筋被列入"三跳"活动后,活动更为普及。

10.放风筝

清代已有放风筝活动。一般在清明节前后,城乡青少年即开始放风筝。乡间的风筝造型大多简易,城镇的风筝则较为讲究,有燕子、金鱼、青蛙、鸡毛尾等造型。

11.斗鸡

斗鸡是一种把自己的一只脚盘起来,单腿跳跃相斗的儿童游戏。可以是两两互斗,也可以是双方多人混斗。参加这一游戏的,一般为男孩子。游戏场所多为宽广的院坝、学校操场等地。

12.抢城

一项需多人共同玩耍的娱乐活动,游戏场地必须选择在宽阔的场院里。甲乙双方选相等的人数,各自占领场地一端为根据地,然后捉对儿追逐。以将对方人员全部抓获,或攻占对方根据地者为胜。

13.藏猫猫

一种在民间流传了数百年的儿童游戏,书面语叫作"捉迷藏"。孩子们各自躲藏,让一名充当"猫猫"的孩子前来寻找;最先被找到的那个孩子又充当"猫猫",去找其他孩子。如此循环往复。

14.抽陀螺

李渡的孩子们把抽陀螺叫作"缠地儿"。这里"缠"字读第三声,作动词,意思是用鞭子抽打。选择坚硬而细腻的柏木、香椿木、红豆木等做成陀螺,用坚韧的构树皮、桑树皮、苎麻或布条做成鞭子抽打。

15.丢手帕

孩子们手拉手围成圆圈,席地而坐。一个孩子持手帕绕着圆圈奔跑,悄悄将手帕丢在某个孩子的身后。如果他跑满一圈,回到手帕边,那个孩子还没有发现,没发现手帕的孩子则须表演一个节目,并接替丢手帕的孩子。原先丢手帕的孩子则去坐在他留下来的空位上。

16.扇纸片

扇纸片主要是男孩子们玩耍的游戏,所扇"纸片"通常是彩色的香烟盒。把香烟盒折叠成长约三寸、宽约一寸的纸片,根据香烟的贵贱确定先后顺序。每个孩子依次对着纸片扇风,当纸片被扇翻转时,这个纸片就归自己所有。

17.滚铁环

滚铁环是一种盛行于20世纪七八十年代,主要由男孩子玩耍的游戏。所用工具主要有两个:一是用铁条围成的铁环;二是推动铁环的推棍。先在地上把铁环滚起来,然后用推棍推动铁环转动。孩子们则跟着铁环奔跑。

18.打棒儿毽

游戏器材为一根1米左右的长木棒,几根二三十厘米左右的短木棒。游戏场所多在宽阔的院坝或操场上。

游戏开始时,一人手持长木棒站在起点,将一根立在地上的短木棒猛然击打到前方。此为"定桩",以后的活动就围绕着这个"桩"展开。

每一个游戏者轮流站在起点位置,将一根短木棒斜搁在地面,用长木棒击打短木棒的上端,使短棒飞到空中。再用长木棒在空中击打短棒,让其飞向"定桩"的位置。依此方法,一次次击打,直到短木棒与"定桩"处于同一个位置。多人比赛,以击打次数少者为胜。其游戏规则类似于今天的高尔夫球运动。

五、民间手工艺

民间手工的制作材料大多是普通的木、布、纸、竹、泥土等,经过民间能工巧匠的制作,实用价值与审美价值完美地结合在一起。小到一家一户的婚丧嫁娶、生子祝寿,大到整个场镇的节日庆典、迎神赛会,民间手工作品发挥着不可替代的作用。

李渡民间手工作品制作技巧高超、构思巧妙,擅长大胆想象和夸张,常用人们熟悉的寓意谐音手法,表达对美好生活的憧憬和向往,清新刚健、淳朴活泼,富有浓厚的浪漫主义色彩。

1.剪纸

剪纸在李渡民间较为常见。许多妇女能以一双手、一把剪刀、一张纸或阴刻或阳刻,或套色或点色或分色剪画出一些民间传说、戏曲故事以及花、草、鱼、鸟等图案。剪纸纹样的构图形式多种多样,有对称式、放射式、连续式、填充式、中心式等结构,纹样的组织多以适合纹样为主,不管是单独、连续、组合纹等,其外形构成均有一定的形状,如三角形、正方形、长方形、扁方形、菱形、半圆形、圆形、长条形、月牙形、荷包形等。

人们在婚嫁喜庆吉日就会剪些用于碗、盆、水瓶、木箱、木柜上装饰的喜花、枕头花、枕帕花。这些剪纸图案多为"鲤鱼跳龙门""喜鹊闹梅""喜上眉梢""双凤朝阳""二龙抢宝""蝴蝶戏花""凤穿牡丹"等吉祥的物象。在丧葬礼仪中,人们则以黄、蓝、绿、黑、白等各色剪纸,制作"祭花"来表达对逝者的哀悼。

2.刺绣

民间刺绣是劳动妇女十分熟悉的一种技艺。历史上,在封建礼仪和"三从四德"的道德标准影响下,女子必须擅长"女红"。绣花就是用绣针引彩线,按设计的花纹和色彩规律,在绣料(丝绸、布帛)上刺缀运针,以绣迹构成花纹、图案或文字的工艺美术品。

绣品的用途广泛。绣花可以用于衣服的装饰上,如清代,李渡居民男着长袍大褂或短衣长裤,女穿琵琶襟,短衣,长裤,男式短衣,对襟五扣或七扣,女式短衣,右衽,绲边或镶边,有在两袖、胸前或裤脚上绣花的,这种服装沿至民国时期。民国时期,李渡居民有戴帽子的习惯,一般绅士多戴呢帽,缎制瓜皮帽,而平民只戴布帽、毡帽或以白布(青布)包头,老年人则爱戴大风帽,而绣花则多见于孩子所戴的帽子上,有"百年长寿""易长成人""福禄寿喜"等吉祥字样。在鞋垫上更是运用普遍。一双鞋垫能反映出妇女们的心灵手巧。她们一针一线地在鞋垫上绣出栩栩如生的动物、草木等。除此之外,刺绣还见于台布、枕套、屏风等其他的日常用品之上。

3.编织

以竹子、稻草、麻丝、蓑草、藤类植物等为原料,编织各种生产生活用品,是李渡人的传统手工工艺。当地盛产各类竹子,乡村人家习惯用竹子编织席、篓、筐、篮等,精于此道者被称为"篾匠",从他们手上,可以编织出各种各样经久耐用的实用物品,也可以编织出堪称工艺品的精细花纹和图案;稻草、麦草、蓑草、竹麻等,也是李渡人常用的编织材料,用以编织草帽、草鞋、草绳、草墩、蓑衣等。李渡后山的大柏树、韩龙等地的山民擅长藤编,他们将青藤采回家,去皮漂白后编织成藤椅、茶几等实用物品和工艺品。这些物品既漂亮美观,又经久耐用。

4.纸扎

从事纸扎工艺的手艺人,俗称"妆颜"。他们多以竹篾为骨架,用麻丝或线捆绑固定,再用彩纸裱糊,然后用颜料涂绘。可扎出龙、狮、蚌壳、彩船、灯笼等节庆文娱器具,而主要是扎制灵屋、宝塔、纸人、纸马等丧葬祭祀用品。

第七章　古建筑

李渡人烟繁盛、商埠云集，农业和工商业发达，由此形成了风格各异、种类繁多的古建筑群落。那一处处古色古香的民居、一个个老态龙钟的场镇码头、一座座满目沧桑的宫观庙宇，构成了李渡古建筑的主体；那一条条古道、一座座古桥，成为连接这些建筑群落的纽带；那一座座牌坊、一道道碑刻，则记录着李渡的沧桑岁月、时代变迁。

第一节　场镇与码头

场镇是城乡之间商品交换的活动场所,也是城镇体系中最基础、最末端的部分,它由农村集市发展而来。场镇的构成要素通常包括街道、巷道、河流、渡口等,这些要素共同搭建了一个完整的公共交通、物流、生活等开敞的空间系统。场镇在历史老人的眷顾之下,发展成为古镇。

一、场镇

(一)李渡的场镇概述

出土文物显示并有史籍记载:早在东汉时期,李渡境内已有不少人们集中聚居的村落;到明代,李渡境内已有李渡、火烽铺(双庙,今马鞍)、石龙;至康熙七年(1668年),李渡境内有李渡、大柏树、大山、义和、致远、韩龙等6个场镇;至宣统三年(1911年),金银、石庙(今石泉)、高家(今镇安)、桂馨、文馨等场镇相继建立;到民国十六年(1927年),境内有李渡、石龙、致韩、韩龙、大柏树、大山、义和、金银、石庙、文馨、双庙、镇安等12个场镇。其中,历史最悠久、经济最繁荣的古镇,当属李渡。

场市交易历来各有一定日期,即场期,俗称"逢场"。除李渡镇为百日场(即每天逢场)以外,其余场市均按夏历每三天赶一次场,一般逢十不赶场,腊月三十"赶火炮场"(即每个场市都逢场)。邻近场市的场期互相交叉,逢一四七,或二五八,或三六九。

比较大的场市,都有饭馆、旅栈、酒店、茶馆等。各类商品交易大多有固定场所,如米市、菜市、柴市、肉市、猪市等;商店和字号等总是分布在场市中心的街道上。古老的场市都是以街为市,上有屋盖,可遮风雨,设有座位,可坐而待购。

　　20世纪30年代以前,场上大多建有川主庙、禹王宫、王爷庙、万寿宫、土地庙、财神庙等庙宇,按期举办庙会,酬神唱戏。30年代以后,这些庙宇陆续被辟为专业市场或学堂。20世纪80年代以前,场镇之间都有石板大路相通,沿途三五里设有幺店子,供过往客商歇脚、购物、住宿。后来,这些石板大路逐渐被四通八达的公路所代替。

　　(二)李渡古镇

　　李渡古镇是万里长江的交通要津和著名的水码头。它是涪陵西部长江北岸的商品集散中心,其集散半径远远超越了李渡各乡镇,远及长寿、垫江、邻水、大竹等县。

(李渡老街)

　　早在秦汉时期,李渡古镇就已有较多的烟户聚居;三国至南宋,因其重要的战略位置而长期作为屯军之所;宋末,涪州治所迁至三台寨,李渡渐成街市;元末明初,众多湖广移民落业于李渡,使其逐渐发展成为涪州最繁华的集镇;清代中后期,李渡因物流路线的改变而有所收缩,但仍是涪陵沿江著名的乡村集镇;1949年以后,李渡为区公所驻地,尤其在20世纪60年代的“三线建设”期间,红星厂(今川东造船厂)落户李渡,为李渡的发展注入了新的活力。

　　李渡镇为爬山式场镇,梯道街或长或短,梯道与平路相结合。街道是李渡古镇空间形态中最主要的要素,是古镇的脉络和交通干道,也是居民的主要活动场所。李渡的主要街道有白马街、大巷子、箱子街、芙蓉街、后溪街、横街、正街、长蛇街、排楼湾等,从西到东构成古镇的主要骨架。街道为狭窄的石板路面。由这些主要街道派生出来的巷道众多,素有"九街十八巷"之称。

古镇建筑沿江布局延伸,并顺梯道向后山攀升。多是木结构穿斗式房屋,黛黑色小青瓦、人字形双坡悬山屋面,橙褐色木框架,纯白色竹编夹泥石灰墙,层层叠叠,错落有致。在排楼湾一带,还建有徐家公馆、杨家院子、刘德胜"洋房子"等豪绅巨富的深宅大院。

（李渡老街）

古镇内庙宇林立,除太乙门上的玉皇观、祖师观、文昌宫、释方堂等建筑比较集中以外,还有王爷庙、肖公庙、云峰寺、禹王宫、关庙、川主庙、张爷庙、观音寺等寺庙错落其间。

旧时的李渡古镇,绸缎、棉布、百货、文具、蔬菜水果、盐业、米粮糖果、肉业、土杂、饮食、理发等各种商号铺面遍及大街小巷,商业贸易十分活跃。民国时期,李渡镇的知名商家有:梁俊成的"同顺长"斋铺,黄握忠的"万盛乾"副食店,黄纯修的"鼎丰衡"副食店,梁治安的"安庆棉布店",何绍凡的"义生园"副食店,王庆荣的"积厚长"中药铺。每逢枯水季节,梁沱河坝一带,还有临时捆绑的房屋组成的河街,成为粮食、蔬菜、日杂及各种年货的交易场所,其场面比正街还热闹。

伴随时代的发展,陆路交通逐渐取替了水上交通的重要位置,位于江边一隅的李渡古镇,越来越凋敝。尤其是21世纪以来,伴随三峡工程建成蓄水,古镇沿江的大部分街道成为淹没区,古镇居民大多搬迁到涪陵新城区。一个历史积淀深厚的千年古镇,正在一天天远去;一个欣欣向荣的现代化都市,正在一天天崛起!

附：李渡镇街(路、巷)道情况表

名称	街(路、巷)道状况				
	起止地点	长(米)	宽(米)	走向	曾用名
大巷子居委会					大巷子
大巷子	横街至人民旅馆	300	3.5	东西	箱子街
民主巷	米市场至长江旅社	300	3.3	东西	芙蓉街
新华路	人民旅馆至食品站	250	3.5	东西	大巷子
劳动路	造纸二厂至李渡菜厂	800	3.5	东西	白马街
新华路居委会					正街
新华路	横街口至高岩口	400	3.5	南北	正街
解放路	横街北至高岩口	400	3.5	南北、东西	雷轰街
后溪街	区供销社至铁器社	400	3.3	南北	
人民路居委会					长蛇街
人民路	镇办企业办公室至蚕茧站	400	3.5	南北	长蛇街
李大路	橡胶厂至农机站	400	7	南北	
淮海路	李渡小学至李渡区粮站	500	3.5	南北	杨家院子
和平路居委会					排楼湾
和平路	偏岩子至新街脑	500	3.5	南北	排楼湾

二、码头

李渡境内有李渡、镇安等码头,其中李渡码头据1997年统计就能接待4.6万人,客货吞吐能力达30万吨,镇安码头的接待能力达1.06万人并有3.97万吨的客货吞吐量。由于三峡大坝建成蓄水后水位上升及公路交通快速发展,李渡的码头现存不多,其功能主要是货运。

(一)长航(涪渝线)李渡客运港

民生公司涪渝班轮开航前期,上卸客货均由木船"递漂"(或"接漂"),至民国三十年(1941年)1月才于散心桥与上沱之间设置丙级木质囤船一艘,这是李渡最早的轮船客货码头。至1949年新中国成立前夕,囤船被撤走。

1952年,重庆港务局涪陵办事处复在李渡设立囤船。初由木船改建,载重50吨,1955年换为100吨。1966年,建候船室,建筑面积142平方米。1975年换铁壳囤船,载重300吨。1985年2月2日,囤船迁至官码头。

（二）官码头

1949年以前，梁沱上下均靠木船，其中"州船"停靠官码头；过路船停靠上沱；"街船"停靠下沱和上沱。

1964年，短途运输改用机动船以后，"街船"渐少，官码头成为李渡的主要航运码头。

李渡码头的货运装卸，长期以来全靠人力搬运。1973年，李渡搬运社耗资32900元建成滑车道，从河边直抵横街（今柴市坝），由一辆滑车上下运行。

（三）沙湾码头

沙湾即下沱，1949年以前停靠木船，但为数不多。1949年后，李渡粮站将其辟为调运粮食的专港。1960年，李大公路建成后，即为李渡水陆交通衔接的重要口岸。红星厂建设时，主要设备及建筑材料都在该港起运，现在仍然是李渡最重要的货运码头。

（四）毛角溪和瓦窑沱

从1966年开始，红星厂先后在毛角溪和瓦窑沱设置闸船、滑车和浮吊，现已建成川东造船厂的专用港口。

（五）李渡境内渡口

1.官码头至南岸浦

官码头至南岸浦，是李渡去江南的重要渡口。1949年前，有十来只小船在此摆渡，去来也很方便。1968年，李渡航运站改用机动船过河，往返速度加快，只留1只渡船。1984年，因农村政策放宽，又有个体户木船10只（其中荣桂9只，李渡1只，载重全为两吨）于此经营渡运。1985年，有6只木船改装为机动船。20世纪90年代，加上航运站的1只机动船，共有8只船（个体户木船1只）渡河。现因长江水位上涨和长江二桥的修建，已没有渡船了。

2.小溪口至隆兴场（今北拱）

小溪口至隆兴场，1984年前有1只木船摆渡，1984年增为3只，平时来往行人较少，逢北拱场期，旅客增多，船只繁忙。现因长江水位上涨，已没有渡船了。

3.陡让溪至沙溪沟

陡让溪至沙溪沟，1949年前有渡船过河。1964年，涪陵短航实现机械化以后,因涪陵至李渡班船去来都在两岸停靠,曾一度削减。1984年,又有3只小船渡河。1985年,其中1只改装成机动船,其余两只自动停航。

陡让溪至沙溪沟,1949年前后亦设义渡,1980年红星桥建成,渡船自行消失。

第二节　古道与桥梁

1958年以前,李渡无公路,石板大路却四通八达。境内主要的石板大路有8条,其中从李渡至双庙(马鞍)、花桥、大柏树、泡粑店入长寿的古道,全长55千米,是涪陵至重庆市及川西、川北地区的古驿道。

明清至民国期间,李渡境内建有众多大型石桥,这些古桥,或为众人集资修建;或为官绅、士商、僧道倡捐,众人集资襄助修建;或为官府倡捐,民众投劳修建。由于自然和人为原因,它们屡建屡毁、屡毁屡建,忠实地记载了李渡人民艰苦奋斗的光辉历程。

一、古道

1.李渡—石龙—云集

李渡经石龙至云集,全长30千米,石龙恰居其中。从石龙去石回7.5千米,去邻封10千米。1952年前,长寿县石回、江家、邻封、云集、回龙等乡与李渡同县且为同一区署所治,故李渡去石龙的大路曾是沿江与后山的主要通道。1952年后,随着行政区划的变更和公路建设的发展,这条大道的地位才逐渐被削弱。现在,由石泉到石龙的2.5千米石板路已完全被公路取代,李渡到石泉及石龙到云集的路段,尚有行人来往,然货运已完全用公路。

2.李渡—致韩

李渡至致韩,全长15千米,再往前经缺头垭亦可通云集,经大石口、韩龙场可达石回、邻封等地,是另一条沿江通往后山的大路。1958年以后,因李渡至致韩简易公路的建成,石板路面仅存街脑壳至土地垭及倪峰寺垭口以下一小段,其余全被公路取代。

3.李渡—双庙—金银—文馨

李渡经双庙、金银至文馨,全长15千米。1960年,李渡至大柏树公路通车,只余李渡至马鞍5千米路面基本完好,现在尚有行人来往。

4.李渡—双庙—大柏树

李渡经双庙至大柏树,全长15千米,大柏树经瓦罐窑至长寿又30千米,是涪渝之间的古驿道。明朝末年以前,因长江磨盘滩水险,从涪州至重庆的客商必从李渡上岸,经大柏树至长寿或高家镇(今镇安场以上里许),再转水路至重庆,这一线故道,曾对李渡的发展起到极其重要的作用。此后的数百年间,随着长江滩险的逐渐治理、航运事业的日益发展,涪长、李大公路的相继通车,这条大路的作用逐渐减弱。而今,它的石板路面大部犹存,但行人极少。

5.李渡—上桥—义和

李渡经上桥至义和,全长15千米(其中张家坡至上桥一段,1938年乡民利用修复上桥的余款翻新过)。21世纪以来,伴随区乡公路通车,以及恒大山水城移民小区的修建,此大路的许多路段已被损毁,只有部分路段时有行人往来。

6.李渡—下桥—大山

李渡经下桥至大山,全长15千米,曾经是大山、义和与李渡联系的主要通道。20世纪50年代以后,随着水运涪(陵)卫(东)线在鹤凤滩设立码头,它的作用有所消退,但直到20世纪80年代这条路线仍然是大山、义和一带村民下李渡的重要通道。20世纪90年代,伴随区乡公路全部通车,它的作用逐渐消失。进入21世纪以来,李渡工业园区、涪陵新区、蚂蟥石移民小区等修建,该大路的绝大部分路段被损毁。尤其是2005年前后,下桥再一次被冲毁后,该大路完全被废弃。

7.瓦窑沱—龙桥—石泉

瓦窑沱经龙桥至石泉,全长10千米,是石泉下瓦窑沱乘船的必由之路。红星厂建成后,瓦窑沱至烽火(今川东造船厂围墙内)的路径已改观,建成了水泥路面。烽火以上故道依旧。

8.李渡—荣桂—马武

李渡过对河经荣桂至马武,全长30千米,前去经龙潭可抵南川。民国时期,是南北商货交换的通道。其时酱油南运,木油北返,商旅甚众。1956年涪南公路建成后,行人渐少。

二、古桥

李渡境内古桥较多,其中建于明代的有太平桥、映星桥、长乐桥(后称“合镶桥”)、黎双桥、龙桥、龙公桥等6座;清代有剑桥、福寿桥2座;清末到民国时期的桥有鸭子村的万寿桥、金银的花桥等。由于岁月的剥蚀和人为的破坏,目前,这些桥梁已所剩无几。

1.散心桥

原名聚星桥,位于镇西云峰寺东南,长江河谷的第一台阶地上,跨红武溪的末端,是出李渡镇西头走三台寨,或经庙耳山、牛卡石、新大路等几条大道去下桥的必经之地。由于此地处于峡谷深涧,且河面不是很宽,因此散心桥采用的是单拱,桥长14.7米,宽3.45米,高9.1米,净跨8.8米。桥顶略呈梳背形,总长6.4米,两端各比引桥高出五步石梯,从引桥下大路又有三步石级。

“散心桥”名称的由来,系因为桥下溪水潺潺,显得十分幽静,身临其境,令人心旷神怡。

散心桥两侧原有栏杆,栏杆上雕绘着精美的花卉、鸟兽等图案。桥西头原有石碑一块,在20世纪60年代被拆毁,桥西一株大黄葛树也被砍伐。整个桥身至今仍保存完好。

2.下桥

下桥位于李渡小溪与义和乡双溪村之间,是建筑在小溪河下游的一座大型平板石桥,因为小溪上游还建有一桥,名为“上桥”,所以称之为“下桥”。

下桥的桥基15磴,桥面全长55.4米,宽1.6米,高2.3米。初建时间不详。民国二十七年(1938年)7月20日被大水冲垮,次年,由乡民捐款重修。现在仍然是李渡通大山、义和的重要桥梁。

3.上桥

上桥在石马5社和9社之间，是李渡经猫垭口通义和的主要桥梁。与下桥的结构完全相同。桥基高2.7米，原为15礅，因修电站渠道占去1礅，现存14礅，桥板全长50.8米，宽1.9米。1938年，与下桥同时被大水冲垮，亦同时由乡民捐款重修。此桥现在还很牢固，初建年代不详。

（上桥）

4.合镶桥

合镶桥在镇西李渡酒厂附近，相传亦为明代桥梁。是李渡北上经双庙通金银、大柏树的门户。此桥跨后溪沟上游、庙音四组洗补凼下小溪，为单拱石平桥，长8.7米（净跨度），高2.6米，原宽4.4米，后加拱镶宽1.4米，共5.8米，故称合镶桥。

1981年，李渡酒厂迁来将其作为厂址，今成地下涵洞。后由酒厂投资1400元，在桥下不远处，修建一单拱石平桥供行人来往。新桥净跨3.7米，宽3.1米，高2.4米。

5.龙桥

龙桥在今石院5社,建筑年代不详。该桥为单拱石桥,跨度约40米,高度约30米。因其地处偏远,李渡文献少有记载。虽然年久失修,但至今坚固异常。

6.万寿桥

万寿桥在今鸭子村,建筑年代不详。该桥为3孔石桥,最大跨度约50米,高度为20米。桥中间有石刻,记载了修建时人们捐资的情况。桥两面镶嵌石龙,十分生动。

(万寿桥)

7.双河口大桥

双河口大桥,在果园村3社的双河干流上,是1984年民建公助(国家拨款1600元)建成的一座单拱洞石桥。桥长18米(净跨9米),宽2米,是李渡经川东造船厂去果园村1—4社的主要桥梁。

8.双河口小桥

双河口小桥,位于果园村3组双河的支流上,与大桥同时建成,国家拨款400元,此桥为钢筋水泥平桥,长8米,宽1.2米。双河口大、小桥的兴建,使果园村与外界的联系,不再因山洪暴发而中断。

9.红星大桥

红星大桥位于双河(即斜阳溪)下游陡让溪河岸,是一座3墩、4孔的钢筋水泥大型公路桥。桥长119.45米,宽7.5米(车道宽4米,两旁人行道各宽1.75米),高35米,桥上有栏杆。1980年,由红星厂筹款,石马公社建筑队承建,造价80万元。此桥是连接厂区与医院的专用桥梁。它的建成,使李渡果园村的交通条件大大改善。

第三节　牌坊与碑刻

李渡因人类活动较早,经济、文化相对繁荣,民间有大量的牌坊和碑刻。这些牌坊和碑刻,反映了当时李渡文化的一个侧面。

一、牌坊

牌坊是为表彰功勋、科第、德政以及忠孝节义所立的门洞式纪念建筑物,是具有汉族特色的建筑文化之一。老百姓俗称其为"牌楼"。牌坊的雏形为汉代的阙,成熟于唐宋时期,于明清两代登峰造极,并从实用衍化为一种纪念碑式的建筑。明清时期的牌坊可分为御赐、恩荣、圣旨三个等级,"御赐"是由皇帝下诏,国库出银建造;"恩荣"是由皇帝下诏,地方出银建造;"圣旨"是由地方申请,皇帝批准之后当事人所在的家族自己出银建造。无论哪一种等级的牌坊,无不洋溢着皇权的神圣和威严。树牌坊,是旌表德行、承沐后恩、流芳百世之举,是古人一生的最高追求。

过去,李渡境内的牌坊众多,而就其建造意图划分,大致可分为三类:功德坊,为某人记功记德;贞洁坊,表彰节妇烈女;功名坊,表彰某人的科举成就。

功德坊的代表,是明代修建于鹤凤滩大道上的"夏氏三坊",其分别是旌表夏正孝义牌坊、由王阳明题匾的夏国孝进士牌坊和神道碑牌坊。

贞洁坊的代表,是明清时期修建于渝涪古驿道上马鞍至致韩一段的众多牌坊。据老辈人讲,在这一段十几千米长的驿路上,至少有20座牌坊,几乎都是旌表"某某节妇""某某烈女"的。

功名坊的代表,是明清时期修建于李渡牌楼湾的众多牌坊。据相关资料记载,居住在牌楼湾的徐、毛、张、何、文、傅等几大家族,凡有家族成员取得进士、举人、贡生等功名,皆由家族出银建造牌楼一座。500多年来,牌楼湾的牌楼先后共建20多座。这些被纪念的人物中,最有名的要属明宣德五年(1430年)进士夏铭、明成化二年(1466年)进士张善吉、清代乾隆十六年(1751年)辛未科进士徐玉书、清同治四年(1865年)进士傅炳墀、明代国子监生王敬等,时称"五坊名人"。

李渡的牌坊,都是当地的青砂石修建。多是由地方申请,皇帝批准后当事人家族自己出银修建的"圣旨"牌坊。如果按照建筑形式划分,大多是一间两柱或三间四柱的柱出头式,其建筑规模都不大。然而,每一座牌坊集雕刻、绘画、匾额文辞、书法等多种艺术于一体,中国传统的石雕技法圆雕、透雕、高浮雕、浅浮雕、平浮雕、阴线刻等广泛运用,建筑结构自成一格,别具风采。

1949年以后,尤其是"文革"十年间,李渡的牌坊被毁坏殆尽。今天,在李渡范围内已经找不到一座相对完好的牌坊了。

二、碑刻

(一)汉墓

民国年间,镇东头排楼湾一代曾发现东汉墓。1978年冬,李渡区公所在杨家院子新建办公大楼时也掘得汉砖数十匹。1985年9月26日,李渡修志人员在市、区有关部门协助下,对残存在镇郊古坟堡公路边的一座古墓进行清理,于前墓室出土陶俑1个、陶鸡1对、陶鸽以及灰色绳纹陶片、几何纹汉砖等,经市文物部门鉴定为东汉墓出土文物。此墓发掘后,附近农民反映,1957年妙音2社建瓦窑时,也曾在据此墓约200米处,发掘过类似墓群。

涪陵李渡镇玉屏2社冉家湾古墓群。该古墓群遗址是2008年发掘的,面积为4800平方米左右,历时3个多月,共发掘古墓19座,其中砖室墓12座,为东汉至六朝时期;石室墓7座,为明清时期。共出土文物133件,其中以陶器为主,还有少量铜钱,铜钱上清晰可见"大泉五十""货泉"等字样,基本可判断为西汉末年王莽时期铸造的货币。还有铜器文物,其墓主人被专家称为"最有心计"的墓主,因为该墓主并不像其他墓主那样把铜器放在墓室里,而是颇具心机地将铜器埋在墓底之下,如果不是考古组织方要求把所有的墓砖搬走,人们是难以发现它们的。

墓壁砖上刻有形同人面的花纹,眼睛、鼻子和嘴巴都清晰可见。装饰墓室的人面纹,体现了当时的艺术风格,充分印证了墓主是有一定艺术修养的人。

其中一座古墓,专家鉴定为六朝时代的凸字形墓,其中出土了4件文物,除了六系盘口青瓷壶和2件青瓷碗外,还有1只八足陶砚。

(二)义和镇镇安河嘴新石器时代遗址

镇安河嘴新石器时代遗址,又称"镇安殷商遗址"。在镇安乡白源村境,长江北岸二级阶地上,海拔180米左右。地形平缓,背靠小山坡,坡上有同时期墓葬。1980年重庆博物馆初步考察时,发现其保存比较完好,距地表深约1.5米,厚约0.5米;分布范围长约70米,宽50米;采集标本有石器和陶片。石器有锄、斧、网坠、砍砸器。石锄为火成岩(卵石)打制,钺形,厚重,两侧有亚腰,平首、弧形刃,长15.3厘米、宽14.8厘米。石斧有两种形式:一为火成岩打制,长方形,斜方首、弧形刃,小巧,刃有使用痕迹,长9.5厘米,宽4.8厘米;一为变质板岩磨制,梯形,斜尖首,弧刃锋利,长8.7厘米,刃宽6.2厘米。石网坠,变质砂岩打制,椭圆形,两侧打出月牙形亚腰,剖面呈长条形,长径11.0厘米,短径4.2厘米。砍砸器多件,椭圆形,大小不一,周边均扁薄锋利,破裂面可见到半锥体放射线;长径12.4厘米,短径8厘米。

陶片以泥质灰陶和橙黄陶为主,次为褐陶,纹饰有粗细绳纹、粗细篮纹、刻画网格纹、平行带状刺点纹、附加堆纹、戳印纹等。可辨器形有罐、钵、盆、缸、尖底器、器盖、器底等。罐3件(其中侈口短颈2件),一为细泥黑褐陶,尖唇,腹部饰细绳纹,口径27.6厘米;一为细泥质灰陶,圆唇,素面,口径27.8厘米;一为侈口,素面,方唇外卷下折,口径25.8厘米。钵为泥质黑褐陶,敛口,鼓腹,器身饰凹弦纹,口径35.6厘米。缸为尖砂细灰陶,敛口,圆唇,壁厚,口径33厘米。尖底器,细泥红陶,与忠县涂井沟尖底杯近似。器盖为夹砂细红陶,盖钮残,整个器形似覆置的敞口斜直壁浅腹碗,口径约21厘米。器底有两种,一为圈足底,泥质黑褐陶,底径9厘米;一为平底,泥质橙黄陶,底径10.5厘米。

（三）墓碑

李渡墓碑石刻艺术的表现题材主要有:几何纹、图腾纹、山水云纹、动植物纹、历史故事、神话传说、戏曲人物和仙佛神道,还有表现当地人民生产生活的舟桥房舍、生产工具、生活用品、渔樵耕读、歌舞娱乐、迎亲荣归、比武竞技以及"福禄寿喜"文字等。工匠采取圆雕、透雕、浮雕的手法,有的互相结合成中国传统图案。常见的动物图案内容如:"松鹤延年""松龄鹤寿""二龙戏珠""二龙抢宝""龙凤呈祥""丹凤朝阳""百鸟朝凤""双狮戏球""五蝠(福)捧寿""喜(喜鹊)上眉(梅)梢""莲生(连升)三戟(级)""麟吐玉书""太平有象""犀牛望月""马上封(蜜蜂)侯(猴)""鹭鸶踩莲""鲤鱼跳龙门"等。几何纹样类雕刻有很强的节奏感,如三角形、棱形、矩形、梯形、扇形、圆形、椭圆形、万字纹、古钱纹、拐子纹、盘长纹、如意纹、回形纹、福字纹、寿字纹等,此外还普遍运用各种多边形,其雕刻花纹精雕细琢,造型多变。人物石刻常见的有:八仙过海、八仙祝寿、麻姑献寿、刘海戏蟾、荣归图、迎亲图、渔樵耕读、岁寒三友、观音送子等造型图案。

（古墓石雕）

（马鞍街道石像生）

李渡墓碑建筑型制有三类：单一结构、组合结构和复合结构。李渡墓碑一般由碑帽、乐堂、衬鼓、抬板、碑版左右碑柱或外加左右抱墙和碑座、拜台等组成。

李渡有天然的青砂石，这为民间墓碑石刻提供了原材料，民间工匠依照传统的风水观念，根据这里的地理环境进行因地制宜的合理规划和营造，使营造空间和自然空间相互交融，浑然一体，突出鲜明的营造特点和工艺水平。墓碑石刻造型精美，气势宏伟壮观，注意局部与整体、局部之间的彼此协调，从形体上、轮廓上和层次上都给人以美的享受。每座碑体均以墓主姓氏至碑顶为中轴线向两翼展开，讲究左右平衡对称。特别是碑顶的造型，整体结构疏密有致，平衡对称；局部雕饰想象丰富，匠心独运。墓碑的高矮、宽窄和形制必须与周围环境协调，使墓碑建筑与自然环境巧妙结合，融为一体，形成一种整体的和谐美，突出"天人合一""顺物自然"的传统观念。

第四节　民居与寺庙

一、李渡民居的结构特色和主要类型

(一)结构特色

李渡因地势复杂、气候多样,形成了居住条件的差异性和民居风格的多样性。清代初年"湖广填川",来自湖北、湖南、广东、江西等地的移民带来了新的建筑方式,经过与本土民居的长期融合,增强了李渡民居风格的丰富性。

民居的选址十分讲究,一般都选择背风向阳、地势开敞的山窝田湾,既不选择高高的山顶,也不选择陡峭的山坡,更不选择低矮潮湿的凹地,而要求前有文峰笔架形的向山,后有连绵起伏的坚固靠山,左右两边有像椅子扶手一样的山形走势,最好还有一条弯弯的溪流,环绕着居住地缓缓流过。

李渡民居的总体朝向是坐北朝南。这样的朝向利于采光、吸热,尤其是山区潮湿地带,坐北朝南更利于山间雾气的散发,保持室内干燥。

李渡民居非常注重人与自然的和谐统一,以期达到"天人合一"的境界。一方面,在房屋建设的时候尽量不破坏周围的自然环境,而是将自然环境有机地融入建筑设计之中;另一方面,建筑用材因地制宜、就地取材、因材设计,建材以木头、竹子、稻草、石头、泥土等为主体,呈现一种和谐环保的自然之美。此外,人们总是在居住地周围广植林木果树,每一个规模稍大的村寨和院落旁边,几乎都有一棵百年古树作为"风水树",每一个农家小院的周围,几乎都是桃李掩映、翠竹环抱。

中国传统的长幼尊卑秩序,在李渡民居中得到了比较透彻的体现。堂屋大门必定双开,其余则多为单开小门;家家必设正厅堂屋,安放香案,供奉"天地君亲师"香火牌位。堂屋不做寝室,寝室相对隐蔽,而家长则住在相对宽敞、明亮、偏中间的屋子里。

李渡民居处处显现移民文化的烙印。在村落的命名上,叫作什么"冲"显然是湖南、湖北一带名字的沿袭,而"张家湾""李家沟"之类以姓氏命名的村落,显然带有移民入川之初聚族而居的印记;在结构风格上,如今遍布李渡的三合院、四合院,就不是土生土长的本土民居;在建筑布局上,连接院落与院落之间的大小天井、宽阔的屋檐,以及沿街店铺外的檐廊,共同构成明朗的生活与工作的"公共空间",使邻里间得以充分交流对话,让居住一处的人们彼此抱成一团,深感"远亲不如近邻"的优越和幸福。

(二)主要类型

李渡因地势变化复杂,气候条件差异大,而且老百姓之间贫富悬殊,进而形成了民居类型的千差万别。近百年以来,李渡民居的类型主要有:草房、土构瓦房、穿斗房、砖房、碉楼、四合院等。

1.草房

最简陋的草房用两根较短的木头搭成"人"字架,立于地上,再用一根较长的木头作房梁,房梁的一头捆绑在"人"字架顶端,一头斜伸到地面。"人"字架和房梁共同构成了整幢草房的框架。用竹子做椽条,一端绑在木梁上,另一端搭在地上。用茅草、稻草或麦草覆盖屋顶。这种草房,实际上就是一种用木头、竹子搭建的窝棚,李渡人俗称"屙屎棚"。今天,在一些后山地区的山坡上还能够看见这样的草房,但已不作为人们长期居住的场所,而是在粮食、瓜果成熟时,人们照看庄稼的临时居住地,或者作为搭在粪池上面遮雨水的设施。

一般的草房则是以石头做基脚,用泥土夯筑墙体,房架由树棒、竹子、竹篾捆绑固定,构成单屋脊、坡屋顶的"人"字形骨架。上面覆盖茅草、稻草或麦秆,用竹竿压条层层压实,用竹篾锁定。这种草房通常只是一层平房,屋檐较低,在房顶上开一两个隆起的窟窿(李渡人俗称"狗向火")做采光的窗户,室内光线通常十分阴暗。住草房的多为贫困人家。草房冬暖夏凉,但最怕火灾,一旦失火,瞬间化为灰烬。

2.土构瓦房

土构瓦房的墙体主要由泥土筑成。筑墙时,选用的泥土是具有黏性、附着性好的黄泥。为了增加墙体的坚固性,有时还要将几根竹子破成竹篙,和泥土一起筑在墙体内,以达到类似于现代建筑中运用钢筋的效果。

土构瓦房通常是只有一层的平房,房顶是"人"字形坡屋面。最中间一根房梁称为"大梁",以下的分别是"二梁""三梁"……民间有"上梁不正下梁歪"之说。大梁不必过分粗大,但必须用笔直的树木充当。而修房造屋时,"选梁""画梁""上梁"都是非常庄严肃穆的程序,有许多严格的禁忌和风俗。完成"上梁"之后,在房梁上铺好椽木,再用青瓦覆盖房顶。

一幢土构瓦房的规模不大,通常是一进两开。中间的一间房为正屋,两边分别是住人的厢房。厨房和厕所,则多在厢房旁边搭建"一铺水"的半边瓦房来充当。

住土构瓦房的多为小户人家。他们的生活基本能够自给,虽不如草房人家赤贫,但依然属于农村的贫困家庭。

3.穿斗房

穿斗房的墙体有两类:一类由木板装成;另一类由竹片上面涂抹稀泥构成(当地俗称"壁筋子")。前者一般在后山木料充裕的地区采用,后者则多在沿江缺少木料的地区采用。无论哪一类穿斗房,都必须首先用木柱头"立列";在柱头上依次搁梁搭成房屋的框架;房顶呈"人"字形,铺椽木,以青瓦覆盖。用木板做墙体的穿斗房,最讲究榫眼的尺寸、位置,整幢房屋完全由榫眼斗缝,不用一颗钉子。而用竹片和稀泥构成的穿斗房,则更具有地方特色。

(卓家坝吊脚楼,李渡穿斗木房的典范·清代)

穿斗房的最大优点是防震性能好,许多经历了漫长风雨的百年老屋,哪怕整幢房屋已经歪歪倒倒、摇摇欲坠,里边依然有人居住。

4. 碉楼

碉楼也称为"碉堡",是一种兼具人居和防盗匪功能的特殊民居。李渡的碉楼多建成于清末、民初这一段乱世纷纷、盗匪猖獗的年代。

李渡现存的碉楼多为圆形,一般为三至四层高,其结构有石头构筑和黏性泥土构筑两种,无论哪一种,其底下一层均采用宽大、坚固的青砂条石砌成,以防止盗匪打洞进入碉楼内部。

碉楼的大门坚固、牢实,并被一层厚厚的铁皮紧紧地包裹着,以防止盗匪采用火攻的方式烧毁大门。碉楼每一层的各个方位均有供瞭望和射击的枪眼,那些方形碉楼顶上的四个角落还设有炮台,安放了青冈炮等土炮。为了保持紧闭性和坚固性,碉楼大多不设阳台,每一扇窗户也设计得很小。

碉楼主人多有钱有势。伴随着世道的太平,碉楼防盗匪的功能逐渐消失,一些碉楼至今还有居住的人家。

5. 寨堡

寨堡既是用于防御的军事设施,又是远近居民聚族而居的民居设施。李渡境内构筑寨堡,主要有以下几个时期:宋末元初,为了抵御元军的入侵;明末清初,为了抵御清军、明朝军阀残余势力、张献忠残余势力、各地趁火打劫的盗匪等;清朝嘉庆年间,为了抵御白莲教作乱;清朝咸丰、同治年间,为了抵御入川的太平天国石达开军队及各地响应太平天国的农民起义军。据调查考证,李渡境内的寨堡先后有100个左右,其中有历史记载最古老的是南宋三台寨。

寨堡的选址通常都在山势险峻、交通不便的山顶位置上,依山而建、借势据险,以达到易守难攻的效果。寨堡都有坚固的寨墙和寨门,李渡寨堡的寨墙多用青砂条石或乱石头砌成,有的寨墙就砌在悬崖峭壁上,让前来打劫者难以攀登。寨门通常开在险要的位置,格局较小,石头砌成的门洞、包有铁皮的厚重大门、粗大的抵门杠,共同构成坚固的防御体系。为了不给打劫者可乘之机,一个寨堡通常只有一两个寨门,而且只有一条崎岖险峻的羊肠小道与外界相通。有的寨堡,还在紧要位置架设了青冈炮等防卫武器,并有专人一天到晚轮流站岗、放哨、巡逻。

（金氏山庄题刻）

6.洋房子

民国中后期，欧美式建筑风格渗入中式庭院，在李渡乡间，一些具有西洋气息的民居建筑逐渐兴起。李渡人称这类民居为"洋房子"。

这些民居的主人，或者是在外面发了财的军阀；或者是留学欧美的"海归派"；或者是在上海、南京、北京等大城市读过书、做过事，见过世面的人。这一批"洋房子"都有一些共同的特点，如：天井四周建砖柱走廊；开拱形门窗；建楼都在三层左右；而且一改过去用泥土夯筑的办法，全部用砖头砌墙。有一些"洋房子"还采用了尖形拱门、肋状拱顶的哥特式建筑风格。

这类民居的典型代表是大山刘作勤的下洋房子、大山李占庭的上洋房子等。

7.四合院

四合院多为乡村富有者聚族而居的庭院民居。比较著名的有李渡兰桂园、李渡毛氏山庄。

四合院的最显著特色是结构的对称性。以朝门的正中位置向内延伸为轴线，整个庭院的左右两边完全重合对称。左边有几间厢房，右边也有几间厢房；左边有几扇门窗，右边也有几扇门窗；左边房屋、门窗尺寸是多少，右边房屋、门窗的尺寸也是多少。

四合院主院多为穿斗结构,木柱、木板壁、木地板、木门、木窗户,青瓦盖顶,屋顶或做花脊,或盘龙爪角,或卧神兽。正房、厅房、厢房配套建成,内有天井地坝,外有朝门门楼,屋脊盘龙附凤,门楼精绘彩画,两边八字粉墙。有的四合院还由几个几开几进连组而成。一个四合院就是一个独立的世界,多院式建筑还配以花园、鱼缸、戏楼等,穿枋斜寸,门窗多雕刻花草、人物等,栩栩如生。

(何家堡民居复原图)

二、李渡古民居举要

1. 李渡老街牌楼湾

牌楼湾是位于李渡镇后山上的民居建筑群。明代以来,一直是当地富商和官绅聚居之地,其中,张家、徐家、何家、陈家、毛家、彭家、文家、唐家、姜家、喻家,皆为世族大户。牌楼湾因名人古园成街,因名坊牌楼立湾,牌楼门楣鳞次栉比,由明清至民国,五百年长盛不衰。

牌楼湾坐落在五龙山山脊，因其地形的关系，民居的形式也就有了自己的特点。一曰"台"，在坡度陡峭的地方，像开凿梯田一样，把坡面一层层地削成宽广的平台，建筑物便按等高线方向布置，建在面阳的山脊坡凹；二曰"挑"，在地形偏窄的地方，如楼上做挑檐或挑廊，以扩大室内空间；三曰"拖"，在山坡平坦的地方，将建筑物按垂直等高线的方向顺坡分级建造；四曰"坡"，房屋也按垂直于等高线方向顺坡建造，但坡度比"拖"更平，仅将室内地面分出若干不同的高度，屋面保持连续整体，不分级；五曰"梭"，将房屋的屋顶向后拉长，形成前高后低的坡屋，既可以一间梭下，也可以全部梭下；六曰"吊"，即吊脚楼。

牌楼湾由众多二重、三重、四重堂的四合院毗连成街，每一个院落都临街，可以独门而入。院内配有亭台、楼阁、花园、水榭、排廊、天井等，砖砌围墙，自成天地，构成一个全封闭的独立世界。这些院落中，著名的有德馨园、大井园、花厅、徐家公馆、何家院子、彭家院子、姜家院子、张家院子、喻家院子、徐家祠堂、王家祠堂、李家祠堂、蔡家祠堂、罗家祠堂、余家祠堂等。其中，徐家公馆有"半条街"之誉。

牌楼湾民居的平面布局，一般是大门里面一重天井，天井后面是半敞开的堂屋和左右厢房；厢房与正屋之间的空间位置，设有楼梯；上楼一圈走马廊，楼上的布局与楼下基本相同。如此两重、三重、四重，依次向后延伸。每一重天井里都有石院坝、花园、石凳、水池、盆栽等点缀，显得高贵雅致，但由于空间局促，天井显得小而高，身在其中，大有"坐井观天"之感。

数百年来，牌楼湾文脉兴旺，功名顶戴辈出。每当哪一个家族的某人考取功名时，族人便在大街上建一座功名牌坊，"牌楼湾"的名字便由此得来。牌楼湾的名人牌坊先后有数10座，著名的有：明代宣德五年（1429年）进士夏铭、明代成化二年（1466年）进士张善吉、清代乾隆十六年（1751年）进士徐玉书、清代同治四年（1865年）进士傅炳墀、明代国子监生王敬等，时称"五坊名人"。

2.李渡叫化院

李渡镇的乞丐闻名远近，由丐团组建的乞丐栖息场所——"叫化院"，更是独具特色。叫化院的位置在牌楼湾脚下，王爷庙后边。自明清以来，这里长期住着一两百个啼饥号寒的乞丐。

叫化院占地约368平方米,建筑面积约256平方米。其建筑风格,不是传统的以中轴对称布局的四合院,而是前半部分整体偏离,建筑风格十分罕见。叫化院进深约35米,前面偏离部分进深13米,正厅到后墙宽12.8米,正立面阔12.2米,前后偏离达0.6米。大院形制为纵向二进合院,由于前半部分偏离,形成不规则的长方形平面。前立面屋面下横置披檐,形成二重檐形式,其他三面以砖砌墙体,并在屋侧山花处形成三列六道五山封火山墙。

进院后,有砖墙隔断门道即为变形的天井,左右厢房与正厅间又有砖墙隔断。正厅宽大,无楼层,设院主祖堂,并立香火神位。整个院落的木构系统,唯正厅使用抬梁,其余大部分为穿斗,形成八架式抬梁结构。梁架皆用抬担托墩、角背、雀替,挂落雕刻吉祥图案,以承重,装饰镶嵌其间。在二进合院的后院堂屋中,开墙设门直通野外,似有穿堂而登八极仙境之概。

据老辈人回忆:直到民国时期,在叫化院栖身的乞丐依然不少。凡有粮仓揽载船回到沙湾码头,便有叫化院里的得力乞丐为其扫船舱,将扫得的"仓脚米"带回叫化院供众乞丐食用。全面抗战八年,叫化院捐粮竟达50石之多。

3.刘作勤庄园

刘作勤庄园位于义和镇朱砂村三组,庄园占地面积6003平方米,总建筑面积1523.2平方米。

庄园坐东南向西北,为两进院落,主楼平面呈"器"字形。主体建筑为二楼一底,抚殿顶砖石结构,面阔五间31.5米,进深二间17.8米,通高约18米。房屋四面开窗,底楼四周距地面高2.5米,用条石砌成。房屋四角设有漏斗形瞭望孔,亦可做射击之用。石门,厚约30厘米;实木门,厚约20厘米;门闩后有暗孔,关门后用硬销子伸入暗孔顶开里面的暗簧,才能打开门。所有房面均为小青瓦屋面。

房屋四周用条石叠砌加泥土夯筑围墙,墙高2.4米,厚0.4米,四周嵌有漏斗形瞭望孔(射击孔)19个。另有一层为石堡坎围墙,长147米。

刘作勤庄园从外至内共有三道防线,异常坚固,为民国初期典型的中西式混合建筑,是巴渝地区楼寨合一的防御型建筑。

4.毛氏山庄

毛氏山庄是清代同治乙丑年(1865年)进士,历任安徽凤阳、定远及望江等地知县的平安垣人(现马鞍街道玉屏社区)毛凤五的故居。为清代涪州唯一的"凹"形布局的两座花园别墅。

毛凤五致仕退居农村,以大自然为依托,自营隐士氛围,模拟陶渊明"采菊东篱下,悠然见南山"的时空境界,在外山岭崖壁前建了三合头房一所。背靠山峰,面向远山,周围种些奇花异树。正房露向天井之间,带前廊,左右耳房各三间也带前廊,右耳房满贮图书,是毛凤五读书的地方。花园中的毛氏山庄、三友精舍,均系普通三合头民居,格局、装修与农舍毫无二致。

两舍之间约三百米大片空地,建筑了星聚楼、花架、龙门、荷塘、柳堤、桥、碑、佛台,不像一般园林那样故意盘曲迂回,一切因地制宜,以自然雅洁为宗旨。

囿、园、圃、苑多有相通之处,通体与山野连成一片,仅在房余边设有象征性篱笆。在咸丰同治年间兵燹四野的战乱年代,其开放的三合头凹形山庄因之免祸。

5.兰桂园

兰桂园是李渡最大的四合院民居,有16厅,18井,48条屋脊,128扇门窗,更有"千柱落地"之誉。

兰桂园是李渡徐姓家族的产业,修建于清代中晚期。不仅规模宏大,而且工艺水平极高,院内亭台楼阁、假山池沼相映成趣,雕

(兰桂园局部·清代)

梁画栋巧夺天工、栩栩如生。新中国成立初期是马鞍乡成立时的乡政府所在地,直到2010年左右,伴随涪陵新区建设,兰桂园才被拆除。

6.平安垣徐姓大院

在李渡当地,平安垣与兰桂园齐名。大院为东西并排三组院落,上、中、下三组院落皆以高大的封火山墙隔围,山墙开门连通,总占地面积5805平方米,建筑面积4027平方米。

上院、中院进深为三重堂庭院,下院为祠堂。三组院落,皆采用沿进深布置数重庭院的组合方式,使用穿斗与抬梁混合木构架,灵活安排空间,既适应封建士大夫礼制规则,又满足了人们衣食住行的要求,具有浓厚的地方特色。各种雕饰玲珑细巧,其建筑木雕,是稀有的清代民间雕刻工艺品。徐姓大院是长江沿岸清代民居建筑风格演变难得的实物资料。

7.韩龙百户城

百户城位于马鞍街道韩龙社区,为明末清初湖广移民所建院落,据称为一位官至"百户长"的官员的私家宅院,以其可以居住一百户人家而得名。

百户城的布局除正屋一侧或两侧出厢,或多进相连之外,更有多户并连,或一户一开间,前厨后卧,或一户二间,增一堂屋,形成统一规格的集体住宅形式。民居皆不加粉刷,山墙有一字形、担子形(二担子,三担子)、金字(人字)形、弹弓形等多种变化和组合。其建筑形制,在巴蜀地区十分罕见。

8.义和画家院

相传,此院为一搞泥塑木雕的艺人所建。该院坐东向西,原为三重堂庭院,1980年后仅存后院正厅与两侧厢房,占地面积约1025平方米,建筑面积约280平方米。正厅面阔四间15.8米,进深13.12米,通高8.5米。明间大额下安雀替,廊内明间装修极为华丽,雕刻的花草鸟兽十分精美,此院为研究明清两代民间雕刻艺术提供了可靠的实物资料。

9.玉屏湾郭姓大院

该院建于清代,由前厅、中厅、后厅组成,四周以封火墙围合,占地面积1328平方米,建筑面积1149平方米。各单体房皆为穿斗抬梁式木结构建筑。

前厅面阔七间31.66米,进深8.7米,高7.1米。中厅面阔五间25.06米,进深10.94米,高7.8米。后厅面阔23米,进深2.5米,高5.1米。

该建筑诸如鸟兽花草各种雕刻皆十分精美,是具有地方传统特色的三重堂院落,装修工艺精美,是研究我国建筑史和民居建筑艺术的可靠实物例证。

10.大柏树红椿堂

红椿堂为三重堂四合院,分上、中、下三重堂屋。1983年已破败,尚存后院正厅与两侧厢房,占地面积1125平方米,建筑面积295平方米。正厅面阔四间15.8米,进深13.12米,通高8.5米。

11.石泉桂花园

桂花园原系张姓大院,有桂花树两棵,是一所中等阶层宅第。占地面积798平方米,建筑面积467平方米,有门厅、中厅、后厅及东西侧厢房。建筑无雕刻装饰,建筑色彩为大本色,一楼一底形制,青瓦屋面,抬梁穿斗式木结构建筑,具有中国明代南方古民居的显著特征。

12.妙音徐家祠堂

徐家祠堂占地面积515平方米,建筑面积479平方米。现存建筑有门厅、中厅、后厅及东西厢房,石造门及封火墙,结构规模保存完整。各种雕饰玲珑细巧,其建筑木雕,是清代稀有的民间雕刻工艺品。

13.镇安吴家大院

吴家大院因吴家冲吴姓聚居于此得名。大院坐北向南,前后三重庭院,四周以高大的封火墙和土火山墙围合,占地面积1493平方米,建筑面积931平方米。屋面皆使用仰合小青瓦。建筑由门厅、前厅、后厅与两侧厢房组成,皆为抬梁穿斗式木结构。

门厅、大门为石造,两侧建八字形墙,面阔三间9.7米,进深2.7米,通高6米。后厅面阔三间15.8米,进深14.67米,高9.2米。

大院布局采用毗连式,将中轴线上各厅与两侧厢房以横坊和槛木连为一个整体。在天井四角以四根檐柱将前后厅左右厢房的前廊围成回形走廊,给面积较小的天井增加了透空感。雕刻十分华丽,独具一格。

14.石龙楼房湾

建筑形式为一楼一底,占地面积515平方米,建筑面积479平方米。原貌有门厅、中厅、后厅及东西厢房,石造门及封火墙。

15.石泉花园

因清代刘姓人家在其"院子湾"宅第旁修建花园而得名。花园占地面积515平方米,建筑面积479平方米,建筑有门厅、中厅、后厅及东西厢房,石造门及封火墙。

16. 石泉大学堂

原本为张家祠堂,后为张姓族人读书的私塾。相传过去此学堂出来的学生,可直接参加举人、进士考试。占地面积1008平方米,建筑面积567平方米。有门厅、塾房、中厅、后厅及东西侧厢房。

17. 义和五福院

因该古建筑的大门横额上书五个"福"字而得名。五福院面阔23米,进深2.5米,高5.1米。该建筑中雕刻的鸟兽花草等皆十分精美。

18. 义和粉壁图

该建筑正厅面阔四间15.8米,进深13.12米,通高8.5米。墙壁粉饰,绘有图案花纹,很有特色。

19. 李渡三寨

"李渡三寨"是对李渡镇境内三个较有特色的寨堡的统称,它包括红豆岭寨、普安寨、里仁寨。

红豆岭寨位于今马鞍街道盘龙社区,建在义和场东南的红豆岭山顶部,寨形近似四方形,现有残缺的一座小寨门。红豆岭寨占地面积4572平方米,寨墙周长268米。现存条石垒砌的寨墙长208米,高0.8米至4米。红豆岭寨原有2个寨门,寨门及部分寨墙条石,在农业学大寨时,被当地村民拆除,用于改田改土。

普安寨位于李渡街道云星村3组,寨依山而建,随形敷体,面积21537.22平方米,周长695米。寨墙用砂岩条石垒砌成,长234米,高2米至4.73米,厚0.85米,其余部分依托断岩峭壁。普安寨为清嘉庆年间修建的寨子,由当地村民为抵抗白莲教而修。平顶寨门,门通高2.98米,门洞高1.98米,宽1.48米,进深3.7米。普安寨南面,残存炮台1个,长6.7米,宽6.5米,厚1.34米,南、西面各有射击孔1个,长0.35米,宽0.15米,距地面高1.2米。该寨属嘉庆年间李渡一带规模较大的区域性中心寨。

里仁寨位于马鞍街道两桂社区3组,占地面积8246.65平方米。有寨门3个,其中两个损毁,现存东寨门1座。东寨门通高3.25米,门洞高2.4米,宽1.5米,进深1.7米,门额上刻有"里仁寨"寨名。里仁寨周长571米,现存有用条石垒砌而成的寨墙长220米,高2—3.8米,厚1.2米,中间用砂石土填筑,其余部分依托断崖峭壁。里仁寨遗址四周为悬崖，易守难攻，为重要的防御工事。

20.晏子山寨

晏子山寨位于马鞍街道双溪社区晏子山顶，什么时候创筑已无从稽考，相传宋代蜀中名儒晏渊曾经在这里讲学，"晏子山"的名字便由此得来。

晏子山寨有三重寨墙，每一重寨墙上都有女墙、瞭望台、射击孔。寨墙里面，是供人行走的宽阔大道，以便于危急时分守寨人互通消息，彼此驰援。据老辈人讲：清末民初的乱世，寨上住有上千人，并有一个班的兵丁日夜防守。经常有被抓获的土匪，在寨门前面的空地上被审问和处决。

三、李渡宗教建筑拾零

东汉中期佛教传入李渡，大约与佛教传入巴蜀地区的时间一致。此时，境内有著名佛家寺院中峰寺。东晋时，境内有闻名全国的相思寺和阿育王塔。南北朝时，有著名的寺院灵迹寺。唐代以后，佛教在李渡得到进一步发展。明清时期达到高潮，境内有寺庙近百所，僧尼数百人。道教于东汉末期传入李渡，南北朝时有太乙真人，唐初有蓝冲虚，分别在李渡太乙门、祖师观修行得道。明清时期，道教在李渡发展到高峰，信众和宫观比以往任何时期都多。

数量众多、特色鲜明，是李渡宗教建筑的一大特点。仅李渡镇，就有"九宫十八庙"之说。实则，仅明清时期，李渡镇著名的宫观庙宇就有玉皇观、禹王宫、关圣殿、元帝宫、三清观、川主庙、王爷庙、肖公庙、张爷庙、桂林寺、观音寺、妙音庵、十方堂、云峰寺、镇龙寺、观音堂、五显庙等20多所，此外，还有天主堂一座。远过于"九宫十八庙"之说。这些庙宇，除禹王宫、张爷庙、桂林寺有戏台和书楼以外，其余不论大小都只有一殿。分布在李渡镇以外各乡镇的寺庙，规模一般不大，比较出名的有：中峰寺、王灵祠、东岳庙、倪丰寺、倒座庙、翠游寺、龙泉寺等。

1949年以后，尤其是"文革"时期，李渡的宗教建筑遭受到史无前例的破坏。今天，这些建筑十不存一。即使保存下来的一星半点儿，也仅剩下些断垣残壁。

（一）肖公庙

肖公庙位于李渡老街柴市坝官梯子尽头的横街口上，是川、渝、黔各地肖公庙祖堂。此庙建于明朝永乐年间，后经扩建改称"水府宫"，但是民间一直沿用旧名，迄今不改。

传说横街口的肖公庙，是"靖难之役"后建文帝隐于川、渝、黔之间的一座行栈，是经过其叔父、当时的蜀王默许，由建文帝任姓扈从所建。建文帝死后，姓任的下江人仕途受挫离开李渡，镇里的水保倡导重修了行栈，并命名为"肖公庙"。又有传说，肖公姓肖名"天任"，以挑水为生数十年，在镇上做了许多善事。他去世后，李渡人建庙纪念他。

肖公庙大门为石造，两侧建"八"字形墙，面阔三间9.7米，进深2.7米，通高6米。

肖公庙门前还有一座乌头门，为明式牌楼。

1949年前后，庙内开一茶馆，称"大同茶社"。1949年后，曾在肖公庙设派出所，后为李渡区供销社工业品和副食品仓库。三峡库区蓄水后，肖公庙被拆毁。

（二）太乙门

太乙门，又名"乙天门"。位于旧镇西大巷子尽头高岩口之上的太乙洞之前。

太乙洞又名"紫金洞""金光洞"，是汉代道教孑遗，始建于东汉建安二年（197年）。张衡于此设"天师治"，是道教在枳县传习的中心地之一。太乙门则建于唐宋时期，门内的祖师观建于唐代。

太乙门两边是用青石砌成高2.55米的门框，上部为直径0.5米的弧形砖砌门框。门框外侧2米处

（太乙门，相传为太乙真人修道之处）

是悬崖。太乙门里侧是5米多高的挡墙，不远处便是几十米的高岩。太乙门内

长6.8米,宽28米,以木方横梁与楼板组成廊顶,青石为底板的通廊。其两侧为高2.5米左右的青石砌体,廊边有方条石凳,已被磨成黝黑光滑的苗条细凳。廊顶为双重屋檐的砖木清水瓦房。

相传,太乙洞内藏有《太平清领书》一百七十卷。该书又名《太平经》,成书于东汉时期,卷帙浩繁,内容庞杂,是黄老道的主要经典。"文革"初期,红卫兵毁洞,却并未寻见此书。

今天,太乙门的大部分建筑尚存。

(三)太乙门上的庙堂

1949年前,太乙门上有四座庙宇,从上到下依次为:玉皇观、文昌宫、祖师观、释方堂。

1.玉皇观

玉皇观建在太乙门上最高处,有二殿。前殿为玉皇殿,后殿为三圣殿。两殿中间掘一小池,池上建一座石拱木亭桥,称奈何桥。山门牌楼前林木繁茂,有石阶伸向岚垭。后殿屋宇高高矗立在西坡顶上,从背后仰视,更显巍峨。

玉皇观本为道观,建于康熙三年(1664年)。钟楼、鼓楼为清光绪二十七年(1901年)建。占地面积602平方米。前殿,面阔五间,通宽17.08米,进深6.24米,通高5.9米。后殿,面阔五间,通宽17.24米,进深13.32米,通高8.4米。皆为悬山式穿斗木结构建筑。今天尚存部分遗迹。

2.文昌宫

文昌宫位于玉皇观前面的下一个岚垭上。文昌宫只有大成殿,始建于洪武末年。曾有田产40石,至1949年前夕,只有两个龛师靠化缘为生。今天仅存遗址。

3.祖师观

祖师观位于文昌宫与释方堂之间。据乾隆五十二年(1787年)版《涪州志》记载,其应为唐庙,康熙年以来多次修缮。占地752.7平方米,建筑面积668平方米。正殿各柱胸围150厘米。祖师观有田产60石,1949年前后由两僧人住持。于2002年被拆毁。今天仅存断垣残壁。

（李渡祖师观）

4.释方堂

释方堂是距太乙门最近的一座庙宇,建于明末,有明天启乙丑进士、州人向鼎作的碑文存于《涪州志》。

（释方堂复原图）

此庙正殿为大雄宝殿和牛王殿,临岩口的为观音殿。原为男僧,后为女尼住持,有田产40石。

大雄宝殿,面阔五间,通宽17.08米,进深6.24米,通高5.9米。后殿牛王殿,面阔五间,通宽17.24米,进深13.32米,通高8.4米。为悬山式穿斗木结构建筑。殿内明间置双层须弥座石佛台,座上供释迦牟尼三身佛。

抱厅为穿斗木结构建筑,面阔五间23米,进深二间6.55米,通高10.7米。

戏楼为歇山式,穿斗梁架,面阔6米,进深4.4米,高12.3米。

观音殿,面阔五间,宽17.08米,进深6.24米,通高5.9米。为悬山式穿斗木结构建筑。殿内明间置双层须弥座石佛台,座上供观音菩萨。

山门为三重檐砖石仿木结构,面阔23米,高12.3米。正面及门坊两侧有大量砖石浮雕,建筑、艺术价值较高。

今天,仅存遗址及少数断壁残垣。

(四)桂林寺

桂林寺坐落在马鞍街道两桂里仁寨西北侧的一个小山湾里,建于明成化二十二年(1486年),为刘岌致仕后捐资在已毁的宋庙原基上复建而成。明代的桂林寺为四重堂十方丛林,其门户多达108道,是故民间流传"南坪的米,桂林寺的屋"之说。此寺在同治本《涪州志》中亦有记载。

(桂林寺大雄宝殿)

桂林寺门外有一对大石狮。从山门入,即山王殿,接着进入下殿(南马殿)、正殿(关爷殿)、上殿(大佛殿)。最上为僧人宿舍,右侧为送子殿,其下立十八罗汉;左侧为食堂,供四方居士进膳。下殿上方建有六角亭,飞檐翘角,雕工精美,内设石桌石凳,供名士品茗或弈棋之用。寺内有两株合抱粗的金桂与银桂树,传说为刘岌所植。

经明末清初战乱,四重堂仅存两重堂(殿)的四合院。两殿为旧物,戏台和厢楼于民国初年增修。楼台殿宇全为飞檐斗拱,雕梁画栋,十分壮观。

上殿正中、正反两面分别为玉皇大帝、释迦牟尼塑像,两旁为十八罗汉,北面厢房为南海观音。下殿正中是文昌神龛,南北两侧陪以雷神、火神菩萨等各类神像。下殿前面越过天井是戏台,两边厢房为书楼,楼上、楼下及天井均为观看演出的地方。上下两殿南面厢房为客房及僧人宿舍。

寺院背后,崖壁自成高岩,岩上有一片青冈林环绕。1949年前后,寺内有尼姑3代共8人。寺院有田产60石,除收租谷外,有劳动力的尼姑也参加劳动,耕种5石苞谷土的旱地,并兼营养猪等副业。今天,仅存遗址。

(五)妙音庵

妙音庵位于马鞍街道红星社区,初建于明万历四十八年(1620年),占地约68000平方米,建筑面积2386平方米。

此庵坐东向西,山门以内有殿宇三重。各殿正中,分别为玉皇大帝、释迦牟尼、南海观音塑像,两旁尚有二十四诸天、十八罗汉及送子娘娘等神位。上殿与中殿仅隔滴水,中殿与下殿之间有一天井,南面厢房为僧人宿舍及客厅。

大殿的梁架结构简单,为四架椽屋,通檐用二柱,柱升起、侧脚显著,柱头仅施阑额一道,至角柱不出头。柱头斗拱无补间铺作,屋顶举折平缓,出檐深远,全殿比例优美匀称。

殿前有钟鼓楼。大殿檐下有数步石梯,中间有甬道通往山门。甬道两旁筑有花台,台上各植桂花树一株。

山门与寺墙相连,周围尚有许多杂树,其中以南侧的4株银杏最为挺拔。山门前面有一棵大黄葛树。黄葛树外岚垭上是一片青冈林,林间有和尚坟石塔一座。面江一侧山垣,一字排开若干百年柳树,江舟之上远眺,蔚然大观。

1949年前后,庵内有女尼3代共10人。今天,庙宇已不见踪迹,遗址上修建了涪陵三中(涪陵一职中)。

(六)王灵祠

王灵祠位于今马鞍街道鹤凤社区,距离鹤凤滩码头约2500米。始建于明代,最先是道教护法神王灵官的庙堂。

明代万历年间,曾任湖南衡州同知、在家乡有诸多善举的鹤凤滩人夏子云去世后,乡人为他铸造雕像,并置放于王灵祠以供祭祀。

不知道什么时候,王灵祠被改为了佛教寺院,当地人亦称之为"王灵庙"。1949年前后,还有数名僧人住持。

王灵祠为四合院一殿式结构,正殿里供奉着释迦牟尼、观世音菩萨等诸神塑像,两边厢房是僧人的宿舍。直到2016年前后,修建涪陵保税港,王灵祠才被拆毁。

(七)倒座庙

倒座庙位于义和镇松柏村,为清咸丰二年(1852年)建,供奉释迦牟尼像。因庙门朝着地形的反方向开而得名。今天,庙宇已不见踪迹,遗址上建了一座学校。

(八)翠游寺

翠游寺位于义和镇大柏树黄草山上。始建于唐,与兰竹寺同为晚唐古寺。现在仅存遗址。

(九)龙泉寺

龙泉寺位于义和镇大柏树黄草山上,相传为明代建文帝落脚的寺庙。该寺毁于明朝朱棣执政期间,1919年在原址复建。寺内供奉土地神,以山上有龙泉水而得名,现在仅存遗址。

第八章　风景名胜

李渡历史悠久，名胜古迹资源丰厚。既有风景优美的自然风光，也有历史久远的人文胜景；既有商、周、战国遗址，出土了全国最大陶棺的冉家湾汉墓，及涪陵最早的宋代水利题刻，也有明清时期为数众多的庙宇、桥梁；既有南宋的抗元堡垒三台寨，也有川东著名的民居大院兰桂园……它们共同构筑起李渡这片土地上多姿多彩的靓丽风景。

第一节 自然风光

一、黄草峡

黄草峡因黄草山而得名,为"巴三峡"(另两峡为明月峡、东突峡)之一,西起长寿区永丰场附近,东止李渡境内的镇安深沱(现义和镇临江村),峡长约3千米。河谷狭窄呈"V"字形,壁岸陡峭,两岸山峰高出江面200余米。枯水期,峡首(北)段宽350米,中段宽约500米,南段仅130米。

黄草峡是重庆至涪陵最窄的地方,峡口北岸为黄鱼岭,南岸老马岭,紧束江流,形成对口急流滩,为川江高洪水期著名急流滩险之一。峡中有"阳关",为"巴三关"之一;有宋代桓侯(张飞)庙、古城门洞等遗址。黄草峡历史悠久,志书载述如缕,文人雅士更是不惜笔墨,屡屡歌颂题咏。其迷人处不仅在于峡谷之险,历来为兵家必争之地,更因为其独特的如诗如画的优美风景。

历代地理志多有记载。《水经注》曰:"涪州之西,有黄葛峡,山高险绝,无人居。"《益州记》:"益州黄葛峡有相思崖。山草多黄,故名黄草峡。"曹学佺《蜀中名胜记》卷之十九"重庆府三·涪州"条对黄草峡的方位有明确的记载:"有赤甲戍,与黄草峡相近,在李渡之上,蔺市之下。"杜甫诗云:"黄草峡西船不归,赤甲山下行人稀。"

黄草峡地势险要,历来都是兵家必争之地。该地曾有屯军并发生过著名战事:汉赤甲军屯军于此戍守,锁江平乱。《华阳国志》载:"东汉延熙二年,马忠定越西,置赤甲军,常取涪陵之民。"《太平寰宇记》载:"汉为赤甲军所聚,故有赤甲戍存焉。"《舆地纪胜》载:"汉赤甲军多聚于此。"《资治通鉴》载:"唐大历四年泸州刺史杨子琳作乱,沿江东下,涪州守捉使王守仙伏兵黄草峡,为子琳所擒。"历史上张飞和张献忠亦曾扼此要塞奋力抗敌,《舆地纪胜》载:"遗俗传以为张王(张飞)战地,其上屯戍旧基存焉。均与《括地志》合。"

历代文人记述,首推杜甫《黄草》中的诗句:"黄草峡西船不归,赤甲山下行人稀。"公元765年,四川战乱又起,落魄的杜甫为寻找安身之地,携家逃难,驾舟顺长江而下,经过宜宾、泸州、渝州,抵达涪州(今涪陵区)的黄草峡。黄草山又名"赤甲山"。流落至此的杜甫触景生情,遥想当年赤甲山烽火连天的战况,联想到兵戈四起的巴蜀大地(杜甫离开成都不久,剑南西山都知兵马使崔旰率兵攻占成都,杀死节度使郭英义。山南西道节度使张献诚等纷纷起兵攻打崔旰,一时间,战火四起,民不聊生),《黄草》一诗道出了"诗圣"忧国忧民的爱国情怀。清代洪良品在《巴船纪程》中记其游历黄草峡时,则客观描述了黄草峡的险峻,并记述其历史沧桑变化。此时的黄草峡已不再是先前"无人居"的荒野之地,而是"修竹数家,伴猿而居",这反映了因白莲教起义、石达开入蜀等所生战乱而使黄草峡恰成为人们的理想居住地的史实。"峡峰虽不及巫山赤甲高耸,而怪石狞恶,水色澄碧,深澈不见底,令人骨栗神寒。晡泊峡口,夕氛暝雾中,隐隐有灯光射出,知近村落,修竹数家,伴猿而居。舟舣其下,大风达旦。"维新思想家郑观应在《长江日记》中描述了黄草峡附近的景观磨盘石、横梁、马绊滩。对于巧夺天工的磨盘石有如此描述:"大块浑圆之石,天然水浪,波纹宛如笔画,漩涡纹归束之处,大则化为深池,小亦成井,至小者则如仰盂,环窍浑圆,星罗棋布,造物之巧,讵可思议。"经横梁、马绊滩时,描述其"奇险":"石岸陡出,快如并剪,中流又有乱石,嵯峨如岛,舟于两石缝中蜿蜒脱颖而出,稍左右偏倚皆败。"由衷发出"吁,可怖哉!"之感叹,并借用李白《蜀道难》中的名句"使人听此凋朱颜"自述其紧张惶恐心情。到民国时期,周传儒在《四川一瞥》中描述其自然景观:"黄草峡的峡峰虽然没有巫山那样高峻,可是怪石狞恶,水色澄碧,深不见底,阴气袭人,从里面经过,另有一番严肃寒栗的气象。"

黄草峡的自然景色独特优美。其独特之美有三:云雾、晨雾、瀑布。层层叠叠的云雾展现在眼前,人们如同在雾海里。那层层叠叠、汹涌澎湃的云雾之海不是在山腰,而是在我们的面前,我们就像一群被隔开在天堂的人,看着云雾不停地往上涌,却总是涌不过我们的双眼,浪层总是在眼前涌动。山峦也朦朦胧胧地浮动在这乳白色的海洋中,或隐或现,仿佛仙山蜃景! 黄草峡的晨雾将我们带进童话般的世界。东方蔓延过来的乳白色的浪烟,被第一丝太阳的热情染成玫瑰色的吻痕,那一片玫瑰红在晨风的吹拂下,逐渐占

（黄草山城门洞）

领了一半天色,与雾色对抗和交融着。太阳红得那么鲜艳,离我们那么近,仿佛能够伸手触摸。当晨雾淡去之后,山中的世界像洗过了一场牛乳浴,清新透明,如在天国。山谷里有条溪流,溪流上有座石桥,站在石桥上,可以看见一条小瀑布从约30米的石壁上飞洒而下,那瀑布溅起的团团水雾,蒸腾在竹林密布的峡谷间,浸润着我们的面孔,令人如痴如醉!

二、朱砂坪

朱砂坪在义和镇朱砂村汪家庙一带。坪上有许多鹅卵石(俗称石宝)。汪家庙前面有一"红岭岗",红石甚多,岗下一水塘,如遇久雨,则塘水昏红。汪家庙左侧有一名为"当门前"(讹传为"宫门前")的院落。

据司马迁《史记·货殖列传》中关于巴清的记载和唐代《括地志》中关于寡妇清台山的确定,朱砂坪当是巴清采丹砂以致富之地。不过,当地人认为朱砂坪之名来源于附近的一个山脊,因其外形与猪酷肖,名曰"猪头山"。猪头山前长江边有一矮山挡住该猪渡河而去,长江对岸一山高耸,名为"猪槽梁"。因此,从形胜学讲,该地风水极佳。因忌讳以猪命名,故名朱砂。

今朱砂坪虽无当年采炼朱砂的痕迹,但有著名的刘作勤庄园,该庄园是民

国时期修建的"洋房"。因此,游朱砂坪,既可以梦回先秦,感受巴清的英姿;也可以欣赏民国时期修建的"洋房",惊叹于李渡人的勤劳与智慧。

三、清台山

清台山在义和镇鸭子村9组,长江北岸的山顶之上。因汉代有著名的寺庙中峰寺修建于山顶,当地人又称其为"中峰寺"。

清台山孤峰独立,山若斧削,地势险要,仅有一条陡峭的羊肠小道与山下相通。从山下拾级而上,右边濒临的长江烟波浩渺,左面因长江水流倒灌而形成的天然湖碧波荡漾。山顶地势平坦,草木茂盛。登高望远,四面山色尽收眼底;振臂一呼,周遭峡谷全是回音。

据相关史料记载,这里就是秦始皇为巴寡妇清修筑怀清台的地方。另据现代人考证,这里还是古阿育王塔和相思寺的所在地。游清台山,既可引发思古之幽情,也能宁静心绪。

四、鹤凤滩

鹤凤滩位于李渡老街上游15千米的长江北岸,现属马鞍街道盘龙社区,是长江上著名的险滩。因附近的大石梁上有不知道刻于什么年代的白鹤、凤凰图案而得名。

鹤凤滩的形成,是因为一道斜插于长江中的石梁——大石梁。大石梁长约1千米,从长江北岸延伸至江心位置,把宽阔的江面挤成狭窄的瓶颈,最窄处仅有100米左右,江水上下落差近10米。进而,形成水深浪急的剪刀峡、乱石崩空的鹤凤滩。鹤凤滩水流湍急、暗礁密布,拍案惊涛卷起千万堆雪白的浪花,发出惊天动地的吼声,数里之外都能听见。

春暖花开的季节,漫江碧透,长天一色。大石梁上面的一个个小水潭里,水清透底,游鱼可数。此时,春游的人们纷纷登上石梁,宽阔的江面、汹涌的滩口、静卧的石梁、飘飞的帆影尽收眼底;江风声、江水声、急流声、惊涛声、上下行船拉纤摇橹的欸乃声相映成趣。

在漫长的木船时代,鹤凤滩是长江上行船走水的畏途。不知道多少航船在这里触礁沉没,也不知道多少船工在这里葬身鱼腹。20世纪五六十年代,川江航道整治,对鹤凤滩拓宽改造后,航行条件有所改善。21世纪初,伴随三峡库区蓄水,鹤凤滩基本消失。尤其是涪陵新区攀华码头修建之后,这里已成为一眼望不到边的现代化物流码头和保税港。

五、宿云洞

宿云洞位于李渡鸿舞溪,现太乙门社区,相传为唐代蓝冲虚修道之所。

该洞前临滔滔大江,后靠巍巍群山,竹树环合,林木荫翳,古木苍藤垂悬洞顶。洞内有石楼、石室、石凳、石桌、石椅,一应生活设施齐备。洞口有瀑布自山顶飞流直下,溅起无数珍珠、万千水花。源于此,一年四季皆水雾不散,仿佛暮烟朝云徘徊于洞前、寄宿于洞内,"宿云洞"的名字便由此得来。

如此寂静幽深的环境,不仅是修炼悟道的理想场

(宿云洞)

所,而且是读书做学问的好地方。清代道光年间拔贡、曾任翰林院检讨的李渡人潘履谦,幼年时曾读书于附近,后撰写有《宿云洞记》,意境高远、文辞优美,至今为人所称道。

第二节　人文胜迹

一、怀清台

巴寡妇清是重庆名人,更是涪陵名人,亦可说是李渡名人,《史记》《华阳国志》《括地志》《舆地纪胜》《烈女传》及《重庆市志》《涪陵市志》等多有记载。怀清台之址虽有长寿、彭水之说,但其址在涪陵一说,则逐渐为更多的学者所采用,亦是一种比较审慎具有据的说法。其理由如下:

第一,怀清台在涪陵城西24千米长江北岸、今义和镇鸭子9组境中峰寺山顶。相传此地乃秦始皇为巴蜀寡妇清所筑怀清台所在地。唐代《括地志》载:"寡妇清台山,俗名贞女山,在涪州永安县东北七十里也。"据《寰宇志》记载,唐永安故城在涪州西南75千米,即今长寿区东南永丰场,其东北35千米,与中峰寺所在位置大致相当。

第二,地理专著《舆地纪胜》对"正(贞)女山"有明确记载。曾亲自上岸到长、涪交界一带考察过的南宋人王象之,在其地理著作《舆地纪胜》一书的涪州"正女山"条目中记载:"在州治溯流四十里江之北岸,两峰峭绝,俗传秦时有一正女在其上修行,始皇南游访之。"正女山与今中峰寺的方位基本相符,宋涪州州治溯流而上的20千米北岸,恰即今涪陵李渡区境。

第三,中峰寺的形胜绝佳,是皇帝御赐修筑、万古流传的名胜之地。乾隆年间《涪州志》卷五《建置志》中载,中峰寺"孤峰独立,四面削壁,危梯峻绝,其上林木荫翳,苍翠接天。水涨内港环通,宛然青峰浮于水上"。长江边这座"孤峰峭绝"的仙地,便是古代形胜上的理想之地。

第四,新中国成立初期,有秦台村名存在,现改为琴台村。

第五,以当时的交通状况和运输条件考虑,于交通相对便利的大河沿岸依山就势而修筑怀清台,当然为选址的不二选择。

二、太乙门

太乙门位于李渡老镇西、大巷子尽头的高岩之上,现存的太乙门建于宋代,为全石拱门,因传说太乙真人曾在此修道而得名。

"太乙门高岩百尺,长庚渡阔浪千重。"这是清代诗人毛凤韶对李渡景观的写意之作,描绘了太乙门俯临波涛滚滚的长江而立于百丈悬崖之上的景观;李渡人傅炳墀《李

（太乙门下老李渡）

渡》一诗则为太乙门呈现出一幅诗意浓浓的美景图画:"楼台夜月长庚渡,花柳春风太乙门。"濒临大河,春意盎然,亦喻指李渡因太乙而得春风之先、物华之灵。

太乙门两边是用青石砌成的高2.55米的门框,上部为直径0.5米的弧形砖砌门框。门框外侧2米处是悬崖,即使是三峡水库蓄水期间,太乙门离江面仍有数十米。太乙门里侧是5米多高的挡墙,不远处便是几十米的高岩。挡墙及高岩上是今涪陵中学的校园,高岩下的太乙洞佛像遗址处仍有市民烧香祈祷的痕迹。附近巨型岩石上,还有清代及以前留下的多块高近2米、宽近1米的题刻

碑,其上书写的"旌表节孝""清福彤管"等字样清晰可见。太乙门内长6.8米,宽28米,以木方横梁与楼板组成廊顶,青石为底板的通廊。其两侧为高2.5米左右的青石彻体,外侧砌体表面风化严重,廊边昔日轮廓明显且显粗壮的方条石凳,已被磨成黝黑光滑的苗条细凳。廊顶为双重屋檐的砖木清水瓦房,屋盖下不少木件有数百年历史。随着位于高岩之上以西、以西北的李渡新区交通干道的建设,昔日残存在台地丘陵地带上的古道已不复昔日辉煌。历史悠久的李渡太乙门,已成为李渡老城老街的一个值得传承的文化元素符号,留在人们心中。

三、三台寨

本名三台砦,当地人称"东堡寨",位于李渡街道玉屏社区,建于南宋咸淳二年(1266年),当时因抗元战争需要,涪州观察使阳立奉命修建。其后,至祥兴元年(1278年),这里为涪州州治所在地和南宋军与蒙古军的激烈争战地。

三台寨雄踞小溪与长江汇合处三角地带制高点上,其西面河岸阶地三迭,故名三台山。西寨门夹沟而设,八字炮台拱卫;东寨门仅壁路可入,依崖据险。整个大寨巍然险峻,气势雄伟。山势东北西南走向,最高点名王子顶,王子顶西坡下有数亩大的地方,即当年涪州衙门所在地,现大致可辨出有三重台基。

在第二重台基上,现存石狮一对:一立,一侧。立狮口方而阔,咧嘴东望,形象古拙,雄劲传神。其头围2米、腰围2.3米、腿粗0.8米,重1吨多。

三台寨就地取材,用砂岩条石依山而建,内城周长1千米多,圈地约5.3万平方米。寨之东、西、北三面置厚4米、高4至6米的寨墙,依托断岩峭壁;寨东南无墙,悬崖千仞,俯临长江。东寨门大致坐西向东(北偏东70°),门面及左面寨墙虽风化严重,但门额上"三台砦"三个欧体楷字仍明晰可辨。寨门总高4.4米,门洞高2.3米,宽2米,拱高1米。寨门分内外两层(门板已不存),总进深4.83米,其中内门深2.25米;外门深2.58米,比内门高20厘米。从石狮下行二三百米即西寨门。现仍保存完好,其结构与东寨门同。外城占地30万平方米,已发掘城门一座,现阶段正在考古发掘中。西寨门上的寨墙内侧,还残留着一些近百斤重的石球,有的中间凿孔,这大概是古时作战用的石雷或石炮。

西门外有石中所涌清泉,凿石为井,四季不竭。

三台寨最重要的古迹是三台砦碑,它位于东门外石级大路旁。石岩壁立,走向北偏西40°。题刻高1.4米,宽1米,7.5厘米宽的边框,饰云龙纹图案。题刻楷书双钩,正文为:"涪守臣阳立奉命相视三台申阃创筑",落款为"宋咸淳丙寅春记"。正文3行,行距9厘米;字大17厘米见方,字距5厘米;落款字大10厘米见方,字距1厘米。至今寨墙、寨门大多保存完好,寨内外尚可见到斑斑古迹。

1984年11月,三台寨被列为涪陵市重点文物保护单位。

四、花园

花园又名"文家花园",位于今义和镇镇安社区,是明代举人、宛平县县令陈可则故居。原修有池塘亭榭,名"快哉亭",并有凹书"高山流水"四字。后为清代举人文人蔚的家,自建有"润花书屋"。广植花草,花多时达上百种。花园为上下厅建筑结构,被原州志列为名胜。现大部分已毁。

五、文馨湖

文馨湖又名"水磨滩水库",位于距涪陵城区43千米的李渡街道境内,是20世纪50年代开工建设的一个人工湖泊,是一座以灌溉为主,兼有养殖、防

（文馨湖）

洪、供水、发电等多种功能的中型水库。水库总库容1254万立方米，水域面积14平方千米，背靠风景优美的黄草山脉，湖光山色相映成趣，空气清新，环境优雅宜人。

当年，在修建文馨湖的过程中，曾发掘出一座宋代古墓。古墓为夫妻合葬，在夫妻俩的棺椁中发现了一方刻有"相思"二字的印章。该印章被命名为"相思印"，作为珍贵文物被国家博物馆收藏。于是，这一方土地便被人们赋予了相思和爱情的内涵。

今天，涪陵区以"千古相思梦，浪漫文馨湖"为形象定位，以文馨湖水库的湖光山色为依托，打造集文化体验、休闲度假、商务会议、乡村旅游为一体的具有浓郁浪漫情调的高端生态休闲度假旅游区。景区内景点都以相思和爱情文化为内涵规划设计，旅游设备设施充分彰显浪漫格调，让人们置身其间畅饮爱情的醇酒，体验千古爱情的巨大魅力。

六、金科现代农业园

重庆金科现代农业园位于涪陵区义和镇境内，园区面积1.9万亩，是重庆市特大型苗木基地、重庆市统筹城乡发展综合试点单位，先后被涪陵区、重庆市认定为区、市级重点龙头企业。

金科农业园是一座以山水为特色的5A级都市田园，致力于让广大市民充分享受"离尘不离城，在乡不是乡"的自然环境，竭力构建养生休闲、生态园林及特色农业、乡村旅游及服务业三大产业。

园区内道路笔直平坦，花木成畦，果树成林，林木面积达7000多亩。园内一年四季都有鲜花盛开，春夏秋冬都有水果成熟，寒来暑往都有新鲜的蔬菜可摘、可采……尤其难能可贵的是，一条小河从园区内穿行而过，河水潺湲流淌、清澈透底，小河两岸碧草芊芊、鸟语花香。围绕这条小河为主线，园区内分布着3座水库、32口山坪塘，构成一个多姿多彩的水世界。

园区内有鱼庄、农庄、开心农场、观光果园及各种健身娱乐设施。每逢春秋之际，分别在园区内举办赏花节、采果节、垂钓节、赏菊节等文化娱乐活动。周

末和节假日在这里，可观光赏景、可休闲垂钓，可菜地躬耕，可梨园采果、可大快
朵颐、可小酌慢饮……尽享生活的美景和人生的快意！

（金科现代农业园）

大事记

大事记

（1911—2016）

清宣统三年（1911年）

11月27日，同盟会员高亚衡（大山场人）、郭香翰等推翻了清王朝在涪陵的统治。

民国二年（1913年）

1月，刘西池（义和乡，现义和镇人）、刘云裳（云集乡人，1954年云集乡划归长寿县）当选为四川省第一届议会议员。

涪州改称涪陵县，沿用清末九镇九乡设五区，李渡仍为第一分区。

民国四年（1915年）

春旱，米荒。

春，涪陵县知事徐琼亲临李渡督令，将沿江一带行将收获的罂粟铲除尽净。

民国六年（1917年）

李渡镇光裕小学（李渡小学前身），始按教育部规定的小学课程授课。

民国九年（1920年）

涪陵县邮电局在李渡镇设代办社（曾改名"代管所"）。

民国十三年（1924年）

5—7月，70余天未下雨，禾苗枯槁，农业收成平均不到四成。

民国十五年（1926年）

黄国汉（大柏乡人）同一些进步青年，创办《大民报》，发行5期后停刊。

民国十六年（1927年）

民生公司民生轮，始航涪渝线，上下均在李渡"接漂"搭客载货。

民国十七年(1928年)

4月,共产党员余测任李渡镇、大义镇、百福乡(现百胜镇)三镇乡联团大队长,开展禁烟、禁赌、禁妓、剿匪、整顿社会治安等工作。

9月14日,郑益阳等在金银场组织农民暴动,杀死地主王须之等人,取走金银场银圆数千元。后郑益阳被捕入狱,死于狱中。

7月,黄国汉、黄昔畴(现义和镇大柏树人)等在李渡镇成立中共李渡支部,黄昔畴任支部书记。

民国十八年(1929年)

2月,中共李渡支部奉涪陵县委指示在李渡镇释方堂内(现涪陵中学)开办织布厂,作为县委的秘密机关。

3月22日午时,共产党员余测在李渡梁沱英勇就义。

民国十九年(1930年)

废除民国初年的团甲制,改团甲公所为乡镇公所,改团正为乡、镇长。

民国二十一年(1932年)

4月,李渡淫雨成灾,农村田土多被水冲坏,禾苗不能结实。

又遭天旱,稻谷、红苕、鸦片损失严重。

民国二十二年(1933年)

李渡镇东堡、小溪一带,感冒流行,历时两月才基本消灭。

民国二十三年(1934年)

民国政府定涪陵为产烟区,发给种烟户种烟执照。

6月2日,张孖夫(现义和镇大柏树人)、杨化周(现李渡街道韩龙场人)等在大柏乡建立"黄草山社",向农民进行爱国主义宣传。

是年,旱灾,田间稻禾枯焦,几乎颗粒无收。

民国二十四年(1935年)

7月,连续20余天无雨,田禾枯槁,所有塝田穗尽白壳。

民国二十五年(1936年)

4月18日晚10时,各乡镇遭冰雹,雹大如卵,沟壑充盈;兼有强风烈雨,致鸦片烟、豆、麦以及新种的苞谷多被摧毁和淹没。

清明以后,又无水播种,至栽秧期间降雨不多,许多农户用"扦担"打眼栽秧。

是年,涪陵戒烟委员会成立。乡间习惯上称"戒鸦片之年"。

民国二十六年(1937年)

推行联保制,改乡镇公所为联保办事处,乡镇长为联保主任。

民国二十七年(1938年)

7月20日下午3时至次日9时,李渡雷雨交加,致山崩崖坍,田土冲毁、桥梁冲断、道路损坏、农作物多被泥沙淹没,沿坡地、河畔的房屋、人畜、家什被洪水冲走,损害极为严重。

是年,国民革命军一二一后方医院和第八休养院先后迁来李渡。

是年,李渡开始放映无声电影。

民国二十八年(1939年)

3月8日,大柏乡"民众书报社"成立。

6月1日,大柏乡建立"南强球队"。

8月,"八一三剧社"成立。张光前等利用这些组织,向广大群众进行爱国主义宣传。抗建中学经张锡九、冯为儒等历时8个月的组织筹备,在石龙寺建立,校长为冯为儒。

民国二十九年(1940年)

取消联保制,复建乡、镇,办事机构和行政人员的称谓做了相应的改变。

改李渡邮政代办社为邮电局。

四川省立涪陵中学迁来李渡镇山稍湾。1941年迁至涪陵秦义园。

民国三十年(1941年)

7月8日,中共大柏乡小组领导青年进行反大柏乡乡长尹正鹄的斗争。

11月18日,尹正鹄勾结国民党军政人员进行反扑,将黎俊流、黎成斌等逮捕入狱,严刑逼讯。

民国三十三年(1944年)

10月17日,四川省参议员张树德等人到李渡察访县政。

镇安乡创建中国国民党首都民族中学吕明魂附属中学。

民国三十四年(1945年)

农历七月,长江水涨,最高水位168.66米。

是年,国民革命军一二一后方医院、第八休养院撤走。抗建中学改为建成中学。

民国三十六年(1947年)

7月25日,党领导的地下武装建立,余合荣任镇安乡武工队队长,张永才为大柏乡武工小组组长。武工队(组)员计24人,有长短枪17支。

12月,中共川东临委派陈丹墀来大柏乡与张光前共同开展党的工作。

是年,李渡镇张茂胜始用蒸汽发电机加工谷米,并为自己和附近几户人家照明。

1949年

11月30日,中国人民解放军第47军417团解放李渡区,结束了国民党在李渡的统治。

12月1日13时,中国人民解放军第47军417团经石家沱渡长江,在镇安场截获国民政府军军舰1艘,俘敌200余人,其中有两名高级军官;10日,中国共产党涪陵县三区委员会及三区区公所成立,三区辖22个乡镇,区公所驻石龙寺。

1950年

1月1日,各乡镇开展庆祝解放活动,组织有龙灯、狮舞、腰鼓队、秧歌队,举行了盛况空前的游行;鹤游坪顺天教(俗称"刀儿教")教徒窜来三区边境骚扰,杀死工作人员吴家和、袁世金,涪陵县独立营前来清剿,在华东乡(现李渡街道新龙村,地名懒板凳)打死30余人,生俘其余人等,后劝其归家从事生产。

不久,一股"刀儿教"教徒包围了三区区公所。中共涪陵县委组织部部长石德奎从区公所内挺身而出,向"刀儿教"教徒宣布党的政策,劝其解散。

同月,三区的北沙划归城区,义和、大山、镇安、文馨、致韩、金银、石泉、石龙、苟来、世忠、百胜、李渡镇划属三区,石回、邻丰、回龙、同心、华中、隆兴、汪家、云集划属七区。

因镇安和大柏树均有场和集期,各分立的乡同时又重新编区,这次划分,三区辖李渡镇荣桂、石泉、苟来、金银、致韩、石龙,十二区辖大柏树、义和、镇安、文馨、大山,十三区辖云集、华中、回龙、汪家、邻丰、石回。百胜、世忠、隆兴划入四区,同心划入十四区。

2月,各乡开展禁烟肃毒运动。成立戒烟学习班,集中瘾民勒戒。没收了毒品、烟具、赌具,分别集中在李渡上中坝烧毁。瘾民经过学习,全部脱瘾。从此,肃清了李渡区100多年的鸦片流毒。赌博之风,亦基本杜绝。

是月,李渡开始放映有声电影。

3月,李渡派出所成立。

4月,三区和十二区的税务所、中国人民银行营业所和粮库相继成立;潜伏在镇安乡的特务分子王德堂在庄子岭郑雪芹家,杀害中共党员及工作人员任天祥、余云九等4人。王德堂作案后潜逃,后经政府缉捕归案,在镇安乡被枪决。

5月,三区驻地由石龙寺迁到李渡镇关庙,三个月后迁到杨家院子;是月,自2月开始的征粮支前工作基本结束。

9月,废除保甲制,建立乡、村农民协会,开展减租退押、清匪反霸、镇压反革命运动;李渡太乙村的张继先出席"全国工农兵劳动模范代表大会"。

是年,李渡榨菜厂建立。

1951年

1月,李渡镇农村部分划出成立兰桂乡,乡政府设在兰桂园。

2月,三区增设马鞍、七里两乡;十二区增设大义镇及鸭子、桂馨两乡;5—7月除马鞍乡(由兰桂乡改)外,所增设的乡镇全部撤销;23日,中共涪陵县委在石龙乡,三区在荣桂乡,十二区在义和乡进行土地改革试点。

8月,进行整党学习,至9月结束;成立中苏友好协会工作委员会。

11月22日,改乡(镇)公所为乡(镇)人民政府,设乡(镇)长。

12月25日,三区区公所召开互助骨干培训会,参加代表有725人。

是年,建成中学由石龙寺迁至李渡妙音庵。

1952年

2月12日,开始开展反贪污、反浪费、反官僚主义(简称"三反")及反对行贿、反对偷税漏税、反对盗窃国家财产、反对偷工减料、反对盗窃国家经济情报(简称"五反")的斗争。整个运动至6月26日基本结束。

4月26日,三区供销合作社成立;三区、十二区选送积极分子分别参加涪陵县党校在蔺市、涪陵举办的农村建党学习班学习。

7月,三区卫生所成立。

10月,四川省第三革命残疾军人速成初级中学校(简称"李渡荣校")迁来李渡镇太乙门(现涪陵中学)。

11月1日至5日,在李渡镇召开物资交流大会,销售金额12.19万元,收购金额3.75万元;23日,十二区(现义和镇大柏树场黄家湾)供销合作社成立。

12月8日至11日,在大柏树场上召开物资交流大会,销售金额2.27万元。

是年,在春耕时组织临时季节性互助组1300个,至年底入组农户达8659户。

涪陵港务局在李渡设囤船以停靠涪渝班船。

地方国营李渡屠宰场成立。

各乡(镇)成立妇女代表大会。

1953年

1月,各乡村开展第一届人民代表大会代表普选。原三区所辖变更为李渡镇、荣桂、石泉、黄旗、马鞍。十二区辖大柏、大山、镇安、盘龙、大义、义和。十三区辖云集、华中、汪家、回龙、石回、中心。十八区辖致韩、石龙、文馨、韩龙、金银。

3月,各乡村开展《婚姻法》宣传。

6月,划小乡。三区共11乡镇:李渡镇、荣桂、石泉、黄旗、马鞍、碧水、南浦、青石、新建、来龙、石马。十二区共12乡:大柏、大山、盘龙、大义、临江、高坪、石岭、朱砂、鸭子、镇安、石院等。十三区共14个乡:云集、华中、汪家、石回、丛林、燕石、安顺、大石、福顺、石塔、青羊、白林、两桂、大水。十八区共10个乡:致韩、石龙、文馨、韩龙、金银、倪丰、华东、长石、凉风、双庙。

7月1日,第一次全国人口普查在全区展开。

8月,十二区遭受旱灾,大柏乡较重;三区、十二区市场管理委员会成立。

9月16日,十八区改为十三区,驻地在致韩场谭家院子。

11月25日至次月15日,各乡进行统购统销工作。

是年,进行民主建政,调整村、乡基层政权。

是年,组织临时互助组(入组农户8428户)、常年互助组(入组农户3927户),入组农户占总农户的48.8%。

镇安榨菜厂、石板滩榨菜厂建立。

12月,粮食开始计划供应。

1954年

3月18日,英雄黄继光烈士的母亲黄妈妈随同全国人民慰问解放军代表团成员李洁庄、杨春、谢立惠、杨尚仑、王登芝、游吉成等7人来到李渡荣校,慰问全体师生。

9月,棉花开始计划供应。

9月28日,改番号区为地名区,三区改称李渡区,十二区改称大柏区。

12月17日,涪陵县人民政府决定:将大柏区撤销,并入李渡区。原大柏区区级各部门,并入李渡区相应部门。合并工作于次年年底结束。

是年,长江水涨,最高水位164.12米。

李渡人民法庭成立。

李渡航道站成立。

是年,组织初级农业生产合作社44个,入社农户1924户。

1955年

3月1日,始换发新币。按原人民币1万元换新人民币1元的比例换发。至7月止,大柏营业所发出新币68734元,收回旧币75346万元。

9月28日,撤销十三区并入李渡区。

是年,李渡区干部分期分批参加中共涪陵县委组织的"审干"学习。

从湖北引进草鱼、鲢鱼、鳙鱼在区内养殖。

年末,初级农业生产合作社发展到378个,入社农户18123户。

1956年

1月,按16级凭票供应口粮。

3月,各乡(镇)进行第二届人民代表大会代表普选。

6月,李渡区分大柏、李渡、致韩3个点,对私营工商业进行社会主义改造,组织公私合营、合作商店及合作小组。

12月,李渡区畜牧站成立;乡镇联合诊所成立。

是年,李渡区石马乡试种双季稻。

涪陵县运输合作社第一生产队、李渡缝纫社于是年建立。

378个初级农业生产合作社转为高级社,年末入社农户扩大为24054户。

1957年

3月,各乡妇代会改称"妇女联合会"。

5月,建立农村基层党委会,并在义和乡试点。17日成立中国共产党义和乡委员会。试点结束后,各乡先后建立党委会。

8月,全区开展批判富裕农民的运动。

9月24日至27日,中共李渡区委召集区乡干部74人参加反右倾的斗争。随即区级各单位及各乡、村开展了社会主义教育运动。各乡的运动分两批进行:第一批为石马、马鞍、大柏、大山、义和、镇安6个乡,除有省委、县委工作队领导参加外,还抽调尚未开展的乡及财贸部门的干部协助工作;第二批是致韩、金银、石龙、石泉4个乡。

是年,开展了计划生育工作。

组织电影放映队下乡巡回放映。

年末,高级农业生产合社为374个,入社农户24941户。

1958年

4月1日,成立消灭"七害"战斗指挥部,全区开展除"七害"的运动;20日,承担修筑长(寿)涪(陵)公路的任务,全线31千米,大部分是李渡区承担劳力;各乡进行第三届人民代表大会代表普选。

4月,食用油开始凭票供应。

7月,四川省涪陵大学在李渡镇太乙门开办,共计15个班,学生500人。

8月14日,中共李渡区委召开各厂矿、各村党支部书记会议,提出了全民大办钢铁的号召。全区动员了2545人参加工业生产建设。10月1日后,组织万人上山,大炼钢铁。全区规划了3个高炉群(大柏、东风、石龙),666个高炉。实际此建彼停,建炉数未达到规划的一半。

9月,全区高级农业生产合作社353个,入社农户25524户。

10月1日,各乡人民委员会改为乡人民公社管理委员会,村改为大队,建立管理区。在各管理区人口集中的地方建立公共食堂、幼儿园、敬老院。

是年,李渡荣校迁往青海省西宁市。

全区大面积种植双季稻。

引进荣昌猪、内江猪。

是年,反右倾和整风运动结束。

从1953年开始的认购建设公债,至本年结束。

1959年

1月,李渡邮局开通电报业务。

9月,改16两等于1斤为10两等于1斤。

10月1日,李渡区水磨滩水库动工修建。

12月20日,动工修筑李(渡)大(柏)公路。

是年,全区农业生产受到严重损失。

长(寿)涪(陵)公路于年内通车。

涪陵县农、林、牧、副、渔中心指挥部在马鞍乡太乙大队建立。涪陵县示范繁殖农场从北拱坝迁来太乙大队五生产队。

1960年

1月,各乡大办工业,大修水利,大办养猪场。在极左路线指挥下,除水利工程有成效外,"共产风"随之泛滥。

3月,全区开展"三反(反粮食、菜头、生猪瞒产)一分(分富裕农民的钱、粮、物)"运动。

11月,各人民公社、大队、生产队开始清理"一平二调"。

是年,李(渡)大(柏)公路通车。

是年,全区主粮平均亩产55公斤。

1961年

5月,结束"一平二调"的清理工作。全区应退17316.12万元,实退15882.08万元(其中13411户社员退得金额2017.57万元);贯彻中共中央发出的《关于农村人民公社当前政策问题的紧急指示信》,实行"三级所有,队为基础",同时撤销公共食堂,划给社员少量的自留地,允许经营家庭副业;各乡进行第四届人民代表大会代表普选。

7月27日,始对全区基层干部的违法乱纪现象进行调查,并及时予以纠正。

11月7日，中共李渡区委召开四级干部会议。对在1959年以来的一系列运动中受到批判处分的生产队队长以上的干部194名进行甄别（此前40%的大队干部在县委四级干部会议上已做甄别）。

是年，李渡区贯彻2月21日中央关于"精简城市人口""精兵简政"的决定，精减行政、企事业职工回家支持农业生产。

是年，天旱72天，粮食生产下降到新中国成立以来最低水平。

涪陵县农、林、牧、副、渔中心指挥部撤走。

1962年

1月2日，在马鞍公社进行整风整社的试点。试点结束后，各乡全面开展整风整社工作。

4月，黄草山森林经营管理所建立。同时进行林权划分工作。

6月，李渡镇广播站建成，开始播音。

7月7日，增设石马人民公社。从此，李渡区共辖10乡1镇。

12月，在大柏的石庙、致韩的长冲、石泉的龙桥、石马的双龙、石龙的黄桷、镇安的白果、金银的人和7个大队进行社会主义教育运动试点。

是年，天旱47天。

李渡建筑社成立。李渡搬运合作社建立。李渡群众运输管理站成立。

是年，涪陵大学停办，保留中师部，改称"涪陵师范学校"。

1963年

3月，各乡进行第五届人民代表大会代表普选。

是年，李渡区开展反对贪污盗窃、反对投机倒把、反对铺张浪费、反对分散主义、反对官僚主义运动。

李渡区在石马公社太乙大队开始种桑养蚕。

1964年

1月，原址乌江群沱子的涪陵中学与涪陵师范学校互换校址。计划生育领导小组成立。

4月，马鞍、金银、大柏及上桥机电提灌站相继通电。

7月，进行第二次全国人口普查。

是年，全区开展社会主义教育运动。

李渡至涪陵的班船,改木船为机动船。

10月,原巴中县渔北区恶霸地主陈乾芳,于新中国成立初期化名"贾光明"混入志愿军,后随荣校入居马鞍公社石马大队,窃取马鞍公社武装部部长(不脱产)、石马大队党支部书记等职和"全国民兵模范"的称号,经"四清"工作队查出,被开除党籍,撤销党内外一切职务,由公安机关逮捕法办。

1965年

3月,又一次开展计划生育工作。

10月,各乡进行第六届人民代表大会代表普选。

是年,李渡区贯彻《农村社会主义教育运动中目前提出的一些问题》(简称二十三条),开展"四清"运动,至年底结束。"四清"运动结束后,各乡建立了贫农、下中农协会。

是年,涪陵县农机站李渡分站在关庙开办加工厂,用电力打米、磨面。

1966年

7月,"文革"领导小组成立。开始破"四旧"。

9月,开始"无产阶级革命派"大串联。李渡区首次赴京的师生共78人(其中学生70人,教师2人,其他6人)。首次赴京后,区内7所农业中学(不包括涪陵中学)470名学生先后外出串联,花费8595元、粮食7900斤。随着串联开始,各乡(镇)设立红卫兵接待站。

本月,取消招生考试制度。

11月,涪陵第二中学校红卫兵到镇安乡揪斗镇安乡党委书记等人,揪斗之风从此开始。

是年,李渡区供电站成立;红星厂在李渡镇毛角溪破土动工;引进来亨鸡。

1967年

1月,各单位及乡、村纷纷建立"造反"组织。至6月,全区"造反"组织有232个,参加人数24195人。继而,在李渡镇柴市坝召开批判大会。区、镇和单位负责人及一般群众60余人在批判会上被罚跪、罚站,历时1天。从此,区、社、大队、生产队及各单位的部分领导干部靠边站,一切权力被"造反派"篡夺。

4月,由"造反派"组织成立的"涪陵县李渡区抓革命促生产领导小组",取代区委、区公所职权。

9月,成立工代会、农代会;9日,已被造反派头目黄福金毒打致残的李渡派出所民警刘基成在李渡梁沱河岸被枪杀。

1968年

9月,涪陵县李渡区革命委员会成立。

11月,李渡区革命委员会及财贸部门的负责人共7人,到马鞍公社大石大队(红庙)驻点劳动。

是年,长江水涨,最高水位164.57米。

李渡至南浦的渡船,由人力船改为机动船。

是年,石马公社引进少量的锦橙、血橙良种。

1969年

2月25日始,各公社、各单位举办"毛泽东思想学习班",成立专案组,清理阶级队伍。

4月,区属各单位操练"忠字舞",以迎接党的第九次全国代表大会的召开。

6月,全区各公社建立广播站。

10月,食盐开始计划供应。

是年,工人宣传队(简称"工宣队")进驻学校,中国人民解放军宣传队(简称"军宣队")进驻区及区属单位,领导"斗、批、改"。

1970年

组织民工修建襄渝铁路。

大唱大学样板戏。

1971年

2月1日,李渡区革命委员会人员补充完毕。

3月,军宣队领导成立"一打三反"办公室,集中全区工交、财贸系统的职工,在涪陵中学分两批进行"一打三反"、清理阶级队伍的学习。

8月29日,"军宣队"奉令撤走。

12月,全区开展"批林整风"运动。

是年,李渡水厂建成,开始供水;石马公社引进约克良种猪;镇安发现殷商遗址。

1972年

3月,开始整顿财贸队伍。

4月下旬,李渡镇三居委发生滑坡。

7月,涪陵短航社机动船红航12号在红星厂前面的长江上翻沉,死55人,伤33人。

1973年

3月,涪陵县召开计划生育大会,李渡区展开计划生育工作。

6月10日,石龙乡堰沟桥水库垮坝,造成严重损失。是月,义和公社马羊大队六生产队少数干部违法乱纪,逼死社员黄维才,造成"马羊事件",围观群众每天达六七千人,延时半月之久,造成多处房屋、财产及庄稼损毁。

是年,"农业学大寨"掀起高潮。

1974年

1月,部分地方开始实行火葬。

2月,开始"批林批孔"。

夏季长江水涨,最高水位164.57米。

引进脐橙、五月红夏橙。

1975年

3月,开始"工业学大庆"。

10月,石龙公社在山仑大队辟地670亩,开办"山仑茶场"。

是年,李渡粮油管理站实现榨油机械化。

引进白洛克良种鸡。

广播播音改方言为普通话。

1976年

4月,杀害刘基成的罪犯黄福金在涪陵中学操场被依法枪决。

10月1日,李渡电影院开业放映;6日,李渡区举行盛大的集会游行,庆祝粉碎"四人帮"的胜利,"文化大革命"至此结束。

李渡粮油管理站实现粮食加工机械化。

引进长白良种猪。

国营红星金属结构厂基本建成投产,代号"432"厂。同年,红星厂在同心寨建立电视差转台。

1977年

4月,中共涪陵县委在马鞍公社召开杂交水稻会议。此后,全区推广杂交水稻。

8月8日,李渡区成立农田基本建设指挥部,开展大规模的农田建设。

是年,引进温州蜜柑。

1978年

3月,中药处方由"钱"改"克"。

3月至年底,全区开展党的基本路线教育运动。

4月,1977年动土修建的李渡水泥厂试车投产。

是年,开始推广水稻温室无土育秧和玉米育苗移栽;石马公社引进的杂交玉米"鲁单三号"试种成功。

是年,全区建合作医疗站104个,有赤脚医生258名。

红星厂在家属区建立农贸市场。

水磨滩五期工程竣工。

取消"红卫兵"称号,恢复"少先队"称号。

1979年

1月,各乡进行第八届(因"文化大革命",七届普选未进行)人民代表大会代表普选。

是月,成立落实政策办公室,开始对历年的冤、假、错案进行复查,进而平反、纠正。

2月,给全区地主、富农(除少数坚持反动立场者外)分子,揭掉帽子,给予人民公社社员待遇。

5月3日,成立李渡区文教办公室。

8月18日,李渡上桥电站建成投产。

是年,开始发展社队企业。

在工资结构中增加职工副食补贴。

1980年

1月,开始鼓励生产队、社员冒尖;各地革委会更名为人民政府。

3月,恢复3天赶1场的风俗。

6月,成立区计划生育办公室。

11月,各乡进行第九届人民代表大会代表普选。

12月21日,李渡区革命委员会改称李渡区公所;区以下各社、大队革命委员会分别改称公社委员会、大队管理委员会。

国营红星金属结构厂更名为国营川东造船厂,第一艘船建成下水。

1981年

3月,开始包干到户、包产到户。

7月14日,李渡遭受洪水袭击,洪水最高水位达168.99米,洪水延至17日始退。沿长江集镇、农村损失严重。

12月,李渡首座钢筋大桥建成。

是年,开始推行火葬。

各乡镇成立计生办。

全区农村全面推行联产承包责任制。

四川省汽车运输公司55队来李渡开辟客运线。

1982年

3月3日,李渡区成立"打击经济领域里的犯罪活动领导小组",开始法制宣传。

7月,开展全国第三次人口普查。李渡区有148328人。

8月,全区开始认购国库券。

10月12日晚至次日上午,暴雨持续20小时,雨量达160毫米,李渡镇及石泉、石龙等乡大面积滑坡、水土流失,损失严重。

是年,区公所设司法员1人。

1983年

1月,有2300多对育龄夫妇实行了绝育手术,李渡区因此获涪陵县计划生育工作第一名。

2月,成立《李渡区志》办公室,着手编写《李渡区志》。

4月14日晚11时,李渡区遭冰雹袭击,金银、致韩、石龙3乡受灾严重。

7月12日,金银、石泉两乡受雹灾。

8月14日,石马、马鞍、义和、石泉等乡受雹灾。

10月,涪陵县改称涪陵市,隶属关系未变。

11月,撤销石马公社,并入李渡镇。

是年,成立李渡区计划生育技术服务站。

1984年

1月,各乡进行第十次人民代表大会代表普选。

3月9日,省、地、市有关领导和随行人员40人来李渡视察,规划部署三峡灌区及相关工作。

4月14日,区委召开三级干部会议,动员集资办学。是年集资530495元。

5月1日,李渡搬运站新购两辆客车,营运客务。

6月5日(农历端午节),区属镇安乡与新妙区石沱乡组织龙舟竞赛,镇安乡获胜,观众达2万余人。

8月31日,区委、区公所召开各乡党委书记、乡长、各部门负责人会议,传达贯彻省委"秀山会议"精神。

1985年

7月29日上午,涪陵地区中级人民法院副院长陈玉尧陪同三峡省(未成立)高级法院筹备小组组长樊厚均、副组长余清(女)等来李渡视察涪陵地区唯一的有房屋、办公室,并设有审判庭的李渡人民法庭。

8月13日,致韩乡所辖的华东、皂角、凤凰、韩龙及石龙乡的山仑5个村划出,成立涪陵市韩龙乡人民政府。

9月26日,李渡镇四居委古坟堡一东汉残墓中出土红陶俑1个、灰陶鸽1只、红陶鸡1对。

是年,筹集办学资金434438元。

是年,李渡区居民达33705户,149830人(其中男性76094人)。耕地面积143563亩,粮食总产10344.10万斤。

1986年

1月,马鞍乡青年农民王华锋研制的汽车气压制动保险器获国家专利局证书。

3月1日,李渡镇获"全国计划生育先进集体"称号,李渡镇太乙村妇代会主任彭福秀获"全国计划生育先进个人"称号。

6月11日,涪陵地委书记黄森荣、副书记王鸿举和四川省农牧厅副厅长陈庆福到涪陵市李渡区了解特大洪灾情况。

1987年

2月11日,涪陵市政府在李渡区召开推广地膜保温栽培技术现场会,以解决杂交水稻、杂交玉米种子不足的问题。

3月2日,水电部扶贫小组确定水磨滩水库为涪陵市鱼种繁殖基地。

5月,贯彻中央治理整顿工作精神,各企业普遍实行内部承包经营方式,涪陵市政府将李渡运输公司下放到各区镇管理。

6月24日,涪陵市李渡镇个体运输户张建伦夫妇,无证驾驶无照6吨20匹马力钢质小机船"李渡7号",非法载客50人、货物3吨,在长江马尾滩翻沉,造成17人死亡。

12月28日,涪陵中学举行公开招聘校长答辩会,中年语文教师张洪田成为涪陵地区第一个由竞选产生的校长。次年1月6日,《人民日报》对此予以报道。

1988年

1月26日,涪陵市政府决定将乡(镇)卫生院下放给乡(镇)政府管理。

5月28日,涪陵市李渡区大柏乡集资1.1万元,为全乡12个村和机关、学校安装电话29部。大柏乡成为涪陵地区率先实现村村通电话的乡。

8月7日,涪陵市境李渡等地两次遭暴风雨袭击,最大风速为24米/秒。

1989年

9月,涪陵市李渡等区乡,被国务院定为长江上游水土流失综合治理区域之一。

1990年

3月,以1987年"李渡7号"重大沉船事故为素材的电视剧《马尾滩》在涪陵开拍。

4月5日,涪陵地区蚕桑基地建设会议在李渡镇召开,从此,李渡大规模发展桑蚕生产。

1991年

10月9日,李渡区致韩乡致远鞭炮厂发生爆炸事故,致当班工人3人身亡,房屋2间被炸塌。

1992年

4月28日,涪陵市第一所乡级团校在李渡区石龙乡建立。

9月30日,涪陵市政府发出《关于撤销区公所和调整乡镇建制的通知》,经四川省政府批准,撤销涪陵市李渡区等10个区公所,原李渡区辖为4镇1乡。

12月,涪陵市义和镇党委书记夏光文获"全国军地两用人才先进个人"称号。

1993年

4月25日2时10分,李渡等乡镇遭狂风暴雨和冰雹袭击。

1994年

5月,国营川东造船厂为福建省福州市马尾轮船公司建造的2100吨级集装箱沿海货轮成功下水。这是当时西南地区建造的最大的沿海货轮。

5月,涪陵市人民武装部组织镇安镇、李渡镇、致韩镇等人民武装部,出动民兵3万余人次,参加汉渝光缆工程建设。

6月,国营川东造船厂为重庆中侨船务有限公司建造的旅游船"女王号"顺利下水。该船长87.2米、宽16米、型深4.2米,设豪华包房168个,是当时川江最大的豪华旅游船。

7月8日,涪陵市第一家乡镇夜总会——李渡梦中缘夜总会开业。

1995年

1月22日,浙江省宁波市向李渡、镇安、致韩等镇各赠送奔野牌"130"型货车1辆。

9月29日,川东造船厂为福建马尾轮船公司建造的3500吨集装箱船顺利下水。该船长107.8米、宽15.9米、型深7.6米,可装载320个集装箱,是当时西南地区建造的第一艘大尺度、大载量远洋集装箱船。

10月30日,中共中央政治局委员、书记处书记、国务院副总理姜春云到李渡镇果园村视察。

11月5日,国务院以国函〔1995〕106号文件批准,撤销涪陵地区、县级涪陵市,设立地级涪陵市。原县级涪陵市划为枳城、李渡两个县级新区。

12月10日,国道319线涪(陵)长(寿)高速公路在李渡黄草山隧道东口的引道工程正式开工。涪陵市第一条高速公路建设拉开序幕。

1996年

2月1日,中共涪陵市李渡区第一次代表大会闭幕,选举产生首届区委、区纪委。欧会书当选区委书记,李强、冉隆喜、田永才当选区委副书记。

2月,政协李渡区一届一次会议闭幕,会议选举产生了区政协常务委员会,冉隆喜当选区政协主席,文运才、陶锋当选副主席,余先荣为秘书长;李渡区第一届人代会第一次会议闭幕,选举产生李渡区第一届人大常委会和区政府领导班子,欧会书当选区人大常委会主任,游云明、张继银、姚凤达当选副主任,李强当选为区长,王杰军、丁中平(女)、曾耀鹏、胡奇明、王兴当当选副区长,选举郑德伟为区人民法院院长,陈玉兰为区人民检察院检察长;涪陵市李渡区区委、区人大、区政府和区政协正式挂牌办公。

5月16日,李渡区文化广播电视体育局成立暨李渡区人民广播电台(筹)试播仪式在李渡镇举行。

6月8日,举行李渡区新城区建设开工仪式;当日,国道319线出境公路开工;25日下午,李渡区镇安镇树林村15名村民搭乘一辆农用小货车回家,途中翻车于30米坡下,当场死亡3人,轻重伤9人。

8月,川东造船厂为福州市建造的4000吨级远洋八级海轮"闽远1号"竣工并验收合格交付船方,该轮是西南地区造船业当时建造的最大吨位船舶。

9月8日,涪陵中学隆重集会庆祝建校90周年,全国3000多名校友参加;12日,浙江省宁波市镇海区人民政府向李渡区赠白羽皇鸽200对、书刊2万册、书包300个。

12月20日上午,中共中央政治局委员、书记处书记、国务院副总理吴邦国一行视察了涪陵市李渡区川东造船厂和东宝电器(集团)李渡有限责任公司。

1997年

4月28日,杭州东宝电器集团公司与李渡区合资3000万元组建的涪陵有限公司(生产窗式空调)正式投产。

6月,李渡区各乡镇水稻稻瘟病等病虫害严重。

7月,涪陵市人民政府、涪陵军分区在李渡镇召开民兵应急分队训练改革现场会;受国家林业部和重庆市政府委托,由重庆市林业局牵头的德中林业发展及自然生态保护援助项目(简称"德援项目")考察规划组到涪陵市的李渡等区县实地考察选点;由国家移民局、经贸委、中国国际咨询公司和重庆市有关部门领导及专家组成的三峡库区淹没工矿企业迁建技改规划评审委员会对涪陵市淹没迁建技改项目进行了评审,李渡区有5个项目通过。

8月8日,李渡镇土桥4社21人食用马鞍食品点购买的猪血旺致亚硝酸盐中毒,经抢救,全部脱险。

9月8日,李渡等被抽定为全国第一批碘缺乏病监测区;28日,涪长高速公路二期工程开工,该工程起于李渡大石庙立交桥,止于涪陵长江大桥北桥头,全长9.7千米。

11月,经重庆市人民政府批准,李渡区境的三爱工业公司和枳城区境的四川海陵实业公司合并组建为重庆三爱海陵(集团)股份有限公司;李渡区规模最大、功能最齐的综合性农贸市场——桃园市场竣工并投入使用;涪陵市李渡区"两基"工作通过四川省人民政府、重庆市人民政府评估验收,国家教委于1998年2月在《中国教育报》上公布确认。

12月5日,李渡区与重庆力帆轰达集团、重庆机电设计研究院三方携手共同在李渡区义和镇组建李渡力帆轰达摩托车配件有限公司;12日,撤销涪陵市及其所辖的枳城区、李渡区,设立重庆市涪陵区。

1998年

1月2日,涪长高速公路全线控制工程李渡区果园村同心寨隧道工程开始全面施工;19日,国道319线涪长高速公路主要控制工程之一的黄草山隧道右洞全线贯通。

2月20日,浙江省台州市黄岩区新光车辆灯具厂在李渡镇大鹅村10社建立涪陵新光机车配件有限公司;镇安镇中小学流感流行,累计发病309例。

4月9日,李渡区在李渡镇幸福村召开抛秧现场会;李渡区义和镇回龙村农民袁永强的作品入选《全国书画作品选集》,并在香港展出;李渡各乡镇首次全面实施城市居民最低生活保障制度;重庆三爱海陵(集团)股份有限公司工人陈宏获全国"五一劳动奖章"。

7月28日,由李渡双庙一社103户农民和涪陵榨菜(集团)公司自愿组成的全国首家股份制榨菜生产合作社成立。

8月,长江流域发生特大洪灾,李渡东堡等地受灾严重。

9月20日,涪陵李渡私营经济示范区正式挂牌成立。

三海兰陵入驻李渡私营经济示范区。

1999年

2月1日,李渡镇和平村白千层苗木基地项目动工,面积100亩。该项目由重庆瑞祥实业有限公司投资兴办。白千层苗木来自澳大利亚。

3月,涪陵建陶公司兼并李渡造纸二厂,关闭该厂造纸生产线,改建纸箱生产线,消除了这个年排放污水数万吨入长江的污染源。

4月11日,涪长高速公路主要控制工程黄草山隧道左洞全线贯通,该洞长2500米,于1998年8月开工。

12月,涪陵区第三人民医院在李渡成立,该院由李渡、马鞍、金银卫生院和李渡中心医院合并成立;31日,涪(陵)长(寿)高速公路一期工程竣工通车,涪长高速路起于长寿桃花街,止于涪陵长江大桥北桥头,全长32.9千米。

2000年

1月15日,李渡私营经济示范区正式向涪陵三海兰陵有限责任公司等10户重点企业授牌,试行挂牌保护。

2月19日,世界银行专家和农业部领导率江西、浙江等5省项目办负责人考察了世行贷款项目李渡桂林果园建设情况。该园总投资44万元(世行贷款23万元),开梯建园106亩,种植涪陵锦橙1.5万株。

6月17日18时30分至19时,李渡等乡镇遭受罕见的强力旋风袭击,风力达9级,部分地区达10级。

8月15日,浙江省台州市向涪陵区对口支援结对乡镇李渡镇捐赠10万元,用于发展教育事业。

9月11日,李渡镇境内319国道斜阳溪大桥东桥头跨径20米的边孔突然垮塌。经过抢修,于10月26日恢复通车。

12月27日,涪长高速公路通车典礼在涪陵长江大桥北桥头举行,工程总投资16亿元。

2001年

4月15日,义和镇一家早已关闭的鞭炮厂发生爆炸,致使在附近玩耍的两名8岁男童一死一伤。

5月,国道319线李渡果园村境内发生一起东风货车撞死3人的重大车祸。

7月,重庆市人民政府公布2000年重庆工业企业50强名单,涪陵李渡朝华科技等榜上有名。

2002年

1月,涪陵三海兰陵有限责任公司生产的丁基橡胶药用瓶塞通过重庆市高新技术产品评审。

2月,镇安镇红椿2组庆岭沟突发森林火灾,39岁的黎维兴在灭火中牺牲。

3月,渝涪高速公路104千米+600米马鞍花桥大桥附近,一辆别克轿车与一辆东风平板大货车追尾,造成4人死亡。

8月,镇安镇遭受多年不遇的大风、冰雹袭击。

10月,一辆金龙牌大客车由李渡开往重庆,行至渝长高速公路72千米+700米处,翻于路外坡下,造成死亡4人、轻重伤22人的特大交通事故;镇安镇山脚村发现艾滋病患者,为区境首例。

12月25日,李渡等8个移民集镇码头通过竣工验收。

2003年

1月,村建制调整工作结束。

3月,李渡工业园区获批重庆市级特色工业园区。

6月16日,李渡长江大桥工程可行性研究通过专家预审,总投资近3亿元。

8月27日,重庆市委书记黄镇东来涪调研,先后视察了榨菜集团华富榨菜厂等企业。

9月,由国家信息产业部组织开展的"2003中国软件产业最大规模排名"公布,涪陵区李渡朝华科技名列第17位。

12月,镇安移民集镇码头交工验收。

2004年

5月26日,2004年中国电子信息百强企业座次排定,涪陵区李渡朝华科技名列第71名。

8月,涪陵师范学院李渡新校区总体规划获重庆市人民政府相关部门正式批准。

12月8日,涪陵区人民政府决定即日起开始对全区大多数乡镇的村(居)民小组规模进行调整;22日,涪陵区人民政府与中港第四航务工程局签订特许经营合同,以BOT模式将李渡长江大桥25年的经营权出让给中港第四航务工程局。

2005年

1月,义和镇双溪村十社村民、重庆金科实业集团公司董事长黄红云获"全国孝亲敬老之星"荣誉称号;21日,涪陵区政府主办2005年春季医药研讨暨李渡工业园区投资洽谈会。

3月,大石庙社区农村青年尹健获团中央、农业部2004年度"全国农村青年创业致富带头人"荣誉称号。

4月15日,重庆市涪陵李渡工业园治安协调处挂牌成立。

5月31日,涪陵区农村专业大户座谈会在李渡私营经济示范区召开。

6月2日,涪陵"第一门户"李渡高速公路出口正式通车。

9月23日,浙江省交通厅捐赠100万元,用于义和镇至镇安镇公路建设项目。

10月,李渡司法所被评为"全国先进司法所";李渡示范区被评为"全国经济普查先进集体"。

11月5日,涪陵区李渡治安巡逻队正式成立;李渡示范区被评为"全国农村科普先进集体"。

12月,重庆市农机局、涪陵区人民政府在义和镇大鹅村召开水稻机插秧示范推广现场会。

2006年

1月,重庆市涪陵传染病医院在李渡建成并投入使用。该院由原涪陵李渡中心医院改建而成,总投资700余万元,是重庆市内首家建成并投入使用的传染病定点医院。

2月,李渡工业园区被评为重庆市十佳工业园区。

5月20日,涪陵榨菜(集团)有限公司与西南农业大学(今已合并为西南大学)食品学院联合举办首届榨菜研究生班,在涪陵榨菜(集团)有限公司李渡华富厂开班。

7月，由中央财政专项资金实施的"子宫颈癌早诊早治项目"在涪启动，李渡等乡镇(街道)被列入筛查点；27日，李渡示范区振农榨菜合作经济组织和石马榨菜合作经济组织挂牌成立。

9月28日，涪陵师范学院首批师生正式入住李渡新校区。

10月，由广东、浙江、天津三省市驻西南办事处的负责人及所属商会成员代表组成的"经济合作综合考察团"抵涪参观考察；21日，涪陵师范学院正式更名为"长江师范学院"。

11月，北京朝阳区捐赠的6万多件衣物运抵涪陵火车站，涪陵区民政局及时发放到李渡、镇安、义和等10个乡镇的救济对象手中。

2007年

1月13日，重庆市李渡电子信息产业园正式挂牌；23日，涪陵首次对区内知名而富有特色的餐饮企业命名授牌，命名仪式在川东造船厂举行；涪陵区委、区人民政府发出《通知》，建立涪陵区李渡、白涛、龙桥三大工业园区管委会，李渡工业园区管委会内设办公室、规划建设部、征地拆迁部、招商部、财政所、办事服务中心和园区开发公司等7个机构。林彬任书记，李瑾任主任。

3月，重庆啤酒股份有限公司涪陵分公司年产10万千升啤酒工程项目举行开工仪式。

8月，中国、荷兰政府合作项目李渡堆肥厂土建及设备安装通过验收；16日，李渡新区管委会、李渡工业园区管委会授牌暨项目签约、开工庆典仪式在李渡工业园区举行，当日有10个项目开工，8个项目同时签约；国务院三峡工程建设委员会和重庆市移民局、农业局等有关部门领导来涪参观李渡示范区"生态富民家园示范村"——两桂村。

10月，重庆市亚东亚集团变压器有限公司投资1.6亿元建设的李渡新厂区竣工投产；28日，涪陵李渡长江大桥建成通车，桥长822米，双向四车道，项目总投资3.55亿元；30日，中国平安保险(集团)股份有限公司向李渡镇马鞍小学捐资30万元。

是年，科宝电缆入驻工业园区。

2008年

4月14日，全国人大常委会副委员长，民建中央主席陈昌智等率民建中央城乡统筹调研组来涪，视察了涪陵榨菜集团华富榨菜厂等企业。

5月12日下午2时点28分，四川汶川发生8.0级地震，李渡全境有明显震感；25日，涪陵区政府发出《关于调整乡镇（街道）行政区划的通知》，区政府决定将现有22个乡、18个镇和5个街道调整为6个乡、12个镇和8个街道，其中涉及李渡、石龙、镇安、义和等乡镇（街道）。

7月29日，来涪参加重庆市工商联（总商会）三届二次常委会会议的数百名企业领导到李渡工业园区参观。

10月，涪陵至李渡的28路城市公交线路正式开通，初期为每隔8分钟一班，该线路实行公司化经营。

11月，渝东南地区2009届师范类毕业生双选会在长江师范学院举行。

12月10日，由川东造船厂建造的"中化重庆"号万吨级不锈钢化学品船下水，该船是我国西南地区吨位最大和川东造船厂建厂以来建造的吨位最大的高附加值出口船；24日，川东造船厂职工吴启林为迎接北京奥运会微书誊写的长54米、宽14厘米、74万字的《红楼梦》在涪陵广场展示。

2009年

1月9日上午，新区大厦开工仪式隆重举行，揭开李渡新区大建设、大开发、大招商的帷幕；13日，重庆市涪陵高级中学校获批市级重点中学。

2月，由长江师范学院承担的国家教师科研专项基金"十一五"规划重点课题"经济欠发达地区师资队伍建设的研究"获国家"十一五"规划重点课题一等奖。

5月，华兰生物公司投资2.5亿元修建的亚洲最大的血液制品生产基地建成投产。

6月5日，涪陵监狱在一监区举行重庆市育新学校成立暨授牌仪式。

是年，美心翼申投产。

是年，国营川东造船厂改制更名为重庆川东船舶重工有限责任公司。

7月，李渡工业园区市级重点农民工返乡创业园区授牌；涪陵城东西干道二期工程石龙山隧道贯通；攀华集团150万吨薄板系列项目开工奠基仪式举行，该项目投资30亿元,为西部地区重要的薄板生产基地;李渡天空出现日全食,地面如"黑夜"降临;涪陵三峡移民实训基地开工仪式举行。

8月5日,黄草山肉牛养殖专家大院在李渡街道垭口村6组正式落成;16日,涪陵区首批农村客运线路班车在李渡开通,首期投入运力140辆,共17条运行线路。

2010年

1月11日,金科度假庄园隆重开业。

3月2日,在李渡街道致远居委4组发现涪陵最早水利工程记事题刻;11日,市委副书记张轩到涪陵工业园区考察攀华集团万达薄板项目;16日,市消防总队在义和镇开展消防安全培训。

5月6日凌晨,李渡街道遭受特大暴雨袭击,辖区平均降雨量172毫米,最高值197.3毫米,降雨持续近6小时。

6月18日,义和镇公共文化服务体系通过市级验收。

7月13日,义和镇全面启动涪陵区新一轮农村土地房屋登记发证试点工作。

8月28日,中共中央政治局常委李长春前来李渡街道红星村考察新农村建设情况。

9月,涪陵区职业教育中心开学,招生2045人;市医药卫生学校开学,招生2009人。

10月8日,区委任命夏艺为中共重庆市涪陵区李渡新区、李渡工业园区工作委员会委员、书记(兼)。

2011年

2月,扩建后的涪陵十九中投入使用,学生835人。

4月,李渡街道辖区内18个村和义和镇鹤凤村委托给李渡新区管理;7日,区委、区政府决定在李渡新区实施"百日攻坚"行动,400余人奔赴李渡新区开展相关工作。

5月5日,市委常委、政法委书记刘光磊一行到李渡街道司法所调研。

6月16日,"魅力涪陵·三峡库区杨梅采果节"在李渡山仑村开幕。

8月18日,李渡科技企业孵化器通过验收。

是年,万达薄板生产线一期全面建成投产。

2012年

2月24日,李景耀任中共重庆市涪陵区李渡新区、李渡工业园区工作委员会委员、书记(兼)。

6月5日,华兰生物工程重庆有限公司一期项目竣工投产;26日,李渡新区内环公交开通;道道全正式投产。

8月13日,重庆市涪陵区李渡新区管委会更名为重庆市涪陵区新城区建设管理委员会。

9月19日,中共重庆市涪陵区新城区工作委员会、重庆市涪陵区新城区建设管理委员会正式挂牌。

10月9日,国务院副总理、重庆市委书记张德江,重庆市市长黄奇帆调研李渡新区。

11月14日,中共重庆市涪陵区李渡新区·李渡工业园区工作委员会更名为中共重庆市涪陵区新城区工作委员会;重庆市涪陵区李渡新区·李渡工业园区管理委员会更名为重庆市涪陵区新城区管理委员会。

12月6日,《重庆日报》报业集团涪陵文化创意产业园开工;12日,华通电脑奠基。

2013年

2月,扩建后的城区十一小学投入使用,学生1768人。

4月23日,李渡街道举办了首届农民运动会;27日,区委任命王刚凌为中共重庆市涪陵新城区·涪陵工业园区工作委员会委员、副书记。

5月14日,吴晓勇任重庆市涪陵区新城区开发(集团)有限公司董事长。

6月5日,重庆市人大常委会主任张轩视察三海兰陵、新区规划展示厅,考察攀华薄板项目;14日,华晨鑫源30万辆汽车及30万台发动机项目签约落户涪陵新区。

7月30日,昆山寰震机电有限公司大型进口设备零部件加工维修项目落户李渡街道。

9月,李渡街道岚马村被命名为"涪陵区首批区级微型企业特色村"。

2014年

1月，中邦药业生物制剂项目建成投产。

2月20日，太极集团李渡新厂区一期工程——西南股份有限公司西南楼工程正式开工建设。

3月，重庆品鉴科技有限公司投资兴建的品鉴硅谷园项目建成投产。

4月13日，重庆·涪陵新区2014"闽资投资"杯场地汽车越野冠军争霸赛在涪陵新区圆满闭幕。

5月4日，国务院三峡办党组书记、主任聂卫国考察涪陵新区建设；7日，华晨鑫源年产30万辆汽车及30万台发动机项目开工；同月，首键医药包装项目投产。

6月4日，江森自控重庆工厂开业仪式在新区举行；29日，玉屏安置小区分房工作圆满完成，本次分房解决了1780户、4380人的住房安置问题。

7月，华通电脑(重庆)有限公司年产600万平方英尺高密度互连印制电路板(HDI)厂项目正式投产。

9月，新建的城区十三小学招生283人。

10月，三爱海陵开工建设，榨菜集团投入生产。

12月19日，王春水任中共重庆市涪陵区新城区工作委员会委员、书记(兼)。

12月24日，钟涛任重庆市涪陵区新城区管理委员会主任。

12月30日，涪陵区中医院新院正式开诊。

2015年

1月7日，副市长张鸣率市级相关部门负责人调研红星水利工程项目。

2月4日，重庆市副市长刘强来义和镇慰问困难群众；10日，涪陵鹅颈关至义和的123路公交车投入试运营。

2月9日，华晨鑫源汽车生产线一期建成投产。

5月，涪陵卷烟厂搬迁至李渡工业园区。

9月16日，重庆金科地产集团股份有限公司向义和敬老院捐赠50万元，用于改善老人居住环境；25日，浙江省金华市三峡移民对口支援代表团来义和镇开展对口支援工作，捐赠70万元，用于镇安社区道路硬化。

9月，涪陵奥体中心建成投用，占地198庙，建筑面积8.9万平方米，总投资8亿元，承接涪陵区运动会。上海新纪元(重庆)学校招生291人。新建的城区十四小学招生426人。

12月31日,义和镇圆满完成"12·18"镇安201驳船沉没事故的善后处置工作。

是年,葵花药业投产。

2016年

1月,太极医药城A区投入试生产。

3月12日,义和镇在临江村举办首届李花节;15日,李福刚任街道党工委书记;28日,钟晓平任李渡街道党工委副书记、办事处主任。

6月3日,重庆市人民政府发布关于涪陵区部分行政区划调整的批复,同意调整义和镇管辖范围、李渡街道管辖范围和办事处驻地,增设马鞍街道;23日,钟涛任中共重庆市涪陵区马鞍街道工作委员会委员、书记(兼),张建、陈朝华任中共重庆市涪陵区马鞍街道工作委员会委员、副书记,胡进、汪家明、刘彩虹任中共重庆市涪陵区马鞍街道工作委员会委员,秦大胜任中共重庆市涪陵区马鞍街道工作委员会委员、政法委书记(试用期1年);24日,重庆市涪陵区人民政府发布关于设立马鞍街道办事处的通知,决定新设立马鞍街道办事处,为区人民政府派出机关,依法履行辖区内行政管理及社会服务职能。

6月26日,义和镇在临江村举办首届李果采摘节。

7月19日,涪陵区马鞍街道党工委、办事处正式挂牌运行。

9月,涪陵区奥体中心承接重庆市第五届运动会,接待运动队306支,运动员及教练员5922人;新建的涪陵二十一中招生271人。

11月4号,田景斌任中共重庆市涪陵区新城区工作委员会委员、书记(兼)。

附录　历代诗文咏李渡

黄　草

[唐]杜甫

黄草峡西船不归,赤甲山下行人稀。

秦中驿使无消息,蜀道兵戈有是非。

万里秋风吹锦水,谁家别泪湿罗衣。

莫愁剑阁终堪据,闻道松州已被围。

登岙璧山眺望

[明]何楚

何处岩岩天竺峰,高横一壁川之东。

孤云淡锁千秋月,霁日长吟万里风。

绿树枝头朝哢鸟,烟波江上暮流虹。

仙人遗有长生诀,谁向山间问赤松?

读易洞诗

[明]何以让

翠旌孔盖无针线,惠布荷衣不剪裁。

绿树作楼山作幛,老松为伴露为醅。

云开月桂长空镜,气爽光生碧玉台。

家在洞中依若谷,仙风未许让蓬莱。

琴台诗

[明]何以让

忘机偏有调,真听总无声。

漫把丝桐理,醉邀夜月明。

李 渡

[清]傅炳墀

（李渡）在涪陵西，赤甲山之东，大江之北，余家在焉。唐李白曾渡江于此。

赤甲山前古戍屯，江流浩淼抱云根。

楼台夜月长庚渡，花柳春风太乙门。

下界星辰浮水国，上方钟磬落烟村。

年年送别河梁客，黄草峡西欲断魂。

火灾行

[清]傅炳墀

己未四月初九日，融风轩轩吹石梁。

石梁开场聚歌舞，赛神神降惊麟翔。

金鼓喧阗剧未已，坐见士女来奔忙。

搋裳连襟汗颜赭，罗列骈观如堵墙。

神巫斩龙龙怒立，雷车欻火飞淋浪。

少女奔腾祝融走，须臾天地变苍黄。

黑龙驱烟出水府，赤龙掉尾离昆冈。

猛若蛟龙喷妖雾，爝若黑夜流琼枪。

帝尧十日蒸大块，项羽一炬空阿房。

炽电轰雷欻然作，赭瓦颓垣摧若狂。

天容墨墨郁不乐，阳雀逃匿惨无光。

江岸鼋鼍逐浪走，云中雀鸟争山藏。

却怜人命虫沙贱，垒垒尸在春蚕僵。

满地红炉煨榾拙，劫灰顷刻随风扬。

焦头烂额有大幸，入火出火心惶惶。

回禄纵虐乃如此，扫地收尽谁为殃。

天阴鬼哭新磷火，月夜风凄古战场。

我闻东南苦兵燹，妖氛如炽不可当。

燔人城郭赭人屋,千村万落蒿莱长。

黄鹤楼边叫野鹊,姑苏台下啼寒螿。

大江南北多焦土,往往似此悲苍凉。

要得倒换银河水,净洗烈焰清八荒。

磨盘滩石刻诗

[清]陈可甲

盘石镇江心,瀿洄二水分。

龙宫真咫尺,海屋最分明。

下桥石刻诗

[清]无名氏

水涨大江贯小溪,戊申曾涨与滩齐。

迄今八十单三载,涨过旧痕十尺梯。

李渡场

[清]丁治堂

市过还逢市,街旁更起街。

泰糴人似蚁,贪利贾如豺。

店酒年年熟,江花处处开。

推蓬拿望眼,雅胜斗诗牌。

荔圃春风

[清]王正策

名园久不与凡同,未识何年望眼空。

自古岸南原有圃,而今岩北只飘风。

游人草踏三春碧,野戍尘销一骑红。

独怪青莲留李渡,曾无只字入吟中。

李渡十地名风景诗
[清]毛凤韶

五马归来跨五龙,沙溪水洗瓦窑空。
黄旗口上朝烟急,红石堆前夜色浓。
太乙门高岩百尺,长庚渡阔浪千重。
春风送暖来南浦,麻柳青青两岸封。

水磨滩石刻诗
[清]王昆

水磨滩前一寿仙,七星北斗镇坤乾。
双龙舔石珠难许,万马归槽景最艳。
文笔耸翠仁和美,两岸青狮伴月眠。
望月犀牛寻大水,幸福鸡鸣早看天。

朝闻云峰寺钟声
[民国]冉惠风

萧条庐舍梦难成,愁听蒲牢八百声。
不是闻鸡仍起舞,迩来烽火逐边城。

军田坝
金家富

丞相襟怀铭万世,宽严适度亦赤诚。
七擒七纵边关靖,还迹巴师赤甲兵。

水磨滩水库忆游
金家富

夹岸青山景色幽,连天碧水荡轻舟。
牧歌渔笛醉乡里,皓月清风醒耳眸。
芳草萋萋诸岛缀,银辉闪闪满湖流。
意犹未尽诗潮涌,停棹挥毫上小楼。

参观李渡工业园区得句

谭学才

枳城西部古洪洲,玉宇琼楼亮眼球。

昔日荒山成大道,今朝工厂现宏猷。

码头锁住千层浪,物产远销五大洲。

若问新区何处是,神奇规划利千秋。

李渡镇祖师观旧址

戴家琮

祖师有道自登仙,破瓦残垣观不全。

唯见柱梁犹健在,又撑殿宇又擎天。

龙年三月三李渡诗会得句

袁普义

额手云端望九州,杜康助兴作神游。

千峰艳艳丹霞染,九派茫茫碧水流。

巫女平湖当明镜,楚骚吟海酿芳猷。

诗仙不见他年渡,醉问沧桑几度秋。

李渡秋游

张季农

两载萦心李渡游,暮秋时节始登舟。

满园霜叶柑橙熟,三径黄花雨露稠。

祖殿萧条人触目,五龙溯往客搔头。

新区璀璨朱家妒,指日飞腾第一筹。

李渡长江大桥建成通车有赋

郭海

李白渡头百丈峰，三峡湖面架长虹。

车流滚滚奔南国，船笛声声出浦东。

古镇变迁犹脱兔，新城跃进若飞龙。

山川易改民增富，共建和谐祈物丰。

黄草山

韩世雄

去后吟哦怀陌阡，敲诗夜半未成眠。

一山横断成双渡，南北中分别有天。

李渡抒怀

韩世雄

长叹涪陵山水遥，坦途横贯利今朝。

腥风史记捉王寨，福惠诗吟踏水桥。

双百新城舒望眼，三千旧貌入云霄。

开元一令中枢下，为尔殊勋鼓乐韶。

过三台寨感怀

倪怀本

三台耸峙大江边，历尽沧桑多少年。

乱草荒滩寻故迹，残垣断垒溯烽烟。

将军浴血全疆土，壮士捐躯抗腥膻。

冷雨凄风啼杜宇，忠魂万古照人寰。

春到平滩河

倪怀本

春暖日出百卉鲜,踏青郊游过平滩。

石桥倒影沉波底,古树浓荫罩岸边。

杨柳千丝腾碧浪,晴峰万仞接蓝天。

夭桃秾李竞相放,姹紫嫣红妆大千。

望李渡

刘泽高

洪州古镇历千年,黄草山前俯马鞍。

一座新城跨江畔,千条紫陌挂天边。

夜观灯火连天壤,昼望高楼耸日端。

弘舸舳舻通四海,羊车鱼贯入林泉。

两桂村

夏家绪

良田沃土陌纵横,小苑新楼乾鹊鸣。

苗圃连云花漫漫,方塘跃鲤柳菁菁。

锄除杂草清风拂,信送手机贵客迎。

产业调新虽始创,盎然生气举鹏程。

雨后聚星桥即景

奚维高

千里巴山新雨后,悬崖百尺泻飞流。

桥头古树承清露,溪畔黄花闹晚秋。

雾拥青岩藤蔓秀,云腾翠泽水天悠。

风光绚丽诗潮涌,琢句敲章奋笔讴。

李渡新貌

何正华

李白渡江千古传,阳春寻梦杏花妍。

三桥飞架通途远,蜀道如今不再难。

咏古渡口李渡

汤九河

李渡新区正启航,前程似锦福无疆。

诗仙若在堪回首,未枉当年莅此场。

李渡新区

陈云明

双庙百年香火旺,马鞍一夜景初张。

湖光山色输豪气,火树银花描盛装。

春游李渡

石本灿

花红草绿路千条,旖旎春光岂素描?

碧水平湖依古镇,大江天堑跨宏桥。

鹊桥仙·游李渡

徐希明

金秋送爽,黄花满径,诗友同游李渡。青莲来此去何方?莞尔曰、全凭思慕。五龙戏水,新区漫步,远望高楼无数。来年街道又翻新,人道是,天仙去处。

沁园春·李渡

张有凯

涪邑西滨,古渡江浔,太白问津。叹秦砖汉瓦,消踪匿影,唐观宋寨,废垒犹存。岸泊邦舟,梯街拥集,断壁凋基眷故根。川流缓,怅江吞石级,梦绕巴魂。

流光更易乾坤,看素卷施颜换旧痕。聚乡人外客,同雕共绘,高楼垂地,学墅熙邻。翠映宽街,青掩阔路,放眼江城卧玉琨。春辉灿,助新区步韵,虎跃龙奔。

想起了故乡的柑橘

刘庶凝

在拉斯维加斯的街灯下
我停车买了一篮柑橘
好领略这山野的风光
晶莹的露珠儿令人畅想
啊! 在故乡涪陵附近
翠绿的柑橘已挂满枝头
在初升的朝阳下闪光
像屋顶的万盏灯火
把今夜照耀得像白昼一样
在这水果市场上
故乡的柑橘多么令人神往

宿云洞记

[清]潘履谦

胜地名区，所在多有。特非其时则莫传。苟得其时矣，即深山洞谷中，人皆欲得而览焉。涪陵有宿云洞，余幼时至其地，见为虎豹之所藏，狸鼠之所游，嘉葩毒卉，乱杂而争植。芜秽不堪，形势不出，不胜慨然！

越甲戌秋，里人斩刈恶木，扫除污垢，以为祭祀祈神之所。比前所见，焕然改观。自是岁时伏腊，喜聚饮焉。

洞有两层，中有平处，率烟雾丛生，有字在隐现中，人弗觉也。及拂视之，乃"宿云洞"三字。求其故，或曰：其取诸少陵"薄云岩际宿"之句乎？余曰：不然。此景有飞泉，有竹，有木，有石，大江环绕，溪水曲流，曲径苍苔，林树蓊蔚，石楼石室，种种异常，拟之桃源不是过也。其云游客所常至乎？且今愿言觏止，类多新奇瑰异，或弈，或赋，或饮，随其所兴。迨棋散、诗罢、酒阑，间止翠竹之中，卧古木之下，坐怪石之上，此呼彼应，几忘夕阳在山。兼以读者朝夕吟哦，无分日月，宁非青云士所居乎？二说于古人必不诬也。独计斯洞也，前何以荒凉，非其时也；今何以轰烈，得其时也。随时之义，洞独有焉？是为记。

三台古堡吊国殇

倪德生

从小喜欢读历史，尤其喜欢读那些在外敌入侵之际挺身而出、英勇抗争，不惜牺牲个人利益和宝贵生命的英雄的故事。因而对南宋末年那段历史格外刻骨铭心。每当读到文天祥的《正气歌》，读到张世杰崖山海战，读到陆秀夫负帝蹈海，总是心头充满崇敬，眼底饱含泪水！

听说在涪陵的土地上也有一处南宋时期抵御蒙古入侵的历史遗迹，一处七百多年前的古战场——三台寨。于是，在一个绿荫冉冉遍天涯的初夏五月，我穿过尘封的时光之门，走进那座古老寨堡，拂去岁月凝集的蛛网，探寻那段已经不为人熟知的历史。

三台寨，又名东堡寨、龟陵城，位于涪陵城溯江而上三十里的长江北岸，今属马鞍街道玉屏社区。万里长江自西向东奔流而去，依傍在它两岸的几乎都是低矮、平缓的山丘。然而,在这一段长江的岸边却鹤立鸡群般耸立起一块高地,三台寨就建造在这块高地上。站在长江南岸眺望,隔江相对的三台寨就像一只蹲坐在长江边的硕大乌龟。缘于此,在许多文献典籍中,都把三台寨称作"龟陵城"。民国十六年(1927年)施纪云《续修涪州志》载:"龟陵废县,在今治西大江滨,山形似龟,城其上,名龟陵城。后徙,今为东堡寨。"

一条蜿蜒曲折的石板路,宛若飘飞的白练,从半山腰上的寨门直通江边,那就是居住在寨堡里的人们与外界唯一的通道。数百年风蚀雨浸,行人的脚步已经将那一级级石阶踩踏得棱角全销、溜光圆滑,许多石阶的中间部分甚至深深地凹陷下去,似乎在向人们述说着岁月沧桑的记忆。

回溯三台寨的创筑历史,当在七百多年前的南宋末期。《宋史·地理志》(涪州下·涪陵郡军事篇)载:"咸淳二年,移治三台山。"咸淳二年即1266年,从那时起直至南宋临安小朝廷灭亡后的第二年,整整十多年时间,三台寨一直是涪州州治和川东地区抗击蒙军入侵的重要军事据点。

自唐代以后,涪州城一直设在长江与乌江汇合处。为什么咸淳二年(1266年)却要在距离旧城二三十里的长江北岸筑城呢? 这还得从当时的军事斗争形势说起。

南宋后期,崛起于北方的蒙古人时常出兵窜扰掠夺南宋疆土。涪州地处重庆门户,是直达长江中下游及湖湘、两广地区的水陆交通枢纽,自然成了蒙古人骚扰掠夺的重灾区。据史料记载:淳祐五年(1245年)蒙古大将汪德臣"军出忠、涪,所向克获"。这是蒙军第一次袭击涪州;开庆元年(1259年),蒙军将领纽璘在涪州西面六十里的蔺市造浮桥,以阻挡南宋军队增援重庆和合州钓鱼城;以后十几年间,宋蒙军队在涪州地界展开了多次厮杀。原先的涪州城虽有离城数里一带环形山丘拱护,但在蒙古铁骑面前就显得无险可守。尤其是它地处长江南岸,与四川的抗蒙斗争中心——合州钓鱼城隔着一条大江,显然不适应斗争形势的需要。而三台寨三面环山、一面临水,四周都是险要的悬崖绝壁;上有黄草峡,下有鸡鸣峡,扼长江之咽喉;且地处长江北岸,与附近数十里大小寨堡及更远处的钓鱼城、大良坪、荣城寨、梁山军等宋军固守的要塞互为呼应,可共同构成坚固的抗蒙斗争防线。

三台寨内城外的石壁上,至今还保留着一段题刻:"涪守臣阳□奉命相视三台,申阃创筑。宋咸淳丙寅春记。"它是今天唯一可寻的、关于这座寨堡创筑情况的文字记载。其中"阳"字后面一字疑被人凿去,据相关人士考证,当为"立"字。曾担任涪州刺史、观察使的阳立,在当时也算个有名的人物。他不仅奉命修建三台寨,将州治搬迁到了这里,而且固守三台寨达十年之久,并以此为根据地,先后出兵增援重庆、渠州,押运粮草至钓鱼城等地。《元史·汪良臣传》载:"(至元)十三年,宋涪州安抚使杨(阳)立,帅兵救重庆者再。"元军对他是又恨又怕,在进行血腥军事打击的同时,也多次派人招降。阳立终于抵挡不住严酷的斗争环境的考验和高官厚禄的诱惑,于景炎元年(1276年)与儿子一起双双降元,并被任命为元军夔路安抚使,"佩虎符,赐钞百锭"(《元史卷九·世祖本纪》)。对于这样一个晚节不保的人物,时人切齿痛恨,于是愤然将其名字从石壁上凿去。

今天尚能看见的三台寨内城,周长约1.3千米,占地面积近5万平方米。外城含一字城,占地30万平方米。城堡就地取材,依山而建,东、西、北三面皆筑有坚固的寨墙,濒临大江的南面则以千仞绝壁为天然屏障。寨墙平均厚度4米,高4至6米,大多用长约1米的青砂条石砌成。其中,间杂着形状不规则、大小不一致的毛石料。寨墙所用石头的石面錾路极其粗糙,石头间的砌接全系手工凿缝,寨墙的墙心悉用乱石填充和泥土夯筑。种种迹象表明,在大敌当前、国势如累卵的危急时候,创筑这座寨堡时间之紧迫,工程之艰巨,工期之短暂。经历了700多年风雨侵蚀,如今,部分寨墙早已坍塌。但从那依稀尚存的断垣残壁中,我们似乎还可以看见700多年前那个春天创筑寨堡时的繁忙景象,听见"叮叮当当"的开山取石声。我们甚至伸手就可以触摸到这座荒山野岭中的寨堡,对于那个风雨飘摇的朝廷来说,这个寨堡承担着多么重要的职能,承载着多么沉重的责任!

三台寨内城有东、西两道寨门,东寨门坐西向东,依崖据险。寨门及其附近的寨墙都已严重风化,只有门额上"三台砦"三个欧体楷字依然明晰可辨。站在寨门边放眼东望,脚下是滚滚东去的万里长江;远处是一层比一层模糊的黛色山峦;那江水流去的方向,就是当时南宋朝廷首都临安的方向。你可以想见,当蒙古铁骑横冲直撞践踏中原大地、汉民族面临生死存亡的危难之际，为了保卫这一片大好河山，为了生存和尊严，从这个苦撑危局的小小寨堡内、从这一道狭窄的寨门中，走出过多少慷慨赴义的血性男儿，又有多少赤心报国的仁人志士从此一去不返，化为了异乡的孤魂！

　　三台寨内城的西寨门夹沟而建，比东寨门略小，其结构与东寨门大致相同。西寨门两侧，各有一炮台。两座炮台呈"八"字形排列，直视浩浩大江，拱卫着三台寨内城核心区。当地老人讲，三台寨上原有炮台八座，分设于古寨八方。每一座古炮台边均有一株需四五个成年男子才能够合抱的黄葛古树，新中国成立后几十年才被陆续毁坏。黄葛树没有了踪影，古炮台也已是面目全非，而炮台边至今还堆放着上百个圆溜溜的石球。许多石球中间都凿有小孔，形象滚圆别致，当地人称作"汤圆石"，有学者考证为当年守城将士所用的武器——石礌。

　　三台寨的制高点名"王子顶"，海拔300余米，比该段长江河面高出150多米。那里，也是三台寨的中心位置。每当天气晴好的日子，站在王子顶上，东可及涪州五关之首的龟龙关；南可眺江南的安全寨；西南可望五马关；西北及北面的仙女寨、捉王寨也可一览无余，尽收眼底。

　　王子顶四周，或许就是当年宋蒙双方争夺的制高点，如今被开辟成了耕地、橘子园和竹木林。置身此境，油然而生沧海桑田的感慨！

　　王子顶下东侧，稀稀落落地分布着数十家农舍。三台寨原居民多以钟姓为主。当然，他们也早已不是创筑这座古寨时候的原住民，但据他们自己讲，从乾隆年间起，这个家族就一直居住这里，算起来也有二三百年的历史。他们的住房背后，整齐有序地排列着他们祖宗的坟茔，其中就有迁移到三台寨来的第一世祖。人们日出而作，日入而息，世世代代在这里繁衍、生息，以辛勤的劳动维系着基本生存，以恬淡、自然的心态坚守着这片世外桃源般的土地。向他们打听三台寨抗元的故事时，他们一脸茫然。也难怪啊，时光已经流逝了七八百年，别说是这些乡野村民，就是专业的考古人员，恐怕也很难复原那一段如火如荼的历史。

　　王子顶下西侧，有数亩开阔的平地。当地人告诉我："这里就是古代的皇城。"实则,为当年涪州官署所在地。站在700多年前的衙门旧址上,再也感觉不到丝毫热闹和喧嚣。四周早已变成了田园农舍,土地里一望葱茏、百草丰茂,一行行黄瓜、茄子已挂出肥硕的果实,一株株玉米即将抽穗挂缨。只是拨开那些葱绿的庄稼和茂密的野草,还依稀可见昔日官署的房基和台阶。房基分上、中、下三层,每一层上随处都可以捡拾到深黑色的瓦砾残片。在第二重台基上,现存一雄一雌石狮一对,一立、一侧卧。那站立着的雄狮重一吨有余,口方面阔、咧嘴张望、形象古拙、雄劲传神,显示出宋代石雕艺术粗犷、大气、只求神韵不重精工的风格;那侧卧着的雌狮已部分被毁坏,残缺不全。不用说,它们就是当年镇守在衙门口的一对猛兽。700多年过去了,昔日车水马龙、肃穆威严的衙门早已成了残破冷落的废墟,但它们还是忠于职守地一直蹲守在这里。也许,在700多年前的那些日子,它们曾见证过官场的纷扰,目送过远征的将士,笑迎过凯旋的英雄。自然,它们也目睹了一场场血雨腥风的搏杀。尤其是在三台寨被攻破、涪州陷落的那些时日,在它们身边不知道上演了多少忠烈殉国、壮士授首、生灵涂炭、红颜绝命的惨剧! 如今,经历了700多个寒来暑往,沐浴了700多茬春风秋雨,当那段可歌可泣的往事即将被湮没在岁月尘埃之中的时候,它们又在静静地思考着什么? 回忆着什么? 将要向世人讲述些什么呢?

三台寨犹如一颗嵌在川东大地上的钉子,牢牢地钉住了蒙古铁骑肆意东进的铁蹄。从三台寨建成到陷落的十余年时间里,南宋军队的确收到了攻援灵活、守备稳固的效果。咸淳三年(1267年)七月,涪州观察使阳立率舟师护送粮草胜利到达渠城;景炎元年(1276年),阳立率兵增援重庆;景炎二年(1277年),宋将张万由重庆入夔州,联合忠、涪两州之兵解大宁之围,收复十八寨……这些战果,都与三台寨有着直接的联系。

源于此,三台寨成了抗元斗争后期宋元双方激烈争夺的焦点。面对如狼似虎、一路烧杀抢掠的暴虐之师,在沿途州县纷纷望风而降的形势下,涪州军民却依据三台寨这片弹丸之地,守险抗敌,艰苦卓绝的斗争长达十数年之久。三台寨与合川钓鱼城一起,并肩构成巴渝大地上抗击元军入侵的重要根据地。

在这段长达十多年的斗争中,涌现出一个又一个可歌可泣的悲壮故事和感天动地的民族英雄。

德祐元年(1275年),元军西川副统军刘思敬率兵攻占涪州,三台寨一度落入敌手,时南宋四川制置副使兼重庆知府张珏随即遣军收复;景炎元年(1276年)底,涪州观察使阳立降元,三台寨再次落入敌手,张珏又遣军攻打三台寨,收复涪州;此后,宋元双方以三台寨为中心展开拉锯战,反复争夺。三台寨失而复得,得而复失。几次陷落,又几度光复。其间,来这里担任宋军主将的有程聪、王明、王仙等人,最后,他们无一例外全都壮烈殉国。

老将程聪原是四川制置副使兼重庆知府张珏手下的都统,在重庆时"力主守城之议"。景炎元年(1276年),张珏第二次收复三台寨之后,即派他来守涪州。景炎二年(1277年)七月,元军东川副都元帅张德润攻破三台寨,程聪不幸被俘。张德润用轿子将他抬到府上,劝导他说:"你的儿子程鹏飞归顺大元以后,已经是我这里的参政了。现在,只要你也归顺,你们父子俩就可以天天在一起了。"程聪却不以为然地回答:"我是在战场上被你们捉住的,他是屈膝投降之人。我哪有这样的儿子!"谈笑风生中,老将军英勇殉国。

张珏,18岁到合州新驻地钓鱼城参军,因多次建立战功,曾任四川制置副使兼重庆知府、四川制置使,后升为中军都统制,被称为"四川虓将"。三台寨是张珏寄予厚望、苦心经营的抗元据点之一,他身在重庆,却多次派将士参与三台寨的攻守争夺。祥兴元年(1278年)二月,部将赵安在重庆开城降元,张珏仍率兵进行巷战。终于难以支持,返家中自杀未果,遂乘小舟东下,意欲以涪州三台寨为根据地,继续开展抗元斗争。不幸在即将抵达三台寨时被元追兵俘获,在押往元大都(今北京)途中,于至元十七年(1280年)二月,在安西(今西安)以弓弦自缢殉国。

尤其值得一提的是涪州最后陷落和三台寨最后一位守将王仙壮烈殉国的情况。据《宋史·忠义传》载:"王仙,蜀都统也。守涪州,北兵攻围无虚日,势孤援绝。宋亡之二年,城始破,仙自刎,断其元不殊,以两手自摘其首坠死。"从这段记载里,我们至少可以获得以下信息:即使在南宋临安小朝廷灭亡之后的第二年,涪州人民依然在进行英勇顽强的抵抗,三台寨依然未被征服;在内无粮草、外无援兵、敌军围困日紧、州城即将被攻破的最后关头,守城将领王仙没有屈服,他抱定了"城在人在,城亡人亡"的决心,最后以惊天地、泣鬼神的方式自刎殉国,实在是一位不屈不挠的忠义之士、可歌可泣的英雄!

岁月悠悠,光阴荏苒。三台古寨依旧,而那段涪州人民不畏强暴、英勇抗击外侮的历史,不知不觉中却已经过去了700多年。

700多年后的今天,在这个遍野尽绿、万物峥嵘的初夏时节,伫立山顶、举眼四顾,山还是几百年前的山,城还是几百年前的城,脚下的长江依然是几百年前那条浩浩荡荡的大江。然而,大江中奔流的早已不是700多年前的江水,迎面吹来的也早已不是700多年前那个夏季的血雨腥风!

多少叱咤风云的人物,多少可歌可泣的故事,多少壮怀激烈的场景,都被时光的流水冲走,都被岁月的风雨荡涤得无影无踪。但是,不管时光流逝得多么久远,世道沧桑中有一些东西却是永远也荡涤不尽、永远也湮没不掉的——那就是赤心报国的光荣传统,那就是不屈不挠的英雄气魄,那就是宁愿站着死、不愿跪着生的浩然正气!因为,这种传统、这种气魄,正是中华民族赖以生存至今的根和脉。

在三台古寨盘桓了整整一天,走下山来已是夕阳西下的傍晚。灿烂的晚霞染得天空和大地一片绯红。当我从寨下烽火小学经过的时候,孩子们正在齐声朗读文天祥的《正气歌》。虽然那些乡下孩子的普通话并不标准,但那稚气未脱的童声却格外真切和有韵味:"天地有正气,杂然赋流形。下则为河岳,上则为日星。于人曰浩然,沛乎塞苍冥。皇路当清夷,含和吐明庭。时穷节乃见,一一垂丹青……"我也情不自禁,跟着这些孩子吟诵了起来。

后　记

　　千年李渡,历史悠远、文脉绵长。编写一部全面而系统地展示李渡历史文化的资料集,一直是当地政府和人民群众的期盼。之前,相关部门曾组织人员做了大量工作,终因这样那样的原因半途而废。

　　2015年,在涪陵区政协的主持下,该项工作另搭班子,重新启动。经历了两年多时间的田野调查、人物采访、资料搜集、编辑撰写,现在终于成稿。全书图文并茂,主体部分共8章,前有"导论",后有"大事记"和"附录",分别从不同角度展示了李渡的风土人情和历史文化概貌。书中文字以叙述为主,少有论证和阐述。这也是我们将本书的副标题定为"李渡历史文化概观"的原因所在。

　　本书由倪德生、钟林、倪德茂、吴朝弟撰写,倪德生担任总撰和文字统筹工作。在编写过程中,采用了《李渡区志》《李渡镇志》《涪州志》《涪陵市志》中的资料;并部分采用了韦济木、丁世忠、彭福荣、余继平、谭清宣等人搜集的资料;"附录"部分,引用了古今涪陵文化人的诗文。本书的插图主要由涪陵区政协提供,选用了涪陵区部分摄影家的作品。在此,一并表示衷心的感谢!

　　本书的编辑出版,离不开区政协领导的关心,离不开涪陵新区和马鞍街道党工委、办事处领导的支持,离不开相关单位和部门的积极配合。区政协徐志红主席多次过问编写进展情况,并主动协调各种关系,解决工作中的困难;区政协副主席况东权、唐勇,原副主席杨欣,作为先后分管文史工作的领导,多次召开相关会议,具体安排编撰工作;马鞍街道党工委副书记陈朝华,自始至终给予了极大的热情和支持,在工作协调、经费保障、时间安排等方面,都做了大量深入细致的工作。区政协教文委给予编撰人员时间上充分的保障,新城区管委会给予了采访和编辑出版工作必要的后勤保障和经费支持,如果没有这些保障和支持,就绝不可能有该书的出版面世。

沧海桑田，日新月异！这些年来，李渡的发展变化超过以往数千年时光。对于文史工作者来说，迅速的发展变化却并非好事：许多历史遗迹伴随社会变迁不见了踪影，许多珍贵记忆永远消逝在了历史长河之中。这一切，都为这本集子的面世带来诸多困难。加之资料欠缺、时间仓促、编撰者水平有限，谬误之言、遗珠之憾在所难免。恳请大方之家批评指正。

图书在版编目(CIP)数据

洪州寻梦:李渡历史文化概观 / 倪德生等编著. —
重庆:西南师范大学出版社,2018.12
ISBN 978-7-5621-9650-1

Ⅰ.①洪… Ⅱ.①倪… Ⅲ.①文化史－涪陵区 Ⅳ.
①K297.193

中国版本图书馆CIP数据核字(2018)第275888号

洪州寻梦:李渡历史文化概观
HONGZHOU XUNMENG:LIDU LISHI WENHUA GAIGUAN

编　　著　倪德生　钟　林　倪德茂　　吴朝弟

责任编辑:李晓瑞
责任校对:王玉竹
封面设计:观止堂_未　氓　黄　冉
排　　版:重庆大雅数码印刷有限公司·张祥
出版发行:西南师范大学出版社
　　　　　地址:重庆市北碚区天生路2号
　　　　　邮编:400715
　　　　　市场营销部电话:(023)68868624
　　　　　网址:http://www.xscbs.com
经　　销:全国新华书店
印　　刷:重庆共创印务有限公司
成品尺寸:170mm×240mm
印　　张:17.75
字　　数:290千字
版　　次:2018年12月　第1版
印　　次:2018年12月　第1次印刷
书　　号:ISBN 978-7-5621-9650-1

定　　价:80.00元